交通技工院校汽车运输类专业新课改教材

U0649444

汽车故障诊断与检测技术
（第 3 版）

王　囯　阳　勇　主　编

张红伟　副主编

杨海泉　主　审

人民交通出版社股份有限公司

北京

内 容 提 要

本书是交通技工院校汽车运输类专业新课改教材之一,主要内容包括:汽车故障诊断的基本知识、汽车发动机故障诊断与排除、汽车底盘故障诊断与排除、汽车一般电气设备的故障诊断与排除、汽车主要技术性能检测。

本书供交通技工院校、中等职业学校汽车类专业教学使用,亦可供汽车维修相关专业人员学习参考。

图书在版编目(CIP)数据

汽车故障诊断与检测技术/王囮,阳勇主编. —3版. —北京:人民交通出版社股份有限公司,2023.8 (2025.7重印)

ISBN 978-7-114-18845-9

Ⅰ.①汽…　Ⅱ.①王…②阳…　Ⅲ.①汽车—故障诊断—中等专业学校—教材②汽车—故障检测—中等专业学校—教材　Ⅳ.①U472.9

中国国家版本馆 CIP 数据核字(2023)第112492号

Qiche Guzhang Zhenduan yu Jiance Jishu

书　　名:	**汽车故障诊断与检测技术(第3版)**
著 作 者:	王 囮 阳 勇
责任编辑:	郭 跃
责任校对:	孙国靖 卢 弦
责任印制:	张 凯
出版发行:	人民交通出版社股份有限公司
地　　址:	(100011)北京市朝阳区安定门外外馆斜街3号
网　　址:	http://www.ccpcl.com.cn
销售电话:	(010)85285911
总 经 销:	人民交通出版社股份有限公司发行部
经　　销:	各地新华书店
印　　刷:	北京市密东印刷有限公司
开　　本:	787×1092　1/16
印　　张:	18.5
字　　数:	318 千
版　　次:	2004 年 9 月　第 1 版
	2016 年 7 月　第 2 版
	2023 年 8 月　第 3 版
印　　次:	2025 年 7 月　第 3 版　第 2 次印刷　总第 26 次印刷
书　　号:	ISBN 978-7-114-18845-9
定　　价:	56.00 元

(有印刷、装订质量问题的图书,由本公司负责调换)

第3版前言

为适应社会经济发展和汽车运用与维修专业技能型人才培养的需求,交通职业教育教学指导委员会汽车(技工)专业指导委员会陆续组织编写了汽车维修、汽车营销、汽车检测等专业技工、高级技工及技师教材,受到广大职业院校师生的欢迎。随着职业教育教学改革的不断深入,职业学校对课程结构、课程内容及教学模式提出了更高、更新的要求。《国家职业教育改革实施方案》提出"引导行业企业深度参与技术技能人才培养培训,促进职业院校加强专业建设、深化课程改革、增强实训内容、提高师资水平,全面提升教育教学质量"。为此,人民交通出版社股份有限公司根据职业教育改革相关文件精神,组织全国交通类技工、高级技工及技师类院校再版修订了本套教材。

此次再版修订的教材总结了交通技工类院校多年来的汽车专业教学经验,将职业岗位所需要的知识、技能和职业素养融入汽车专业教学中,体现了职业教育的特色。本版教材改进如下:

1. 教材编入了汽车行业的最新知识、新技术、新工艺,更新标准规范,同时注意新设备、新材料和新方法的介绍,删除上一版中陈旧内容,替换老旧车型。

2. 对上一版中错漏之处进行了修订。

本书由广州市交通技师学院王囲、湖南交通职业技术学院阳勇担任主编,由广州科技贸易职业学院张红伟担任副主编。参与本书编写的还有东莞职业技术学院毛峰,辽宁省交通高等专科学校吴兴敏,广州科技贸易职业学院高宏超、马聪承、黄华,广州市交通技师学院汤国斌、刘星。具体编写分工为:王囲、阳勇(单元一、单元二),汤国斌、刘星(单元二),张红伟、高宏超(单元三),毛峰、马聪承(单元四),吴兴敏、黄华(单元五)。

限于编者经历和水平,教材内容难以覆盖全国各地交通技工院校的实际情况,希望各学校在选用和推广本系列教材的同时,注重总结教学经验,及时提出修改意见和建议,以便再版修订时改正。

编 者
2023 年 3 月

目　录

单元一　汽车故障诊断的基本知识

汽车故障是指汽车部分或完全丧失工作能力的现象,是汽车零件本身或零件之间相互连接或配合状态发生异常变化的结果。

一、汽车故障诊断原理

(一)汽车故障的特征

汽车的各组成部分按性能和部位可分为转动配合部位、滑动配合部位、密封部位、导电部位和啮合传动部位等。各部位发生的故障现象具有不同的特征,见表1-1。

汽车故障的特征 表1-1

故 障 部 位	故 障 特 征
转动配合部位	磨损、不平衡、发热、变形、振动、异响
滑动配合部位	松动、磨损、发热、熔焊
密封部位	泄漏、分离、漏气
导电部位	接触不良、断线、脱落、电压下降、短路、发热
啮合传动部位	磨损、破损、发热、异响、位移
摩擦力配合部位	磨耗、打滑、发热、衰损、振动、异响
弹簧推顶部位	衰损、老化、打滑、磨槽、弯曲、多个弹簧间弹力不均
弹簧拉吸部位	衰损、老化、多个弹簧间拉力不均
弹簧支撑部位	衰损、老化、破损、冲击、变形
液体流通部位	泄漏、堵塞、蒸发、气阻、渗漏
高温部位	磨耗、烧蚀、熔焊、变形、硬度变软、附着异物
大负荷部位	弯曲、扭曲、磨损、破损、断裂、发热、异响

有许多故障现象同时具有多种特征,在诊断时应进行具体研究和区分。

(二)汽车故障的成因

汽车在使用过程中,由于环境和使用条件的变化,引起汽车零件的磨损、腐蚀、老化、变形和损坏,造成汽车的技术性能变差,影响汽车的正常运行。

能够引起汽车故障的因素主要有以下几个方面:

(1)设计制造质量缺陷;

(2)管理使用方法不善、维护不当;

(3)运行材料选用不符合要求;

(4)气候、道路条件不良。

这些因素并不一定立即影响到汽车的正常运行,但能形成故障隐患,降低运行品质和效能,甚至会导致汽车停驶和发生交通事故。

(三)汽车故障诊断原理

汽车的各总成和零部件之间,都具有直接或间接的装配关系,每一零部件的运动都影响着周围的其他零部件。汽车故障诊断原理就是根据汽车的结构与工作原理、材料的物理及化学性质、技术要求、机械原理、故障因素和故障现象,用理论联系实际的方法,进行有步骤地检查判断,分析确定汽车的故障。

(四)汽车故障诊断原则

查找汽车故障一般应遵循由表及里、由简到繁、由浅入深、先易后难、先小后大的顺序,按系统、部位分段检查并逐步缩小范围的原则。

二、汽车故障诊断方法

汽车长期使用后,随着行驶里程的增加,技术状况将逐渐变坏,出现动力性下降、经济性变差、可靠性降低和故障率增加等现象。汽车故障诊断就是通过检查、测试、分析和判断直至对故障确诊的一系列活动过程。基本方法有:传统的人工经验诊断法和现代仪器设备诊断法。

(一)人工经验诊断法

人工经验诊断法,是诊断人员凭实践经验和一定的理论知识,在汽车不解体或局部解体的情况下,借助简单工具,用眼看、耳听、手摸、脚踏等方法,边检查、边试验、边分析,进而对汽车技术状况做出判断的一种方法。这种诊断方法的优点是不需要专用仪器和设备,可随时随地应用,投资少、见效快;缺点是诊断速度慢、准确性差,不能进行定量分析,还要求诊断人员有较高技术水平和经验。

人工经验诊断汽车故障的常见方法如下。

1. 听诊法

凭听觉倾听汽车内部声响,根据声响的特征和规律,判断出汽车的故障。常用螺丝刀作听诊器或用专用听诊器来辨别敲缸、气门响、曲轴轴承响、活塞销响等,从而确定故障所在部位。

2. 观察法

凭视觉直接观察汽车的外部情况,主要观察烟色以及有无机件裂痕、变形、松脱、折断、磨损,是否漏气、漏水、漏油等,从而确定故障所在部位。

3. 嗅闻法

凭嗅觉辨别汽车在使用过程中散发的某些特殊气味,主要有排气烟味、烧焦臭味等,从而确定故障所在部位。

如离合器摩擦片和制动蹄摩擦片烧蚀时会产生糊臭味,据此判断离合器打滑或制动拖滞。电线束烧灼时有橡胶焦臭味,发动机燃烧不良时排气有汽油味等,都可据此判断故障所在部位。

4. 直观感受法

这种方法是凭检修人员调试车辆时的亲身体验和感觉,判断出汽车的故障。

如用手触摸制动鼓,根据温度高低可判断制动有无拖滞;用手触摸高压油管,根据油管的脉动情况,可判断喷油泵工作是否正常。

直观感受法还可以检查出发动机不易起动、车辆剧烈振抖、驾驶室抖动、转向盘和前轮晃动、传动轴振抖、离合器打滑或分离不彻底等故障。

采用直观感受法的检修人员必须具备一定的诊断技术水平和较丰富的实践经验。在行车途中,由于条件所限,驾驶、维修人员只能采取这种诊断方法。

5. 停止部分机件工作法

这种方法是停止汽车某一局部机件的工作,改变局部环境条件,观察故障现象有无变化,据此判断故障所在部位,常用于诊断发动机的故障。

如用断电法停止某缸的工作,可使其故障特征明显变化,据此判断发动机异响或个别缸工作不良的故障。

6.电路搭铁试火法

(1)直接搭铁试火。拆下用电设备前端的某些线头,与汽车基体金属划擦试火,根据火花情况判断电路是否正常。

如判断点火线圈至蓄电池之间电路是否断路时,可拆下点火线圈的"点火开关"接线柱上的接线头,进行搭铁试火,根据有无火花判断该段电路是否断路。

(2)间接搭铁试火。拆下用电设备后端的某些线头,与汽车基体金属划擦试火,根据火花情况判断电路是否正常。

特别注意:这种方法不允许用于检测有电子控制设备的汽车,以免损坏电子控制元件。

7.短路、通路、断路试验法

(1)短路试验。用螺丝刀或导线将某段电路短接,查看仪表指针摆动情况,据此判断被短接的电路是否有断路故障。

(2)通路试验。在电路接通状态下,拆下某接线柱上的接线头,在该接线柱上划擦,根据火花情况判断电路有无断路故障。

如判断点火低压电路是否断路时,可拆下点火线圈"-"极接线柱上的接线头,在该接线柱上划擦。若有火花,则低压电路畅通;若无火花,则低压电路断路。

(3)断路试验。电气设备发生搭铁短路故障时,将怀疑搭铁的某段电路断开,根据搭铁现象是否因此而消除,来判断被断开的电路原来是否搭铁。

如行车中听到喇叭长鸣,可将继电器"按钮"接线柱上的导线头拆除。若喇叭停响,则为按钮至继电器"按钮"接线柱的一段电路搭铁;若喇叭仍长鸣,则故障为继电器"按钮"接线柱前至喇叭间的电路搭铁。

8.试灯检查法

用一只汽车灯泡作试灯,检查电路是否有断路故障。检查时试灯一端与电路中某一接线柱连接,另一端搭铁。若灯亮,则电路正常;若灯不亮,则电路有断路故障。

9.高压试火法

高压试火是察看高压电火花,据此判断点火系统的工作情况。检查时,取下火花塞上的高压分线头,对准该火花塞顶约5mm,然后转动发动机,看跳火情况。若火花强烈并呈天蓝色,为工作正常;若火花微弱发红,为工作不良。

10.比较法

这种方法是采用新旧对比、成色对比、印迹对比及工作效果对比等来判断、确定故障的原因和部位,鉴别零部件磨损程度。

车辆制动性能检查,经常用制动轮迹比较法。如果四轮拖印长短一致,则制动同时生效,没有制动跑偏。若车头向左偏斜则右轮制动不灵,向右偏斜则左轮制动不灵。

离合器压紧弹簧因久经负荷造成疲劳弯曲、折断或弹力减弱,影响动力传递,导致离合器打滑、发抖等故障。若调整后故障仍然存在,应予拆检。将弹簧与新件放在平板上,用钢尺进行高度比较,对过低弹簧予以更换。

如怀疑点火线圈工作不良,可换装新点火线圈进行试验。若故障消失,则原点火线圈有故障;若故障仍存在,则原点火线圈良好。

11.分段检查法

这种方法就是以顺藤摸瓜的方式依次进行,逐步缩小可疑范围,渐次找出故障部位,主要用于具有线路性质的系统和装置,如发动机的燃料系统、点火系统和底盘的传动系统、转向系统及制动系统故障等。每检查一段,即可排除该段的故障可能,因此,也叫分段排除法。

(二)仪器设备诊断法

仪器设备诊断法是在人工经验诊断法的基础上发展起来的一种诊断方法。这种方法可在汽车不解体的情况下,利用检验设备仪器,测量汽车性能参数,并与正常技术参数比较,从而发现故障。目前,计算机技术已应用于汽车故障诊断领域,使诊断速度和准确度大为提高。

按使用测量仪器和设备的先进程度不同,仪器设备诊断法分为普通仪器设备诊断、计算机检测设备诊断和汽车计算机自检设备诊断。

1.普通仪器设备诊断

普通仪器设备诊断是采用专用测量仪具、设备对汽车的某一部位进行技术检测,将测得的结果与标准数据进行比较,从而诊断汽车的技术状况,确定故障原因。

2.计算机检测设备诊断

计算机检测设备诊断是利用具有计算机和自动打印机的诊断设备,对汽车技术状况进行检测。

利用计算机诊断可减少操作偏差,能对数据自动处理,确定故障部位,并能自动打印、显示维修作业项目。如计算机发动机综合测试仪、计算机车轮定位仪等都是常用的计算机检测设备。

3.汽车计算机自检设备诊断

随着汽车技术的不断进步,电子控制技术在汽车上得到了广泛应用。电控燃油喷射系统(EFI)、电控自动变速器(EAT)、防抱死制动系统(ABS)、安全气囊(SRS)、牵引力控制系统(TCS)、巡航控制系统(CCS)等都应用了电子控制技术。电控单元具有自诊断功能,能记录现有的故障,并以故障码的形式存储起来。维修人员通过随车故障诊断装置读取故障码,确定故障的部位,减少维修的盲目性。

三、汽车技术诊断参数

为了正确地评价汽车的技术状况,充分发挥汽车的潜力,提高汽车运行的经济性和可靠性,不仅要求有完善的检测、监视手段,而且要求有正确的识别理论。为此,必须选择合适的汽车技术状况诊断参数,合理地确定诊断参数的标准、诊断方法和汽车的最佳诊断周期。

(一)诊断参数

1.汽车常用诊断参数

在汽车或总成不解体的情况下,可直接测量汽车结构参数变化的诊断对象是极少的。因此,在进行汽车诊断时,需要采用一些能够反映汽车技术状况的间接指标,这些间接指标就叫作"诊断参数"。汽车诊断参数包括工作过程参数、伴随过程参数和几何尺寸参数。

工作过程参数如发动机功率、汽车制动距离、油耗等,表征诊断对象总的状况,显示诊断对象主要功能的品质。其提供的信息较广,是进一步深入诊断的基础。伴随过程参数如振动、噪声、发热等,提供的信息范围较窄,但这种参数较为普遍,常用于复杂系统的深入诊断。由机构零件之间装配关系决定的几何尺寸参数如间隙、自由行程等,提供的信息量有限,但能表明诊断对象的具体状态。汽车常用诊断参数见表1-2。

汽车常用诊断参数　　　　　　　　　　　　　　　　表1-2

诊断对象	诊断参数	诊断对象	诊断参数
发动机总成	功率,kW 曲轴角加速度,rad/s^2 单缸断火时功率下降率,% 油耗,L/h 曲轴最高转速,r/min 废气成分和浓度,%或10^{-6}	柴油机供油系统	喷油提前角(按油管脉动压力测量),曲轴转角,(°) 单缸柱塞供油延续时间(按油管脉动压力测量)曲轴转角,(°) 各缸供油均匀度,% 每一工作循环供油量,mL/工作循环 高压油管中压力波增长时间,曲轴转角,(°) 按喷油脉冲相位测定喷油提前角的不均匀度,(°) 喷油嘴初始喷射压力,MPa 曲轴最小和最大转速,r/min 燃油细滤器出口压力,MPa
汽缸活塞组	曲轴箱窜气量,L/min 曲轴箱气体压力,kPa 汽缸与活塞间隙(按振动信号测量),mm 汽缸压力,MPa 汽缸漏气率,% 发动机异响 机油消耗量,L/100km		
曲柄连杆组	主油道机油压力,MPa 主轴承间隙(按油压脉冲测量),mm 连杆轴承间隙(按振动信号测量),mm	供油系统及滤清器	燃油泵清洗前的油压,MPa 燃油泵清洗后的油压,MPa 空气滤清器进口压力,MPa 涡轮压气机的压力,MPa 涡轮增压器润滑系统油压,MPa
配气机构	气门热间隙,mm 气门行程,mm 配气相位,(°)		
润滑系统	润滑系统机油压力,MPa 曲轴箱机油温度,℃ 机油含铁(或铜、铬、铝、硅等)量,%或10^{-6} 机油透光度,% 机油介电常数	传动系统	车轮驱动力,N 底盘输出功率,kW 滑行距离,m 传动系统噪声,dB

续上表

诊断对象	诊断参数	诊断对象	诊断参数
冷却系统	冷却液工作温度,℃ 散热器入口与出口温差,℃ 风扇皮带张力,N/mm 曲轴与发电机轴转速差,%	制动系统	制动距离,m 制动力,N 制动减速度,m/s^2 左右轮制动力差值,N 制动滞后时间,s 制动释放时间,s
点火系统	初级电路电压,V 初级电路电压降,V 电容器容量,μF 初级电路闭合角及重叠角,(°) 点火电压,kV 次级电路开路电压,kV 点火提前角,(°) 发电机电压、电流,V、A 整流器输出电压,V	转向系统	主销内倾角,(°) 主销后倾角,(°) 车轮外倾角,(°) 车轮前束,mm 车轮侧滑量,mm/m、m/km
		行驶系统	车轮静平衡 车轮动平衡 车轮振动,m/s^2
起动系统	在制动状态下,起动机电流、电压,A、V 蓄电池在有负荷状态下的电压,V 振动特性,m/s^2	照明系统	前照灯照度,lx 前照灯发光强度,cd 光轴偏斜量,mm

2.诊断参数的选择

正确、合理地选择汽车技术诊断参数,对于快捷、正确无误地判断技术状况和诊断故障有着十分重要的意义。一般按下述方法进行选择。

(1)性能检测。当作为车检目的时,主要应选择综合性较强,且能确保安全和防止公害的参数。主要参数有:前照灯检测参数、制动检测参数、转向轮综合检测参数、发动机排放检测参数。

(2)维修检测。当作为维修检测目的时,既要选择能反映技术状况的参数,也要选择与磨损有关的参数。主要参数有:发动机功率、燃料消耗量、制动检测参数、汽缸漏气率、异响和振动参数、转向轮定位角和侧滑参数。

上述检测,不论用于何种目的,都要避免综合参数和单项参数的不必要重复。

(二)诊断参数的标准

为了定量地评价汽车及其机构的技术状况,确定维护措施和预报其无故障工作寿命,仅有诊断参数是不够的,还必须建立诊断参数标准。诊断参数标准是一个比较尺度,将测得的参数值与相应的诊断参数标准相比较,以确定汽车是否能够继续使用或预测在给定行驶里程内汽车的工作能力。

汽车诊断参数标准分为三类。

1.国家标准

国家标准是由国家机关制定和颁布的检验标准,具有法制性,如《机动车运行安全技术条件》(GB 7258—2017)、《汽车加速行驶车外噪声限值及测量方法》(GB 1495—2002)、《汽油车污染物排放限值及测量方法》(GB 18285—2018)和《柴油车污染物排放限值及测量方法》(GB 3478—2018)。这些标准主要用于与汽车行驶安全和尾气排放物有关的检测机构的检验。一般来说,这类标准可以反映汽车或某些机构系统的工作能力。如制动距离可以反映汽车制动系统的工作能力;废气中 CO、HC 的含量可以反映供给系的调整及燃烧状况。这类标准在使用中需要严格执行,以保证国家标准的严肃性。

2.制造厂推荐的标准

这类标准一方面与汽车制造中结构参数的工艺性有关,另一方面与汽车工作的最佳可靠性、寿命及经济性的优化指标有关,因此,主要是一些结构参数的标准,如气门间隙、分电器触点间隙、火花塞电极间隙、车轮定位角等标准。这些标准一般在设计阶段确定,最终经样车或样机的台架或使用试验修订,并在技术文件中规定下来。

3.企业标准

这类标准是汽车运输企业根据车辆的实际使用条件制订的,因为在不同使用条件下工作的车辆,不能使用统一的标准,如在平原地区行驶的汽车,其油耗显然比山区行驶的汽车要低;在矿区行驶的汽车,其润滑油的污染程度显然比在公路上行驶的汽车要高。因此,应根据汽车的常用工况,合理地制订油耗标准和润滑油更换标准。

根据汽车维修工艺的需要,又可把诊断参数标准分为:诊断参数的初始标准、诊断参数的极限标准和诊断参数的许用标准。

诊断参数的初始标准相当于无故障的新车的诊断参数。在汽车使用中,一些机构或系统在恢复性作业或调整作业后测定参数值必须达到初始标准,一般在技术文件中给出。对于汽车的某些机构或系统,如点火系统和供油系统,它的初始诊断标准是按最大经济性原则来确定的,最大经济性是各种不同生产条件下运行的汽车能够广泛采用的一个指标。

诊断参数的极限标准是指汽车技术性能低于这一标准后,就已失去工作能力或其技术性能将变坏或者行驶安全性得不到保证,汽车必须进行维修。诊断参数的极限标准由国家机关技术部门制订。在汽车使用过程中,通过对汽车进行周期性的诊断,并把诊断结果与诊断参数的极限标准进行比较,可以预测出汽车的使用寿命。

诊断参数的许用标准是汽车维护工作中定期诊断的主要标准。这项标准能保证汽车在确定的间隔里程内具有最佳的无故障概率水平。在汽车使用过程中,许用标准是汽车在确定的间隔里程内是否出现故障的界限。如果诊断参数在许用标准内,表明汽车的技术经济指标处于正常阶段,无须维修,可以继续运行。如果诊断参数超过许用标准,即使汽车还有工作能力,也不能等到原来的维修间隔里程再进行维修,应适当提前安排维护和修理,否则,汽车的技术经济性能将下降,故障率将上升。

(三)诊断周期

汽车诊断间隔里程的合理确定,应满足技术和经济两方面的条件,即在诊断周期内,技术上应保证车辆的技术完好率最高,经济上应使单位行程的维护费用最少以及因故障引起汽车停驶损耗的费用最少。大量统计资料表明,实现单位行程费用最少和技术完好率最高二者是一致的。因此,最佳诊断周期可以通过统计分析方法来确定。

单元二　汽车发动机故障诊断与排除

◇ 课 题 一 ◇　发动机异响的诊断与排除

　　技术状况良好的发动机,在以不同的转速运转时,虽然发出声响的频率、波长、声级和衰减系数不同,但都有一定的规律和范围。如果发动机在运转过程中,伴随有其他声响,如发出间歇或连续的金属敲击声、连续的金属干摩擦声等,即为发动机异响。

　　发动机出现异响后,若不及时排除,将会造成机件的加速磨损,甚至发生事故性的损坏。因此,必须及时判断,采取必要的维修措施排除故障。

一、发动机异响的原因及特性

(一)发动机异响的原因

　　发动机各系统和机构中的某些故障,均可导致异响的出现。如发动机过热、气门间隙过大、曲轴或连杆轴承松旷、点火时间过早、机油严重不足、汽缸垫烧穿等,均可引起不同声响。引起发动机异响的原因归纳如下。

　　(1)爆震或早燃。

　　(2)机件磨损。

　　(3)机件装配、调整不当,配合间隙过大或过小。

　　(4)紧固件松脱。

　　(5)机件损坏、断裂、变形、碰擦。

　　(6)机件工作温度过高或由此而熔化卡滞。

　　(7)润滑不良。

　　(8)回转件平衡遭破坏。

　　(9)使用材料、油料和配件的材质、型号、品质不符要求。

(二)发动机异响的特性

发动机异响常与发动机的转速、温度、负荷、缸位、工作循环等有关。

1.异响与发动机转速的关系

大多数异响的出现,取决于发动机的转速状态。与发动机转速有关的异响通常有三种类型,见表2-1。

与发动机转速有关的异响　　　　　　　　　　　　　　表2-1

异响与发动机转速的关系	发 响 原 因
异响在发动机急加速时出现,维持高速运转声响仍存在	①连杆轴承松旷,轴瓦烧熔,尺寸不符而松动 ②曲轴轴承松旷,轴瓦烧熔 ③活塞销折断
维持某转速时,声响紊乱,急加速时,相继发出短暂声响	①凸轮轴正时齿轮破裂,其固定螺母松动 ②活塞销衬套松旷 ③凸轮轴轴向间隙过大或其衬套松旷
异响仅在怠速或低速时存在	①活塞与汽缸壁间隙过大 ②活塞销装配过紧或连杆轴承装配过紧 ③挺柱与其导孔间隙过大 ④凸轮磨损 ⑤起动爪松动影响皮带轮响(在转速改变时明显)

2.异响与负荷的关系

很多发动机异响与负荷有明显的关系。诊断时可采取逐缸解除负荷的方法进行试验。通常采用单缸或双缸断火法解除一或两缸位的负荷,以鉴别异响与负荷的关系,见表2-2。

与发动机负荷有关的异响　　　　　　　　　　　　　　表2-2

异响与缸位的关系	发 响 原 因
某缸断火,异响消失或减轻	①活塞敲缸 ②连杆轴承松旷 ③活塞环漏气 ④活塞销折断

异响与缸位的关系	发 响 原 因
某缸断火,声响加重或原来无响,反而出现声响	①活塞销铜套松旷 ②活塞裙部锥度过大 ③活塞销窜出 ④连杆轴承盖固定螺栓松动过甚或轴瓦合金烧熔脱净 ⑤飞轮固定螺栓松动过甚
相邻两缸断火异响减轻或消失	曲轴轴承松旷

3.异响与温度的关系

发动机的某些异响,与发动机的温度有关,见表2-3。

与发动机温度有关的异响 表2-3

异响与温度的关系	发 响 原 因
低温发响,温度升高后声响减轻甚至消失	①活塞与缸壁间隙过大 ②活塞因主轴承机油槽深度、宽度失准或机油压力低而润滑不良
温度升高后有声响,温度降低后声响减轻或消失	①过热引起的早燃 ②活塞反椭圆形 ③活塞椭圆度过小 ④活塞与缸壁间隙过小 ⑤活塞变形 ⑥活塞环各间隙过小

4.异响与发动机工作循环的关系

发动机的异响与发动机的工作循环也有较明显的关系,尤其是曲柄连杆机构和配气机构的异响都与工作循环有关,见表2-4。

5.异响与其他故障现象的关系

发动机异响除了与发动机转速、负荷、温度、工作循环有关外,往往还与其他呈现出来的故障现象有着内在的关系。这些伴同出现的故障现象可作为故障诊断的重要依据,见表2-5。

与发动机工作循环有关的异响　　　　表 2-4

发响次数与曲轴转角的关系	发响原因	发响次数与曲轴转角的关系	发响原因
曲轴每转一圈发响一次（火花塞跳火一次发响两次）	①活塞敲击缸壁 ②活塞销敲击声 ③活塞顶碰汽缸凸肩 ④连杆轴承松旷过甚 ⑤活塞环漏气	曲轴每转两圈发响一次（火花塞跳火一次发响一次）	①气门间隙过大 ②推杆与挺柱孔间隙过大 ③凸轮线形磨损 ④气门杆与其导管间隙过大 ⑤气门弹簧折断 ⑥凸轮轴正时齿轮径向破裂 ⑦气门座圈松脱 ⑧气门卡滞不能关闭

常伴同出现其他故障现象的异响　　　　表 2-5

异响原因	伴同故障现象
曲轴轴承径向间隙过大或轴瓦合金烧熔脱落	机油压力下降,机体振抖
连杆轴承松旷过甚	机油压力下降
进排气门卡滞不能关闭	个别缸不工作,功率下降,机体抖动。若排气门卡滞,排气管会出现"喘气"声
活塞与缸壁间隙过大,活塞环对口或抱死	机油加注口脉动冒烟,排气管冒浓蓝烟,机油消耗多,机油品质恶化,燃油消耗多而功率下降
排气门弹簧折断	个别缸不工作,发动机振抖,怠速不稳,不易加速
点火正时不准	燃油消耗多,爆震,排气管放炮,功率下降

（三）发动机异响的振动区域

发动机异响所引起的振动常见于 4 个区域,如图 2-1 所示。

1. *A-A* 区域

该区域为缸盖部位。可用螺丝刀或金属棒触听汽缸盖各燃烧室部位,能辅助诊断活塞顶碰缸盖、汽缸上部凸肩、气门座圈脱出等故障。

2. *B-B* 区域

该区域为挺杆室及其对面部位。在挺杆室一侧,可听察气门组合件及挺杆等发响;在其对面,能辅助诊断活塞敲缸一类故障。

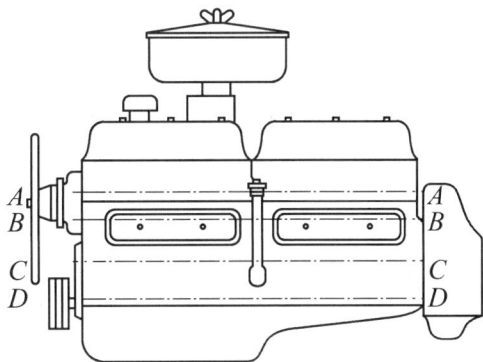

图 2-1　异响振动区域

3. *C-C* 区域

该区域为凸轮轴部位。可用螺丝刀或金属棒触听凸轮轴的前、后衬套部位或正时齿轮室盖部位,可辅助诊断凸轮轴正时齿轮破裂或其固定螺母松动、凸轮轴衬套松旷等故障。

4. *D-D* 区域

该区域为曲轴部位。用螺丝刀或金属棒触听汽缸体与油底壳结合面的附近,可辅助诊断曲轴轴承发响或曲轴裂纹等故障。

二、发动机异响的诊断程序

(一)异响的确定

所谓异响的确定,是指从声响中找出异常响声,即在众多混杂的发动机运转声响中,确定哪些是正常的声响,哪些是异响。

异响中哪些是尚允许存在的,哪些则是不允许继续存在、必须予以排除的,这是异响诊断过程中首先应明确的。

异响的确定原则如下。

(1)若声响在低速运转时显得轻微、单纯,在高速运转时虽显得轰鸣但却平稳均匀,在加速和减速时声响显得过渡圆滑,则为正常声响。

(2)若声响中伴随着沉闷的"镗、镗"声,清脆的"铛、铛"声,短促的"嗒、嗒"声,细微的"唰、唰"声,尖锐的"喋、喋"声和强烈的"嘎、嘎"声等声响,即表明发动机存在不正常的异响。至于异响是否允许存在,可依据以下情况决断:

①声响仅在怠速运转时存在,转速提高后自行消失,在整个使用过程中声响又无明显变化的,则属于危害不大的异响,允许暂时存在,待适当时机再行修理。

②声响在突然加速或突然减速时出现,而且在中、高速运转期并不消失,同时又引起机体振抖,则属于不允许继续存在的异响,应立即查明原因,予以排除。

③如果声响是在运转中突然出现的,且又较猛烈,则不应继续运转或试听诊断,而应立即停机拆检。一般拆检顺序是先拆油底壳,其次拆缸盖,再次拆气门室盖(罩)。

(二)异响的确诊

所谓异响的确诊是指对异响进行特性分析,进而认定异响的部位、原因和程度。

就异响出现的时期和连续存在的时间而言,异响一般分别存在于怠速或低速运转期间、高速运转期间和运行期间。

1. 怠速或低速运转期间

当遇到此种条件下出现的异响,可依以下顺序诊断。

(1)用单缸断火法检查异响与缸位是否有关联。若某缸断火后异响有明显的变化,说明故障即在该缸;若某缸断火后异响无明显的变化,说明异响与该缸并无关系。继而,逐缸检查异响与工作循环是否有关联,判定故障所在部位。

(2)逐渐提高发动机转速,听察异响有无变化,根据异响随转速的变化,判断运动机件耗损的程度。

(3)在诊断过程中,还应注意观察发动机温度的变化对异响的影响。

通过上述过程的诊断,基本可查明异响与发动机的负荷、工作循环、转速、温度之间的关系。如若异响与某种异响特性相符合,则可做出确诊结论。

2. 高速运转期间

如果遇到此种条件下出现的异响,可依以下顺序诊断。

(1)从低速逐渐提高发动机转速,直至高速运转。在此过程中,注意异响出现的时机。

(2)当异响出现后,稳定于该转速运转,仔细听察异响,利用单缸断火法查明缸位。

(3)若难以查明缸位,则应用螺丝刀(或金属棒)听察法找到异响分布的区域。

(4)若在从低速逐渐提高转速的过程中并不出现异响,而在急加速或急减速时出现异响,则可用单缸断火法,配以速度的急剧变化,判明异响所在缸位。

(5)在诊断过程中,同时还应注意机油压力、机油加注口、排气管等处的伴同现象变化,综合分析,从而得出确诊结论。

3.运行期间

运行中的发动机异响,一般都能在停车后使发动机处于同速度运转中得到重现,从而推断出异响的确诊结论。但有时也有例外,运行中的异响,停车后使发动机同速度运转,却不再出现这种异响。遇到这种情况,则应调节节气门开度或急剧改变转速,一般都能使异响再现,然后再确诊其缸位和原因,得出确诊结论。

有时运行中出现的异响,不一定是发动机产生的,也可能是其他机构产生的,为此,应踩下离合器踏板或脱开变速器挡位,再做急加速试验。若异响消失,表明异响不在发动机而在底盘或车身部位。

三、曲柄连杆机构异响的诊断

曲柄连杆机构常见的异响有曲轴轴承响、连杆轴承响、活塞敲缸响、活塞销响和活塞环响等。此类异响都严重地影响发动机的正常工作,加剧发动机的损坏,缩短其使用寿命,必须认真诊断排除。

(一)曲轴轴承响

诊断曲轴轴承响,可在发动机 D-D 区域(图 2-1)辅助听诊。

1.故障现象

(1)发动机稳定运转时,一般没有声响。当发动机转速突然变化时,发出沉闷连续的"镗、镗"敲击声,同时伴有发动机振动的现象。

(2)发动机负荷变化时,声响明显。

(3)发动机转速越高,声响越大。

(4)单缸断火时,声响无变化,而相邻两缸断火时,声响明显减弱。

2.故障原因

(1)曲轴轴承与轴颈间隙过大。

(2)曲轴轴向间隙过大。

(3)曲轴轴承盖螺栓松动。

(4)曲轴轴承与轴颈润滑不良,使轴承合金烧蚀脱落。

(5)曲轴弯曲。

3.故障诊断与排除

(1)若在低、中速状态下抖动节气门,发动机发出明显而沉闷的连续敲击声,同时伴有发动机振抖现象,则可诊断为曲轴轴承响。

(2)如果进行单缸断火试验,声响变化不大,而相邻两缸断火时,声响明显减弱或消失,则可诊断为两缸之间的曲轴轴承发响。

(3)高速运转发动机,若机体振动较大,同时伴有机油压力显著下降,可诊断为曲轴轴承与轴颈间隙过大或轴承合金烧蚀脱落。

(4)声响随温度升高而增大,高速时声响变得杂乱,可能是曲轴弯曲。

(二)连杆轴承响

1.故障现象

(1)发动机怠速运转时无明显声响,而高速时有"咯、咯"敲击声,急加速时声响尤为明显。

(2)进行断火试验,声响明显减弱或消失。

(3)当发动机负荷增加时,声响随之增大。

(4)连杆轴承声响较曲轴轴承声响轻缓而短促。

(5)当发动机温度变化时,声响并无变化。

2.故障原因

(1)连杆轴承与轴颈磨损过量,径向间隙过大。

(2)连杆轴承盖紧固螺栓松动。

(3)连杆轴承合金烧蚀、脱落。

(4)连杆轴颈圆度误差超标。

(5)连杆轴承润滑不良。

3.故障诊断与排除

(1)发动机转速由怠速向中速过渡,声响越加清晰。随着转速的增高,敲击声更为突出,可诊断为连杆轴承响。

(2)对某缸进行断火试验,声响减弱或消失,说明该缸连杆轴承响。

(3)发动机不论转速和温度的高低,都发出严重而无节奏的"铛、铛"声响,且伴有振动,进行断火试验声响不改变,可诊断为连杆轴承合金烧蚀。

(三)活塞敲缸响

活塞敲缸是指工作行程开始的瞬间或当活塞上行时,活塞在汽缸内摆动或窜动,其头部或裙部与缸壁、缸盖相碰撞。活塞敲缸时的声响,称为活塞敲缸响。

诊断活塞敲缸响时,可在发动机 B-B 区域辅助听诊(图 2-1)。

1. 冷态敲缸

(1)故障现象。

①低温时有敲击声,温度正常后声响减弱或消失。

②怠速时发出有节奏的"嗒、嗒"敲击声,转速提高后声响消失。

③火花塞每跳火 1 次,发响 2 次。

④某单缸断火试验,声响减弱或消失。

(2)故障原因。

①活塞与缸壁的间隙超过极限值。

②缸壁润滑不良。

③机油压力过低。

(3)故障诊断与排除。

①冷车运转时将发动机转速控制在声响明显处,察看机油加注口是否冒烟,排气管是否冒蓝烟,并用螺丝刀抵触机油加注口处一侧的缸壁,将耳朵贴在螺丝刀的木柄上,倾听是否有振动的敲击声。若有以上状况,则为活塞敲缸响。

②进行逐缸断火试验。若某缸断火后声响减弱或消失,复火时声响明显增大 1~2 声后,又恢复原来声响,当发动机温度升高后声响减弱或消失,可诊断为活塞裙部与缸壁敲击。

③将有敲击声响汽缸的火花塞拆下,注入少量机油,再装上火花塞,摇转曲轴数圈后,起动发动机再进行试验。若声响消失或明显减弱,但不久又复出,可确诊为该缸活塞敲缸。

④发动机仅冷车时敲缸,热车后声响消失,发动机可继续使用,等待机会再修。

2. 热态敲缸

(1)故障现象。

①怠速时发出"嗒、嗒"声,高速时发出"嘎、嘎"的连续金属敲击声,且机体伴有抖动现象。

②温度升高,声响加大。

③火花塞每跳火 1 次,发响 2 次。

④某单缸断火试验,声响加大。

(2)故障原因。

①活塞与缸壁的间隙过小。

②活塞与活塞销装配过紧而致活塞变形或反椭圆形。

③连杆轴颈与曲轴轴颈不平行。

④连杆弯曲、扭曲或连杆衬套轴向偏斜。

⑤活塞环背隙、端隙过小。

(3)故障诊断与排除。

①发动机低温时不响,而温度升高后在怠速时出现"嗒、嗒"声,并伴有机体振动现象,且温度越高,声响越大,可诊断为活塞变形或活塞环过紧,导致活塞与缸壁配合间隙过小而润滑不良。

②发动机低温时不响,温度升高后在中、高速时发出急剧而有节奏的"嘎、嘎"声,进行断火试验时,声响变化不大,可诊断为连杆变形或连杆装配位置不准。

③进行某缸断火试验,声响反而加大,可诊断为该缸敲缸。

④发动机在热起动后敲缸,且单缸断火后声响加大,遇此情况应停机检修,以免拉缸或使故障恶化。

3. 冷热态均敲缸

(1)故障现象。

①发动机低速时有"嗒、嗒"敲击声,转速提高后声响消失,或低速时发出有节奏的且强弱分明的"杠、杠"声响,有时会短暂消失,但很快又复出,转速提高后声响消失。

②进行某缸断火试验,声响减弱或者反而加大,并由节奏声响变为连续声响。

③火花塞每跳火 1 次,发响 2 次。

(2)故障原因。

①活塞销与连杆小头装配过紧。

②连杆轴承装配过紧。

③活塞裙部圆柱度误差过大。

(3)故障诊断与排除。

①逐缸进行断火试验,若某缸声响减小但不消失,可诊断为该缸连杆与曲轴或活塞销装配过紧。

②断火试验时该缸声响加重,且由间断声响变为连续声响,可诊断为活塞磨损变形。

③低速时有"嗒、嗒"敲击声,当转速提高后声响消失,可诊断为活塞裙部圆柱度误差过大。

④发动机在冷热态均敲缸,一般是活塞连杆组技术状况恶化所致,应及时维修以恢复技术性能。

(四)活塞销响

1.故障现象

(1)发动机怠速时发出有节奏而又清脆的"嗒、嗒"声响,突然加大节气门开度时,声响也随之加大。高速时,声响混浊不清。

(2)进行断火试验时,声响减弱或消失。

(3)火花塞每跳火1次,发响2次。

2.故障原因

(1)活塞销与连杆衬套磨损过甚而松旷。

(2)活塞销与活塞销座孔松旷。

(3)机油压力过低,润滑不良。

(4)活塞销严重烧蚀。

(5)活塞销折断。

(6)活塞销锁环脱落致使活塞销窜动。

3.故障诊断与排除

(1)使发动机处于怠速位置,抖动节气门到中速位置,如声响能灵活地随之变化,并且每抖动一次节气门,都能听到明显、清晰、尖脆而连续的"嗒、嗒"声响,可诊断为活塞销响。

(2)将发动机转速控制在声响最明显处,然后逐缸进行断火试验。若断火后,声响减弱或消失,复火时发出"嗒、嗒"的敲击声,且汽缸上、中部比下部声响大,可诊断为活塞销响。

(3)若声响较严重,且发动机转速越高,声响越大,而在声响最大的转速下进行断火试验,声响变得更加杂乱,可诊断为活塞销与衬套配合松旷。

(4)当发动机怠速运转时,出现有节奏而较沉重的"吭、吭"碰击声;转速提高后,声响不消失,同时伴随机体抖动现象;断火试验时,声响反而增大,可诊断为该缸的活塞销自由窜动。

(5)发动机急加速时,声响剧烈而尖锐,进行断火试验时,声响减弱或消失,可诊断为该缸的活塞销折断。

(五)活塞环响

1.故障现象

(1)活塞环敲击声响是钝哑的"啪、啪"声,发动机转速提高,声响随着增大,并且变成较嘈杂的声音。

(2)活塞环漏气响,类似敲缸响,在机油加注口处听察较为明显,单缸断火时,声响较小,但不消失。

2.故障原因

(1)活塞环折断。

(2)活塞环和环槽磨损,造成背隙和端隙过大,密封性降低。

(3)缸壁磨损后,顶部出现凸肩,重新调整连杆轴承后,使活塞环与缸壁凸肩相碰。

(4)活塞环端口间隙过大或各环的端口重合对口。

(5)活塞环弹性过弱或缸壁有沟槽。

(6)活塞环黏在活塞环槽上。

3.故障诊断与排除

(1)做单缸断火试验,声响减小,但不消失,把螺丝刀放在火花塞上细听,发出"啪、啪"声响,可诊断为活塞环折断。

(2)出现"噗、噗"的声响,断火后没有变化,用螺丝刀抵触缸盖有明显的振动,可诊断为活塞环碰击汽缸凸肩。

(3)发动机冷车起动时,发出"嘣、嘣"的声响,在机油加注口处可见脉动地冒蓝烟,频率与声频吻合。进行断火试验时,声响消失,但仍有漏气声,机油加注口处冒烟减轻,甚至消失,可诊断为活塞环漏气响。

(4)发动机温度升高,仍有明显的窜气响,进行断火试验,窜气虽有减弱,但机油加注口处仍有明显漏气现象,可诊断为活塞环与缸壁密封不严。

(5)进一步确诊,可在缸内注入少量机油,起动后较短时间内若声响减弱或消失,可确诊为活塞环与缸壁密封不良。若注油后,仍冒烟或更甚,可诊断为活塞环对口或活塞环弹力不足或活塞环卡死。

四、配气机构异响的诊断

配气机构常见异响有气门响、气门座圈响、凸轮轴响、正时齿轮响等。这些异响的产生,表明各机件耗损或调整不当,影响发动机的性能,应及时调整或换用新件。

(一)气门响

1. 故障现象

(1)发动机怠速时,在气门室处发出有节奏的"嗒、嗒"声响。

(2)发动机转速增高,声响也随之增大,中速以上时,声响模糊嘈杂。

(3)发动机温度变化或进行断火试验,声响不变。

2. 故障原因

(1)气门杆端和摇臂之间磨损或调整不当,气门间隙过大产生碰击。

(2)气门间隙调整螺钉磨损偏斜。

(3)气门弹簧座脱落。

(4)气门杆与气门导管间隙过大。

(5)凸轮磨损过量,运转中挺柱产生跳动。

3. 故障诊断与排除

(1)在气门室罩听察,声响频率随发动机转速高低而增减。当发动机温度变化或进行断火试验时,声响不随之变化,可诊断为气门响。

(2)拆下气门室罩逐个检查气门间隙,一般是间隙过大的气门发响。

(3)调整气门间隙至规定值后仍发响,可诊断为气门杆与气门导管磨损过量或气门弹簧座脱落。

(二)气门座圈响

1. 故障现象

(1)发动机冷车初起动时,声响易出现。

(2)声响与转速没有必然的关系,在运转期间偶尔发出清脆的蹾气门声响,且很快就消失。严重时,此声响频繁出现。

(3)声响出现时,伴随出现个别缸不工作。声响消失,汽缸工作恢复正常。

(4)火花塞每跳火 1 次,发响 1 次。

2. 故障原因

(1)选用座圈材料的热膨胀系数过小。

(2)气门座圈与缸体镶配过盈量过小。

3. 故障诊断与排除

(1)当声响出现时,伴有个别缸不工作;声响消失,发动机恢复正常。该情况可诊断为不工作缸的气门座圈松脱。

(2)利用汽缸压力表逐缸测量汽缸压力,压力低的缸为异响缸。

(三)凸轮轴响

1. 故障现象

(1)发动机中速运转时声响明显,从缸体凸轮轴一侧发出钝重的"嗒、嗒"声响,高速时声响模糊不清。

(2)进行单缸断火试验,声响不变。

(3)凸轮轴轴承附近伴有振动。

2. 故障原因

(1)凸轮轴轴承与轴颈配合间隙过大,造成松旷。

(2)凸轮轴轴承合金烧蚀、剥落或磨损过甚。

(3)凸轮轴轴向间隙过大。

(4)凸轮轴弯曲。

(5)凸轮轴轴承松旷转动。

3. 故障诊断与排除

(1)使发动机在声响最强的转速下运转,用螺丝刀触及汽缸体凸轮轴各轴承附近的部位进行听诊。若某处声响较强并伴有振动,可诊断为该处轴承发响。

(2)进行断火试验,声响无变化。在缓慢加大节气门开度的过程中,若怠速时声响清晰,中速时声响明显,高速时声响由杂乱变得减弱,可诊断为凸轮轴轴向间隙过大或轴承松旷转动。

(四)正时齿轮响

1. 故障现象

(1)发动机怠速运转或转速改变时,在正时齿轮室盖处发出杂乱而轻微的

"嘎啦"声,转速提高后声响消失,急减速时,声响尾随出现。

(2)单缸断火试验时,声响无变化。

(3)声响有时受温度影响,高温时声响明显。

(4)有时伴随声响出现正时齿轮室盖振动。

2.故障原因

(1)正时齿轮磨损或装配不当,啮合间隙过大或过小。

(2)曲轴和凸轮轴中心线不平行。

(3)齿轮润滑不良。

(4)凸轮轴正时齿轮松动。

(5)凸轮轴正时齿轮轮齿折断,或齿轮径向破裂。

3.故障诊断与排除

(1)若发动机怠速运转时发出有节奏的"嘎啦、嘎啦"声,中速时突出,高速时杂乱,用螺丝刀触及正时齿轮室盖部听诊,声响更明显,则可诊断为正时齿轮啮合间隙过大。

(2)发动机转速变化,声响随之变化,且声响类似于"呼啸"声,可诊断为正时齿轮啮合不良。

(3)若发动机怠速运转时,发出有节奏的"哽、哽"声响,随发动机转速提高,声响随之加大,可诊断为正时齿轮啮合不均匀。

(4)将发动机转速逐渐提高到某一较高转速,若突然发出强烈而杂乱的声响,而急减速时同样会发出一声"嘎"的声响(正时齿轮室盖有振动感),然后消失,可诊断为凸轮轴正时齿轮松动。

(5)新车或更换正时齿轮后出现连续不断的"呜、呜"声,转速越高越明显,可诊断为正时齿轮啮合间隙过小。

五、汽缸压力的测量

活塞到达压缩行程上止点时汽缸压缩压力的大小,可以表明汽缸密封性的好坏。

检测汽缸压缩压力,通常使用机械式压力表。

(一)机械式压力表的结构和测量原理

常用的机械式压力表是弹簧管式压力表,它结构简单,工作可靠,使用方便,测量范围广,读数直接,应用广泛。

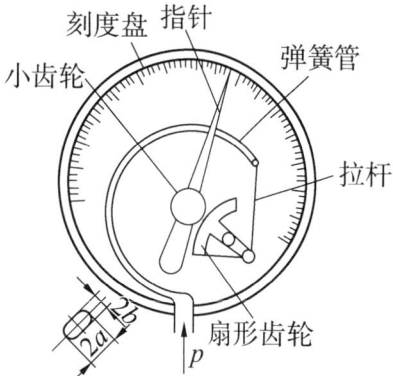

图2-2 弹簧管式压力表

弹簧管式压力表是利用表内弹性元件在压力作用下的弹性变形来测量压力的,如图2-2所示。弹簧管的种类很多,有C形、螺线形、S形等,截面积可分为椭圆形、弓形、平椭圆形等。当传递被测压力的介质进入自由端封闭的弹簧管的时候,管子产生弹性变形,使弹簧管向外伸张,在自由端产生位移,此位移经齿轮机构拨动指针。

这种压力表的测压范围很广,可测量0.03~1000MPa的压力,也可测量真空度。

(二)汽缸压缩压力的检测方法

将弹簧管式压力表配装一个止回阀和放气阀,就组成了测量汽缸压缩压力的汽缸压力表。用机械压力表测量压缩压力时,测量误差较大。测量结果不仅与汽缸密封性有关,还与转速有关。

1.检测条件

将发动机预热至正常工作温度,用起动机带动发动机转动,转速应在生产厂家规定的范围内。

2.检测方法

(1)汽油机压缩压力的测量。

①拆除空气滤清器。

②清理火花塞周围的脏物,拆下全部火花塞。

③使节气门和阻风门处于全开位置。

④把专用汽缸压力表的锥形橡皮头插在被测量汽缸的火花塞孔内,用手压紧。

⑤用起动机带动发动机转动3~5s,转速为150~180r/min,待汽缸压力表指针指示并保持最大压力读数时停止转动。

⑥取下汽缸压力表记下读数,按下止回阀使压力表指针回零。

⑦按此方法依次测量各缸的压缩压力,每个汽缸测3次取平均值。

⑧各缸的压力值不能低于规定压力值的80%,各缸的压力差不得大于5%。

（2）柴油机压缩压力的测量。

①拆下空气滤清器。

②清理喷油器周围的脏物,拆下全部喷油器。

③汽缸压力表的前端有专用连接器,将其安装到喷油器座孔上。

④用起动机带动发动机转动 3～5s,转速为 300～500r/min,待汽缸压力表指针指示并保持最大压力读数时停止转动。

⑤读取汽缸的压缩压力值,每个汽缸测量 3 次取平均值。

⑥依次对各缸进行测量,各缸的压力值不能低于规定压力值的 80%,各缸的压力差不得大于 5%。

（三）测量结果的分析

（1）检测结果大于规定值,表明燃烧室积炭过多或汽缸衬垫过薄、缸体与缸盖接合平面磨损过多。汽缸压力过大,会影响发动机的使用寿命。

（2）检测结果小于规定值,可先向该缸火花塞(喷油器)孔内注入少量机油,然后重测汽缸压力。如果第二次测量值比第一次高,并接近规定值,表明汽缸、活塞、活塞环磨损过大或活塞环对口、断裂、卡死及缸壁拉伤等原因造成汽缸密封不良。如果第二次测量值仍达不到规定值,表明进、排气门或汽缸衬垫不密封。

六、用真空表诊断发动机技术状况

（一）真空表的结构和测量原理

真空表是一种用于测量发动机进气歧管真空度的工具。发动机进气歧管的真空度是进气歧管内的进气压力与外界大气压力的压力差,是汽油机重要诊断参数之一,可以表征汽缸组和进气歧管的密封性。

真空表由表头和软管组成。真空表的表头结构同汽缸压力表一样,当真空进入表头内的弯管时,弯管更加弯曲,并通过杠杆、齿轮机构带动指针动作,在表盘上指示出真空度的大小。

真空表的量程为 0～101.325kPa。软管一头固定在表头上,另一端可方便地连接在进气歧管的接头上。

（二）测量方法

将发动机预热至正常工作温度,把真空表软管连接到进气歧管上,观察真空表指针的指示值,并改变发动机的转速,观察真空度的变化情况。

(三)测量结果的分析

(1)发动机在海平面高度下(下同)怠速运转时,真空表指针稳定地指在 57.42 ~ 70.93kPa 范围内,表示密封正常。当迅速开启、关闭节气门时,指针能随之摆动在 6.76 ~ 84.44kPa 之间,则进一步表明技术状况良好。

(2)怠速时指针在 50.66 ~ 67.55kPa 之间摆动,表明气门黏滞或点火系统有故障。

(3)怠速时指针低于正常值,主要是活塞环、进气管或化油器衬垫漏气造成,也可能与点火过迟或配气过迟有关。此种情况若突然开大、关闭节气门,指针回落至零,且回跳不到 84.44kPa。

(4)怠速时指针在 40.53 ~ 60.80kPa 之间缓慢摆动,表明化油器调整不良。

(5)怠速时指针在 33.78 ~ 74.31kPa 之间缓慢摆动,且随转速升高而加剧摆动,表明气门弹簧弹力不足、气门导管磨损或汽缸衬垫漏气。

(6)怠速时指针有规律地跌落,表明某气门烧毁,每当气门烧毁的汽缸工作时,指针就跌落。

(7)怠速时指针逐渐下落至零,表明排气消声器或排气系统阻塞。

(8)怠速时指针快速摆动,升速时指针反而稳定,表明进气门与其导管磨损松旷。

进气管真空度随海拔升高而降低。海拔每升高 1000m,真空度将减少 10kPa 左右,检测时应根据所在地海拔高度修正诊断标准。

课题二 汽油发动机燃油供给系统故障诊断与排除

汽油发动机燃油供给系统的作用是将燃油从油箱中泵出,并经过滤清、调压后提供给喷油器,再由喷油器喷入发动机参加燃烧。如果系统发生阻塞、泄漏、供油中断、供油压力失常(压力过高或过低)等故障,必然引起发动机燃油供给的失常,从而造成发动机动力不足、加速不良、排气冒黑烟、燃油消耗过大、不能起动等故障现象。

燃油供给系统一般由燃油箱、燃油泵、燃油滤清器、压力缓冲器、油压调节器、喷油器等零部件组成(图2-3、图2-4),其中,燃油泵磨损或卡滞、燃油滤清器阻塞等会引起供油压力下降或中断;压力缓冲器和油压调节器失常,会引起供油压力不稳、过高或过低。

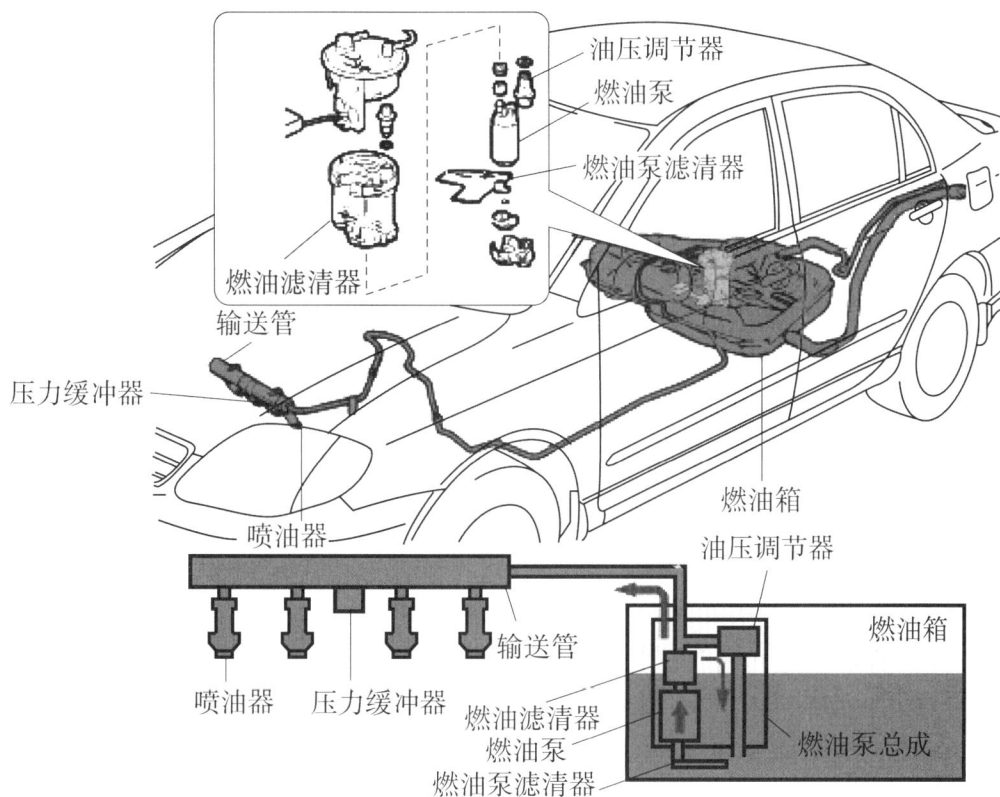

图 2-3　燃油系统布置示意图

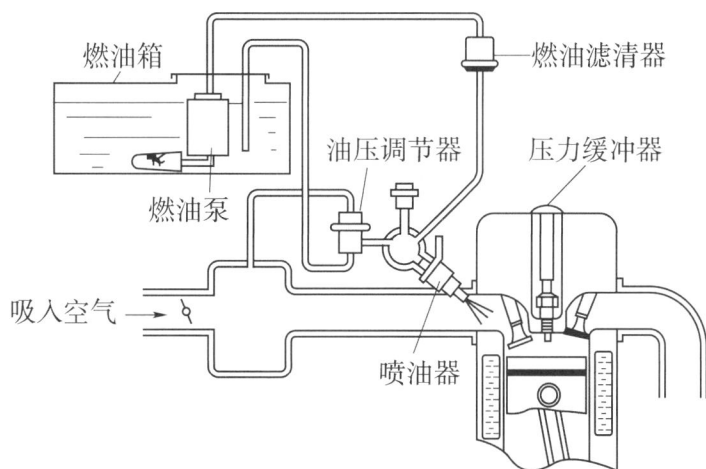

图 2-4　燃油供给系统的工作原理

一、不来油或来油不畅故障诊断

(一)故障现象

(1)点火系统工作正常,但发动机不能起动。

(2)勉强能起动,但发动机不能正常运行。

(二)故障原因

(1)燃油箱内存油不足。

(2)油管堵塞、破裂或接头松动漏油。

(3)燃油滤清器堵塞。

(4)燃油泵、燃油泵继电器不工作,燃油泵熔断丝烧断或线路断路、短路。

(5)燃油压力调节器损坏,造成系统燃油压力过低,导致喷油器喷油量严重不足。

(三)故障诊断与排除

(1)检查油箱是否有油,若存油量过少,则予以补足。

(2)检查油管是否堵塞、破裂或接头松动漏油。若有异常,予以修复或更换。

(3)拆下燃油滤清器,检查是否堵塞或失效。若有异常,更换燃油滤清器。

(4)检查燃油泵是否工作(见后面相关内容)。

(5)检测燃油泵最大压力和保持压力(见后面相关内容)。

(6)检测燃油压力(见后面相关内容)。

二、混合气过浓故障诊断

(一)故障现象

(1)发动机怠速不稳。

(2)排气管冒黑烟,且伴有"突、突、突"的放炮声。

(3)发动机功率下降,油耗增加。

(4)拆下火花塞,在电极表面有汽油渍和大量的积炭。

(二)故障原因

(1)冷却液温度传感器工作失常。

（2）空气流量传感器或进气压力传感器工作失常。

（3）节气门位置传感器工作失常。

（4）冷起动喷油器漏油或冷起动控制失常。

（5）燃油压力过高。

（6）喷油器漏油。

（7）氧传感器失效。

（8）个别喷油器连续喷油。

（三）故障诊断与排除

（1）检测冷却液温度传感器,其在不同温度下的电阻值应符合标准。若电阻值大于实际温度下的电阻值,会使发动机控制单元(ECU)误认为发动机处于低温状态,从而进行冷车加浓控制,使混合气过浓。

（2）检测空气流量传感器或进气压力传感器,其数值应符合标准。空气流量传感器或进气压力传感器的误差会直接影响喷油量。检测结果如有异常,应更换空气流量传感器或进气压力传感器。

（3）检查节气门位置传感器。

①开关式节气门位置传感器,在节气门处于中小开度时,全负荷开关应断开。若全负荷开关始终闭合或闭合时间过早,会使ECU始终或过早地进行全负荷加浓,从而使混合气过浓。

②线性式节气门位置传感器,应检查各工况的输出信号是否符合标准值。若有异常,应予以更换。

（4）检测燃油压力。怠速时的燃油压力应为250kPa左右,随着节气门的开启,燃油压力应逐渐上升。节气门全开时的燃油压力为300kPa左右。若燃油压力能随节气门开度变化而改变,但压力始终偏高,则说明压力调节器有故障,应更换;若燃油压力不能随节气门开度变化而改变,则说明压力调节器的真空软管破裂或脱落,或燃油压力调节控制电磁阀有故障,使进气管真空度没有作用在压力调节器的真空膜片室上,导致油压过高。对此,应更换软管或电磁阀。

（5）拆卸喷油器,检查各喷油器有无漏油。如有异常,应清洗或更换喷油器。

（6）检查氧传感器。

（7）检查某缸喷油器是否连续喷油。

①拆下该缸喷油器,检查是否因发卡而连续喷油。若发卡,则应予以更换。

②检查控制线路是否有搭铁。若线路正常,则应更换ECU。

混合气过浓故障诊断可以参照图2-5进行。由于不同车辆的配置不同,具体流程可能会有所差异,请参阅所修车型的维修手册。

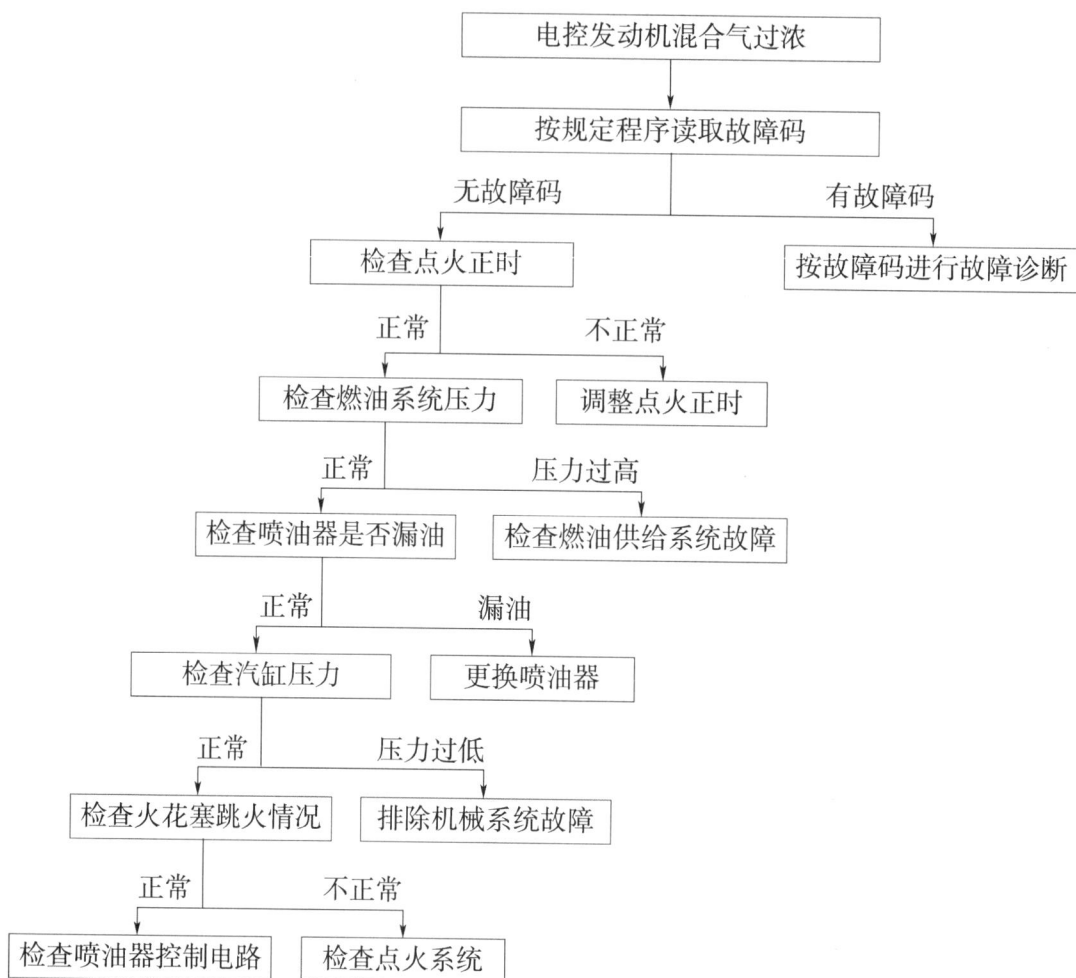

```
            ┌─────────────────────┐
            │  电控发动机混合气过浓  │
            └─────────────────────┘
                       │
            ┌─────────────────────┐
            │   按规定程序读取故障码  │
            └─────────────────────┘
         无故障码            有故障码
            │                  │
  ┌──────────────┐    ┌──────────────────┐
  │   检查点火正时  │    │  按故障码进行故障诊断 │
  └──────────────┘    └──────────────────┘
      正常       不正常
       │          │
 ┌──────────────┐ ┌──────────────┐
 │  检查燃油系统压力 │ │   调整点火正时  │
 └──────────────┘ └──────────────┘
     正常      压力过高
      │          │
 ┌──────────────┐ ┌──────────────────┐
 │ 检查喷油器是否漏油 │ │  检查燃油供给系统故障 │
 └──────────────┘ └──────────────────┘
    正常      漏油
     │         │
┌──────────────┐ ┌──────────────┐
│   检查汽缸压力  │ │   更换喷油器   │
└──────────────┘ └──────────────┘
   正常     压力过低
    │         │
┌──────────────┐ ┌──────────────────┐
│ 检查火花塞跳火情况 │ │  排除机械系统故障  │
└──────────────┘ └──────────────────┘
   正常      不正常
    │         │
┌──────────────┐ ┌──────────────┐
│ 检查喷油器控制电路 │ │   检查点火系统  │
└──────────────┘ └──────────────┘
```

图2-5　发动机混合气过浓故障诊断流程

三、混合气过稀故障诊断

(一)故障现象

(1)发动机不易起动。

(2)发动机功率下降,温度过高。

(3)发动机转速不易提高,加速时有回火现象。

(4)怠速不稳,容易熄火。

（二）故障原因

（1）冷却液温度传感器工作失常。

（2）空气流量传感器或进气压力传感器工作失常。

（3）节气门位置传感器工作失常。

（4）燃油压力过低。

（5）进气系统漏气。

（6）喷油器堵塞或雾化不良。

（7）氧传感器失效。

（三）故障诊断与排除

（1）进行故障自诊断，检测有无故障码。若有故障码，按故障码查找故障原因。

（2）检测冷却液温度传感器，其在不同温度下的电阻值应符合标准。若电阻值小于实际温度下的电阻值，会使ECU误认为发动机处于高温状态，使混合气过稀。

（3）检测空气流量传感器或进气压力传感器，其数值应符合标准。检测结果如有异常，应更换空气流量传感器或进气压力传感器。

（4）检查节气门位置传感器。在节气门处于全负荷时，全负荷开关应闭合。若闭合时间过迟或不能闭合，会使ECU误认为全负荷过迟或不是全负荷而不能进行全负荷加浓，从而使混合气过稀。

（5）检测燃油压力。如压力过低，应进一步检查电动燃油泵、燃油压力调节器、燃油滤清器等。

（6）检查进气系统有无漏气现象。

①检查进气管接头是否松动漏气。

②检查进气管是否破裂。

③检查进气歧管上的真空管有无脱落或折断。

（7）拆检喷油器。

①检查喷油器滤网和喷口是否堵塞。若有异常，应清洗或更换喷油器。

②检测喷油器的喷油是否正常。若喷油器的喷油量小于规定值或雾化不良，应清洗或更换喷油器。

（8）检查氧传感器。

混合气过稀故障诊断可以参照图2-6进行。由于不同车辆的配置不同，具体流程可能会有所差异，请参阅所修车型的维修手册。

```
              ┌─────────────────────┐
              │  电控发动机混合气过稀  │
              └─────────────────────┘
                        │
              ┌─────────────────────┐
              │   按规定程序读取故障码  │
              └─────────────────────┘
           无故障码            有故障码
              │                  │
    ┌─────────────────┐  ┌─────────────────────┐
    │  检查进气管是否漏气 │  │  按故障码进行故障诊断  │
    └─────────────────┘  └─────────────────────┘
       不漏气      漏气
         │         │
  ┌───────────┐ ┌───────────┐
  │ 检查点火正时 │ │ 排除漏气故障 │
  └───────────┘ └───────────┘
     正常      不正常
       │        │
┌───────────────┐ ┌───────────┐
│ 检查喷油器喷油情况 │ │ 调整点火正时 │
└───────────────┘ └───────────┘
     正常       不正常
       │         │
┌───────────────┐ ┌───────────────────┐
│  检查燃油系统压力 │ │  检查喷油器或其电路  │
└───────────────┘ └───────────────────┘
     正常       压力过低
       │         │
┌─────────────────┐ ┌───────────────────┐
│ 检查冷却液温度传感器、│ │  排除燃油系统故障   │
│ 节气门位置传感器、进气温│ └───────────────────┘
│ 度传感器及其电路    │
└─────────────────┘
     正常      不正常
       │        │
┌───────┐ ┌───────────────────┐
│更换ECU │ │ 更换相应传感器或排除 │
└───────┘ │ 相应电路故障      │
          └───────────────────┘
```

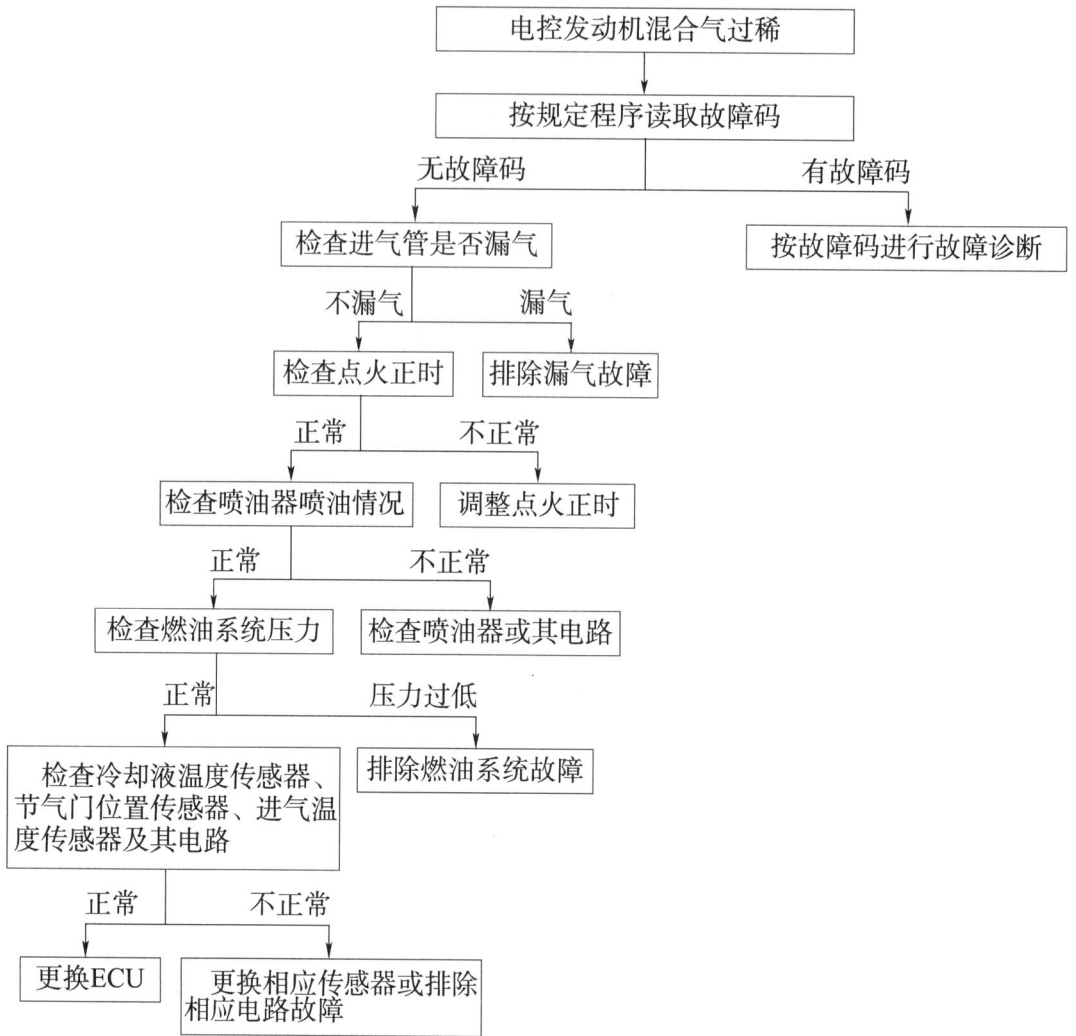

图 2-6　发动机混合气过稀故障诊断流程

四、燃油压力测试方法

(一)泄掉燃油系统残余油压

1.发动机运转法

拔掉燃油泵熔断丝(使燃油泵停止工作),起动发动机,利用发动机的运转消耗掉燃油系统的残余燃油。

对于有些汽车而言,燃油泵与喷油器、点火模块等共用一个熔断丝,用该方法无法泄压,此时可以用先拔下燃油泵电插头,再起动发动机的方法来泄压。

2.直接释放法(注意防火)

用棉纱包住燃油滤清器的油管接头,用工具慢慢松开油管接头,利用棉纱吸收从油管接头渗出的燃油,直至燃油系统的残余油压被完全释放,然后再拧紧油管接头。

(二)接入燃油压力表

拆卸供油管与供油轨的连接螺柱(注意妥善处理燃油管内的剩油),采用专用燃油检测软管和接头(最好采用带开关的三通接头,以便进行如后所述的内漏诊断,带开关的一端接供油轨,不带开关的一端接供油管,中间接口接燃油压力表)接入燃油压力表,如图 2-7 所示。

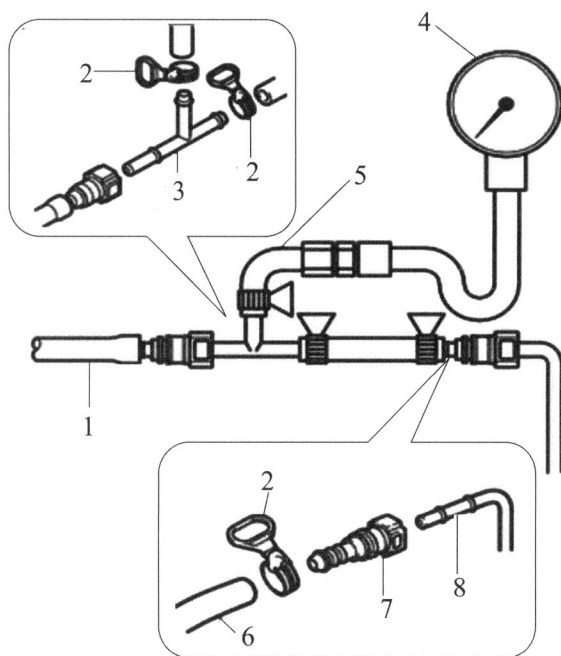

图 2-7 连接燃油压力表

1-供油管(车辆侧);2-软管卡扣;3-三通接头(T 型接头);4-燃油压力表;5-软管接头;6-软管;7-燃油管连接器;8-供油轨(车辆侧)

(三)检测静态油压

插回油泵熔断丝(使油泵可以工作),接通点火开关,但不起动发动机。此时,油泵会工作 2 ~ 3s,建立静态油压,燃油压力表读数应为 0.3MPa 左右(具体数据查所用车型的维修手册)。

(四)检测怠速工况油压

起动发动机,燃油压力表读数应下降(因进气歧管真空度增大,即绝对压力下降,经燃油压力调节器调节后的油压也随之下降)。正常怠速工况时,燃油压力表读数应为0.196～0.235MPa(丰田2JZ—GZ发动机)。

(五)检测正常运行油压

慢慢踩下加速踏板,发动机转速随之逐渐提高,燃油压力表读数应在0.196～0.235MPa(丰田2JZ—GZ发动机)基础上逐渐升高到0.265～0.304MPa。

(六)检测系统最高油压

将回油管夹住,燃油压力表读数应达到大约0.392MPa左右(丰田2JZ—GZ发动机)。

(七)残余油压检测

断开点火开关,燃油压力表读数应为0.28MPa左右,且30s内不下降。

五、通过燃油压力测试进行故障诊断与排除

(一)静态油压

如果静态油压读数过大,则说明燃油压力调节器故障,应更换。如果静态油压读数过小,则说明油泵供油压力不足或燃油压力调节器回油过量,此时,可以夹住回油管,再接通一次点火开关。如果静态油压读数仍然过小,则检查电源电压。电压正常时,检查油路阻塞情况(特别是燃油滤清器和燃油泵入口处的滤网),没有阻塞,则更换油泵。

如果夹住回油管时静态油压读数上升,则说明燃油压力调节器回油过量,应更换燃油压力调节器。

(二)怠速工况油压

怠速工况油压读数过大时,检查燃油压力调节器与进气歧管之间的真空管有无破裂、漏气点或阻塞,真空管正常则更换燃油压力调节器。怠速工况油压读数过小时,检查发动机的空气滤清器是否严重阻塞。

(三)正常运行油压

如果迅速踩下加速踏板,燃油压力表读数应先下降,再上升。

读数先下降的原因是 ECU 的加速加浓功能使燃油喷射量突然增大,喷油量变化速度高于燃油压力调节速度;读数上升的原因是相对怠速工况而言,进气歧管真空度下降,绝对压力增大,经燃油压力调节器调节后的油压也随之增大。

情况不符时,检查燃油压力调节器真空管及发动机空气滤清器的情况,情况正常,则更换燃油压力调节器。

(四)最高油压

如达不到最高油压,可能是由于磨损等原因造成油泵性能下降,应更换燃油泵。

(五)残余油压

如果油压读数下降,则说明油路中有泄漏点。应先查外漏,再查内漏(例如:燃油泵止回阀泄漏、喷油器喷嘴滴漏、压力调节器回油阀泄漏等)。外漏一般通过目测、手摸来检查,内漏则需要启用专门的检测程序来检查,步骤如下:

(1)拔下燃油压力调节器真空管,看有无燃油渗出。有,则更换燃油压力调节器;无,则进行下一步。

(2)夹住回油管,看压力表读数是否仍然下降。如不再下降,则说明燃油压力调节器回油阀关闭不严,应更换燃油压力调节器;如仍然下降,则进行下一步。

(3)关闭压力表三通接头上的开关,看压力表读数是否仍然下降。如仍然下降,则说明油泵止回阀关闭不严,应更换油泵;如不再下降,则说明喷油器有滴漏现象,应清洗或更换喷油器。

六、油泵控制电路测试、诊断与维修

油泵控制电路用来向电动燃油泵提供工作电源,使其能够根据发动机运转的需要向燃油供给系统输送一定流量和一定压力的燃油。一旦该控制电路发生故障,使电动燃油泵不能运转或转速不足,必然会造成发动机不能运转或动力不足。

油泵控制电路的基本控制功能为:点火开关接通但不起动发动机时,给电动燃油泵通电 3～5s,以便建立初始油压,为发动机起动做准备;点火开关接通且发动机持续运转时,给电动燃油泵持续通电,以便提供发动机运转所需的燃油;没有断开点火开关但发动机意外熄火时,自动切断电动燃油泵的电源,以防发生危险。某些车型还具有燃油泵转速调节功能,即当发动机负荷较小、所需燃料较少时,给电动燃油泵提供较低电压,使电动燃油泵低速运转;当发动机负荷较大、所需燃料较多时,给电动燃油泵提供较高电压,使电动燃油泵高速运转。

如果电动燃油泵的运转不符合上述情况,即可断定油泵控制电路发生了故障。一般可以利用万用表、试灯、跨接线等常用仪器及工具,根据油泵控制电路的工作原理,通过测试有关电路点的电压等方法来进行检测和故障诊断。

丰田卡罗拉1ZR—FE 发动机燃油泵控制电路如图 2-8 所示。

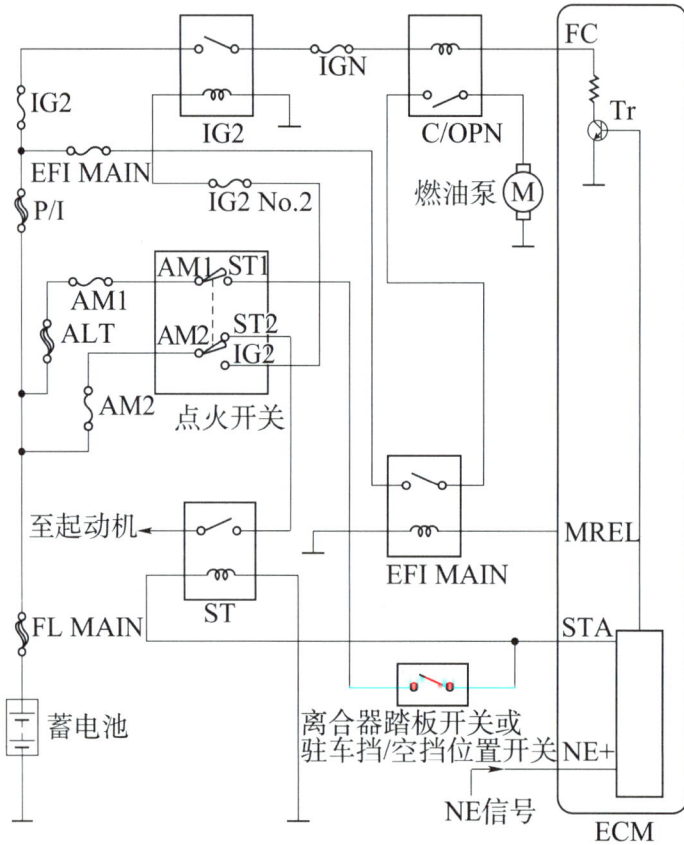

图 2-8　丰田卡罗拉 1ZR—FE 发动机燃油泵控制电路

(一)基本检查——燃油泵运转测试

测试方法有两种:专用故障检测仪测试法和燃油泵电路短接法。

1.专用故障检测仪测试法(主动测试法)

将丰田公司专用的故障检测仪(丰田公司称为"智能检测仪")与诊断接口

DLC3 相接,诊断接口 DLC3 的位置如图 2-9 所示;接通点火开关,打开故障检测仪,进入菜单 Powertrain/Engine and ECT/Active Test/Control the Fuel Pump/Speed (动力传输/发动机与变速器/主动测试/控制燃油泵/速度),即可执行主动测试——电动燃油泵开始运转,应该可以听到燃油泵运转声。

测试结束后,应退出上述菜单、关闭故障检测仪、断开点火开关,再断开与诊断接口 DLC3 的连接。

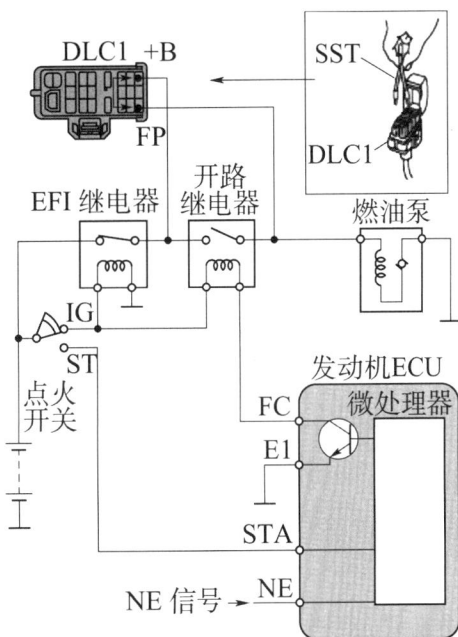

2. 燃油泵电路短接法(此方法不适合丰田卡罗拉 1ZR—FE 发动机)

用跨接线短接发动机舱内诊断座(检查连接器)的" + B"脚和"FP"脚,如图 2-10 所示;将点火开关置"ON"位,但不起动发动机——电动燃油泵开始运转,应该可以听到燃油泵运转声。

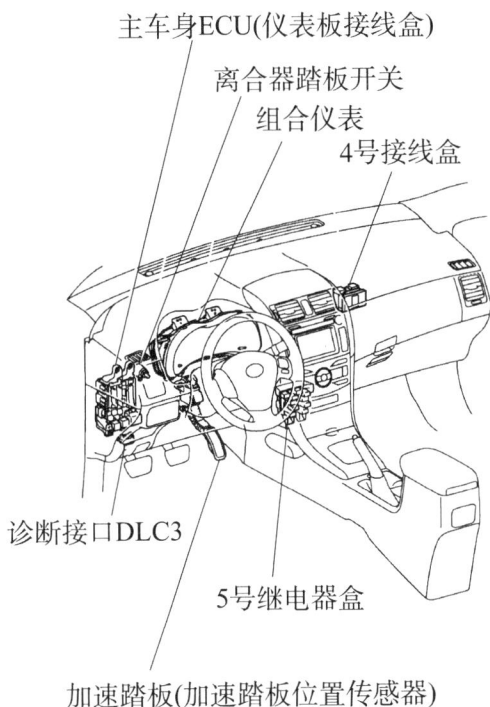

图2-9 丰田卡罗拉诊断接口(DLC3)位置   图 2-10 燃油泵电路短接法

测试结束后,应断开点火开关,拆下诊断座(检查连接器)上的跨接线。

基本检查中,如果听不到燃油泵运转声,则需要转入燃油泵控制电路的故障诊断程序。

(二)燃油泵控制电路的故障诊断

电动燃油泵不能运转时,故障诊断基本流程如图 2-11 所示(请对照电路图 2-8)。

```
┌─────────────────────────────────┐
│        电动燃油泵不能运转          │
└─────────────────────────────────┘
              ↓
┌─────────────────────────────────┐  异常   ┌──────────┐
│        检查熔断丝IGN              │ ──────→ │   更换    │
└─────────────────────────────────┘        └──────────┘
              ↓ 正常
┌─────────────────────────────────┐  异常   ┌──────────┐
│     检查燃油泵继电器C/OPN         │ ──────→ │   更换    │
└─────────────────────────────────┘        └──────────┘
              ↓ 正常
┌─────────────────────────────────┐  异常   ┌──────────┐
│  检查燃油泵继电器C/OPN与ECM之间线路 │ ──────→ │ 维修或更换 │
└─────────────────────────────────┘        └──────────┘
              ↓ 正常
┌──────────────────────────────────────┐ 异常  ┌──────────┐
│检查燃油泵继电器C/OPN与主继电器EFI MAIN之间线路│──→│ 维修或更换 │
└──────────────────────────────────────┘      └──────────┘
              ↓ 正常
┌─────────────────────────────────┐  异常   ┌──────────┐
│ 检查燃油泵继电器C/OPN与电动燃油泵之间线路│──→│ 维修或更换 │
└─────────────────────────────────┘        └──────────┘
              ↓ 正常
┌─────────────────────────────────┐  异常   ┌──────────┐
│     检查电动燃油泵的搭铁线路       │ ──────→ │ 维修或更换 │
└─────────────────────────────────┘        └──────────┘
              ↓ 正常
┌─────────────────────────────────┐  异常   ┌──────────┐
│       检查电动燃油泵总成          │ ──────→ │   更换    │
└─────────────────────────────────┘        └──────────┘
              ↓ 正常
┌─────────────────────────────────┐  异常   ┌──────────┐
│ 检查ECU(丰田公司称为ECM)电源电路   │ ──────→ │   维修    │
└─────────────────────────────────┘        └──────────┘
              ↓ 正常
┌─────────────────────────────────┐
│           更换ECU                │
└─────────────────────────────────┘
```

图 2-11　故障诊断基本流程

七、喷油器的检查与维修

当喷油器发生阻塞、不能开启、喷出的燃油不能形成雾状时，一般都会造成发动机运转不稳甚至不能运转；当喷油器发生滴漏等故障时，还会造成油耗过大甚至排气冒黑烟等现象。

喷油器控制电路的短路、断路故障时有发生，并由此引发喷油器不能喷油或连续喷油，造成发动机不能起动、运转不稳或排气严重冒黑烟等现象。

喷油器内部断路、短路故障一般可以通过测量其电阻的方法进行判断，但阻塞、滴漏、喷出的燃油不能形成雾状等情况则需要在专门的喷油器清洗检测试验台上进行检测与修复。喷油器控制电路方面的故障则需要用万用表、试灯等工具进行检测。

（一）测喷油器的电阻值

拔下喷油器插头，用万用表测喷油器两插脚之间的电阻值，应符合维修手册的要求(低阻值喷油器的电阻值一般为 $2\sim3\Omega$,高阻值喷油器的电阻值一般为 $13\sim17\Omega$)。若不符合要求,则更换喷油器。

(二)检查喷油器的工作情况

起动发动机并用手触摸喷油器外表,应能感受到喷油器因开闭而产生的振动,用触杆式听诊器还能听到喷油器工作的声音。

如果感受不到喷油器的振动或听不到喷油器工作的声音,则可以用人工通电的方法进行测试,方法为:拔下喷油器电插头,将喷油器的一个插脚接 12V 电源(对于低阻值喷油器,电路中应串接一个 10Ω 左右的电阻,或从喷油器原插头中获取电源),用导线将另一个插脚间断碰触搭铁,应能够听到喷油器发出的"咔嗒"声,否则,更换喷油器。

如果用人工通电的方法进行测试时喷油器正常,但起动发动机时喷油器不工作,则说明喷油器控制电路存在故障,应进行喷油器控制电路检查。

(三)喷油器的清洗

喷油器的清洗有离车清洗和就车清洗两种方式。

1. 离车清洗

将各喷油器从发动机上拆下来并装在喷油器清洗检测实验台上,按照清洗检测实验台的操作说明进行清洗与检测。

该方法的优点是:可以清楚地看到喷雾的形状,可以检测各喷油器的喷油量及喷油量的均匀性,还可以检测喷油器的滴漏情况,清洗的效果比较直观。

该方法的缺点是:需要从发动机上拆下喷油器,且只能对喷油器本身进行清洗,不能清洗燃料供给系统的油路污物。

喷油器清洗检测实验台的外形如图 2-12 所示。由于喷油器的内部有滤芯,为了保证清洗效果,最好先反向清洗,再正向清洗。

维修提示:喷油器的 O 形圈不可重复使用。安装 O 形圈时,应先将其涂上汽油。把喷油器向输油管上安装时,小心不要损坏 O 形圈。把喷油器安装到输油管上后,用手转动喷油器。若喷油器旋转不平滑,则说明 O 形圈已经损坏。

2. 就车清洗

专用的就车清洗机内装有加了除炭剂的燃油和电动燃油泵,可将清洗机的连接管与发动机燃油总管上的油压检测口及油压调节器回油管连接,如图 2-13

所示,同时断开汽车上的燃油泵电路(拔下燃油泵熔断丝即可),然后接通清洗机的电动燃油泵电路,起动发动机并以 2000r/min 左右的转速保持运转,约 10min 即可完成清洗。

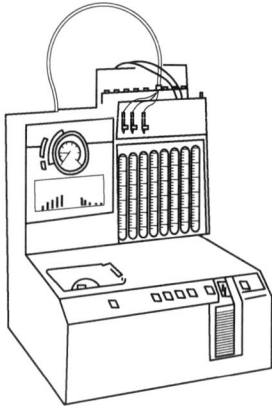

图 2-12　喷油器清洗检测试验台　　　图 2-13　就车清洗机及其连接方法

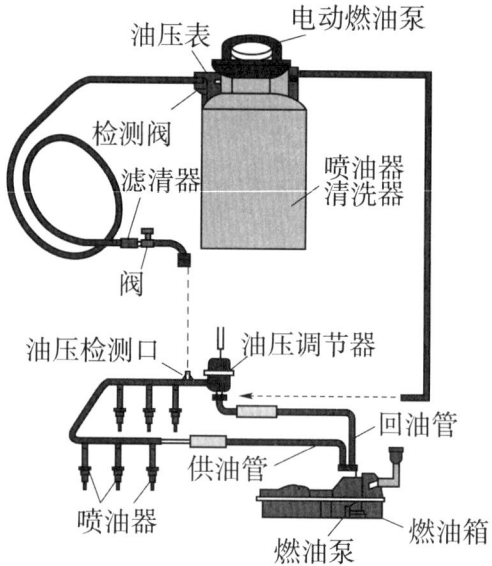

该方法的优点是:不需要拆卸喷油器,且可以同时清洗油路污物。

该方法的缺点是:清洗效果不够直观,只能通过发动机的运转状况是否改善来进行判断。

另外还有一种就车清洗方法,即不用清洗机,直接在油箱中加入清洗剂,在汽车使用一段时间后即可完成油路的整体清洗。不过,由于清洗剂的存在,会破坏发动机汽缸的润滑油膜而增加发动机的磨损。因此,最好在油箱中油量较少时使用该方法。

八、喷油器控制电路的检查

(一)喷油器电源供给情况检查

拔下喷油器电插头,接通点火开关,用万用表测插头中电源脚的对地电压,应为 12V;否则,检查电源电路。

(二)喷油器与 ECU 的连接情况检查

用万用表测喷油器插头中控制脚与 ECU 相应插脚之间的连接情况,应该导通;否则,查找断路点。

用万用表测喷油器插头中控制脚与搭铁之间的电阻,应该不通;否则,说明控制线路与搭铁之间有短路故障或 ECU 内部功率三极管发生短路故障。这种短路会造成喷油器连续喷油,引起发动机冒黑烟、运转不稳或不能起动等。

短路点的确定:拆下发动机 ECU 插头,再次用万用表测喷油器插头中控制脚与搭铁之间的电阻,如果仍然导通,则说明短路点在控制线路中;如果不再导通,则说明 ECU 内部功率三极管短路,应更换发动机 ECU。

(三)喷油量的检查

喷油器的喷油量随发动机工况的变化而变化,可以用解码仪读数据流功能读取喷油脉宽的变化,从而判断喷油量的变化。

这种操作主要用来判断传感器方面的故障,例如:冷却液温度变化时,喷油脉宽却没有发生变化,则说明温度传感器存在故障;人为改变进气压力传感器的压力,喷油脉宽没有发生变化,则说明进气压力传感器可能存在故障。

课题三　电控发动机综合故障诊断

电控发动机出现故障,其原因可能为发动机电控系统不良,也可能为发动机机械系统不良,还可能为汽车防盗、汽车电器、汽车底盘(如变速器系统、制动系统等)、汽车空调等不良。因此,单纯从电控系统的角度去考虑问题,并不能排除发动机所有的故障,这就要求我们对发动机故障进行综合分析,并按照一定的流程进行诊断。

一、电控发动机故障的常用诊断方法

(一)直观诊断法

直观诊断法就是通过人的感觉器官对汽车故障现象进行"问、看、听、嗅、试"等,了解和掌握故障现象的特点,通过分析、判断得出结论的诊断方法。

(1)问:即向客户了解故障出现时的情形、条件、时间、地点、如何发生及是否已修理过等与故障有关的信息,作为诊断故障的基本依据。

(2)看:即目测检查,检查空气滤清器是否有脏物、杂质或其他污染物,必要

时更换。检查真空软管是否老化、破裂或挤坏,真空软管经过的途径和接头是否恰当,检查电控系统线束的连接、传感器及执行器的线束连接器连接是否良好,线束间的连接器是否松动或断开,电线是否有磨破或线间短路现象,线束连接器的插头和插座有无腐蚀现象等。

(3)听:即听发动机工作时有无爆震、敲缸、失速、进气管或排气管放炮声等。

(4)嗅:即通过鼻子的嗅觉,是否可以闻出燃油泄漏、电线及橡胶元件燃糊、蓄电池电解液泄漏、发动机排气异常等方面的味道。

(5)试:即维修人员根据前述检查,有针对性地试车,以便进一步确定故障。

(二)模拟故障征兆诊断法

在故障诊断中最困难的情形是有故障,但没有明显的故障征兆。在这种情况下,必须进行彻底的故障分析,然后模拟与用户车辆出现故障时相同或相似的条件和环境,让车辆故障人为地再现。常用的故障征兆模拟试验方法有:振动法、加热法、水淋法和电器全部接通法。

1.振动法

当怀疑振动可能是引起故障的原因时,即可采用振动法进行试验,如图 2-14 所示。

(1)连接器:在垂直和水平方向轻轻摇动连接器。

(2)线束:在垂直和水平方向轻轻摆动线束。连接器的接头、线束安装支架及穿过开口的连接器体都是应仔细检查的部位。

(3)零件和传感器:用手指轻轻拍动装有传感器的零件,检查是否失灵。切不可用力拍打继电器,否则可能会使继电器开路。

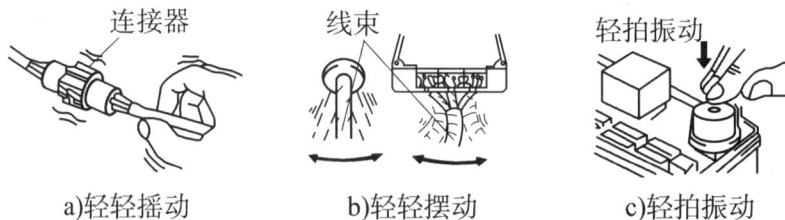

图 2-14 用振动法检查有无瞬时断路现象

2.加热法

有些故障只是在热车时出现,可能是因为有关零件或传感器受热引起的。可用电吹风或类似加热工具加热可能引起故障的零部件或传感器,检查是否出现故障,如图 2-15 所示。

加热时不可直接加热 ECU 中的元件,且加热温度不得高于 60℃。

3. 水淋法

有些故障是在雨天或高湿度的环境下才产生,可用水喷淋在车辆上,检查是否发生故障,如图 2-16 所示。应注意:不可将水直接喷淋在发动机电控元件和电器元件上,而应喷淋在散热器前面,间接改变温度和湿度,防止水渗透到电器元件内部,尤其应该防止水渗漏到 ECU 内部。

图 2-15　用加热法模拟故障条件　　　图 2-16　用水淋法模拟故障条件

4. 电器全部接通法

当怀疑故障可能是因用电负荷过大而引起时,可接通车上全部电气设备,包括加热器、鼓风机、前照灯、后窗除霜器等,检查是否发生故障。

(三)利用简单仪表诊断法

利用简单仪表诊断方法,就是利用以万用表和示波器为主的通用仪表,对汽车电控系统故障进行诊断的方法。因为电控系统的各部件均有一定的电阻值范围,工作时有输出电压信号范围和输出脉冲波形。因此,可用万用表测量元件的电阻或输出电压,用示波器测试元件工作时的输出电压波形,用万用表测量导通性等判断元器件或线路是否正常。

(四)利用专用诊断仪器诊断法

随着汽车电子化的发展进程,各种汽车专用诊断仪器应运而生,如发动机综合性能检测仪、汽车故障诊断仪等。这些专用诊断设备大多数为带有微处理器的电子计算机系统,对汽车故障的诊断十分有效。

(五)利用随车故障自诊断系统诊断法

随车诊断是利用汽车上电控系统所提供的故障自诊断功能对电控发动机、底盘等故障进行诊断的方法,即使用故障自诊断系统调取发动机、底盘等电控系统的有关故障码或数据流,然后根据故障码的故障提示或数据的反映,找出故障所在的方法。

二、电控发动机故障诊断的基本流程

电控发动机故障诊断可以参照图 2-17 进行,由于不同车辆的配置不同,具体流程可能会有所差异,请参阅所修车型的维修手册。

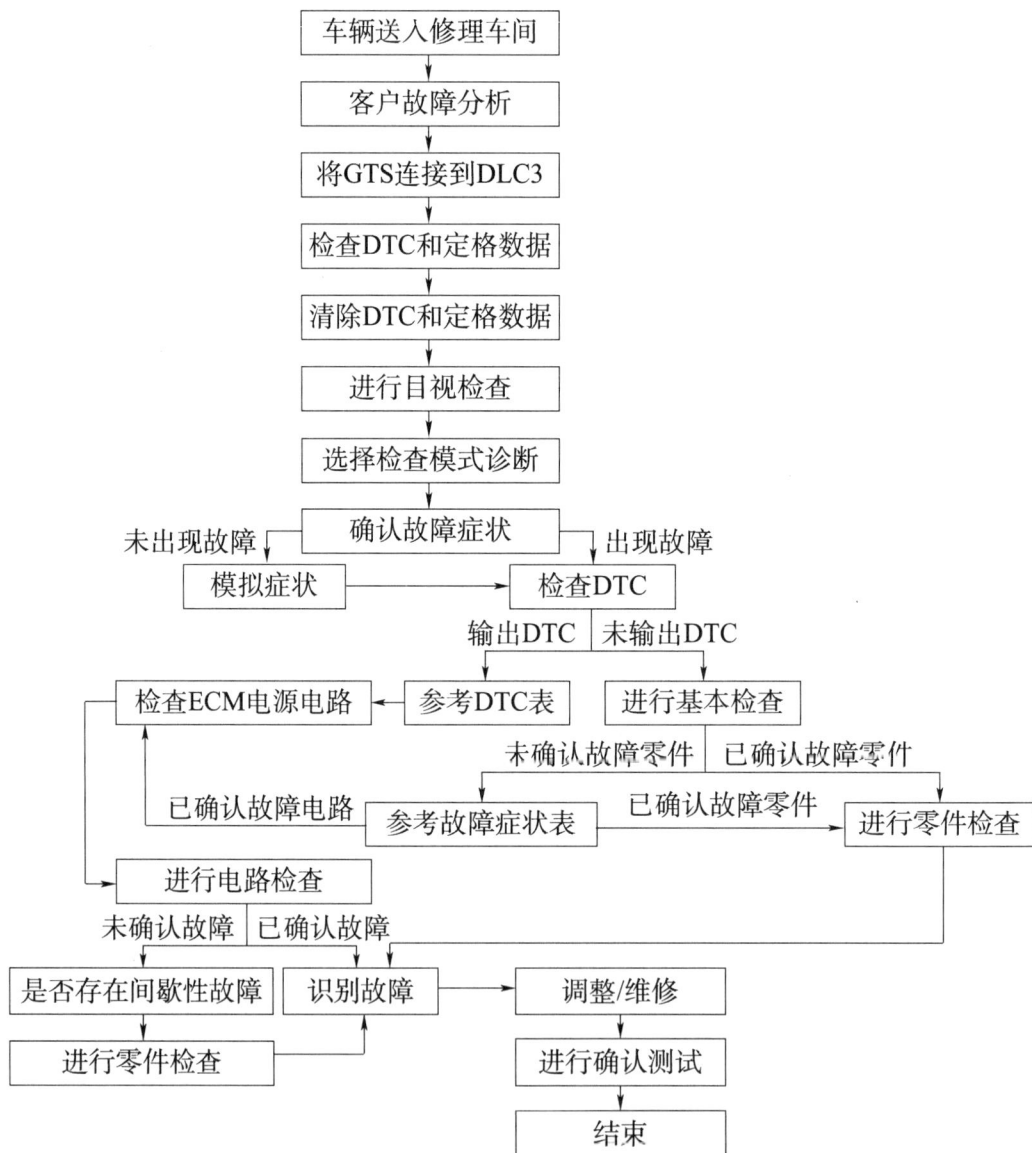

图 2-17　电控发动机故障诊断流程(混动版丰田普锐斯 8ZR—FXE 发动机)

GTS-丰田公司专用故障诊断仪;DLC3-丰田汽车故障诊断接口;DTC-故障码;ECM-电控单元(ECU)

其中,基本检查流程如图2-18所示。故障症状表见表2-6。

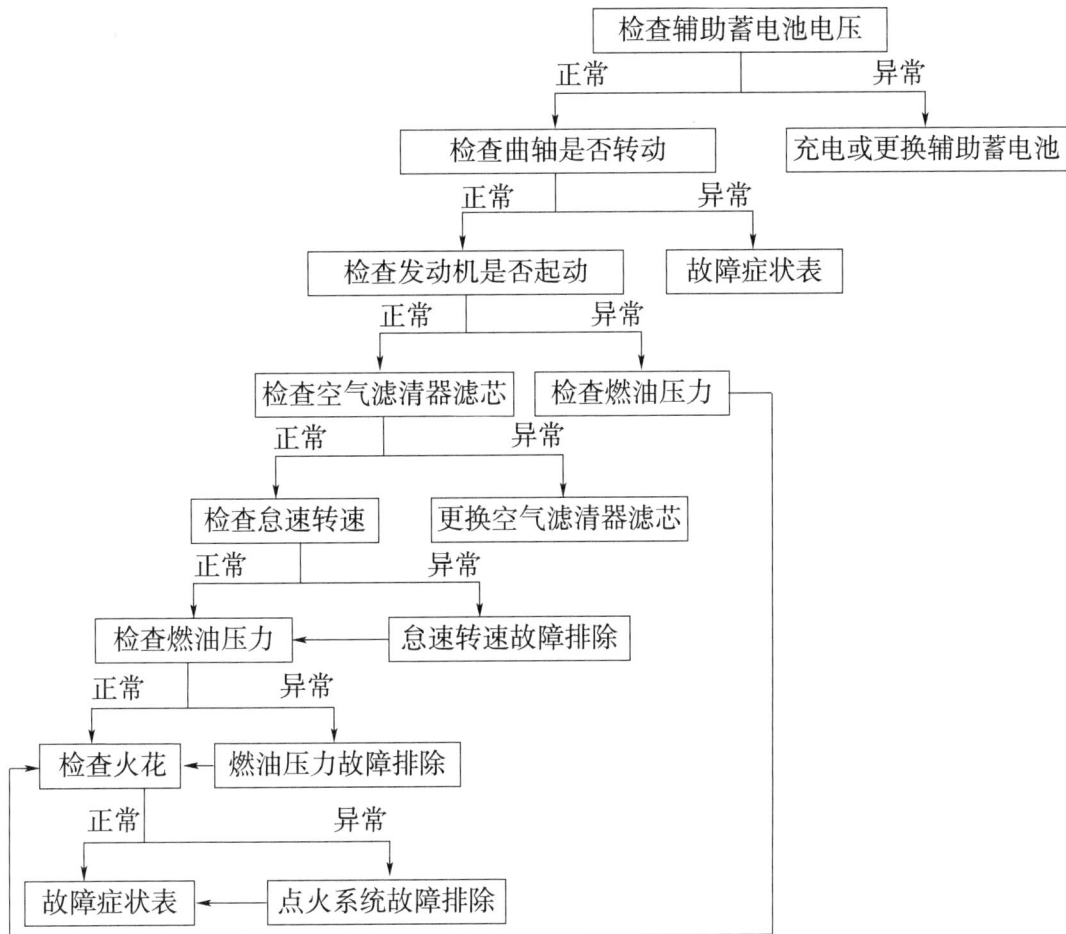

```
                检查辅助蓄电池电压
         正常 │                  │ 异常
              ↓                  ↓
       检查曲轴是否转动      充电或更换辅助蓄电池
    正常 │         │ 异常
         ↓         ↓
    检查发动机是否起动    故障症状表
  正常 │         │ 异常
       ↓         ↓
  检查空气滤清器滤芯    检查燃油压力
正常 │       │ 异常
     ↓       ↓
 检查怠速转速    更换空气滤清器滤芯
正常 │    │ 异常
     ↓    ↓
 检查燃油压力 ← 怠速转速故障排除
正常 │    │ 异常
     ↓    ↓
 检查火花 ← 燃油压力故障排除
正常 │       │ 异常
     ↓       ↓
 故障症状表 ← 点火系统故障排除
```

图2-18　基本检查流程(混动版丰田普锐斯8ZR—FXE发动机)

混动版丰田普锐斯8ZR—FXE发动机故障症状表　　　　表2-6

故　障　症　状	可疑部位(按可能性顺序)
曲轴不能转动 (不起动)	混合动力控制系统
	VC 输出电路
无初始燃烧 (不起动)	ECM 电源电路
	VC 输出电路
	曲轴位置传感器
	气门正时(正时链条是否松动或跳齿)
	点火系统
	燃油泵控制电路
	喷油器电路

续上表

故 障 症 状	可疑部位(按可能性顺序)
曲轴转动正常 但起动困难	燃油泵控制电路
	冷却液温度传感器
	点火系统
	压缩压力
	喷油器总成
	喷油器电路
	进气系统
	节气门体总成
	PCV 阀和软管
	ECM 电源电路
发生不完全间歇式燃烧 （不起动）	燃油泵控制电路
	燃油泵
	燃油管路
	点火系统
	喷油器电路
	ECM 电源电路
	曲轴位置传感器
	气门正时(正时链条是否松动或跳齿)
发动机转速高	节气门体总成
	进气系统
	ECM 电源电路
	冷却液温度传感器
	PCV 系统
发动机转速低 （怠速不良）	节气门体总成
	燃油泵控制电路
	燃油泵
	进气系统
	PCV 系统

续上表

故 障 症 状	可疑部位(按可能性顺序)
怠速不稳	压缩压力
	点火系统
	喷油器电路
	ECM 电源电路
	燃油泵控制电路
	燃油泵
	燃油管路
	节气门体总成
	进气系统
	PCV 系统
怠速不稳	空燃比传感器
	加热型氧传感器
	空气流量传感器
	歧管绝对压力传感器
	爆震控制传感器
抖动(怠速不良)	PCV 系统
	空燃比传感器
	空气流量传感器
喘抖/加速不良	燃油管路
	燃油泵
	气门正时(正时链条是否松动或跳齿)
	空气流量传感器
	节气门体总成
	爆震控制传感器
	制动优先系统
喘振(操纵性能差)	燃油管路
	燃油泵控制电路
	燃油泵

续上表

故障症状	可疑部位(按可能性顺序)
喘振(操纵性能差)	点火系统
	喷油器总成
发动机起动后不久熄火	空气流量传感器
	进气系统
	歧管绝对压力传感器
	燃油管路
	气门正时(正时链条是否松动或跳齿)

三、发动机不能起动故障诊断

(一)发动机不能起动且无起动征兆

1. 故障现象

接通起动开关,起动机能带动发动机轻快转动,但发动机不能起动且无起动征兆。

2. 故障原因

(1)油箱中无油。

(2)电动燃油泵不工作。

(3)燃油压力过低。

(4)喷油器不工作。

(5)发动机ECU电源电路故障。

(6)点火系统故障。

(7)发动机ECU故障。

(8)汽缸压力过低。

3. 故障诊断与排除

(1)检查油箱中存油情况。打开点火开关,若燃油表指针在红线位置不动或油量警告灯亮,说明油箱内无油,应加足燃油后再起动。

(2)检查高压总线是否有火花。若无火花或火花较弱,则点火系统有故障,应按点火系统故障诊断与排除的方法进行诊断。

（3）若火花正常,用燃油压力表检测燃油系统压力。若油压很低或无油压,说明燃油供给系统油泵控制电路或油泵有故障,应按燃油供给系统不来油或来油不畅故障进行诊断与排除。

（4）若油压正常,起动发动机,检查喷油器是否工作。若喷油器不工作,用数字式万用表直流电压挡检测各喷油器端电压。若电压为零或电压达不到规定的数值(一般为 9V 以上),则应对喷油器电源电路进行检修;若电压正常,按喷油器的检测方法对喷油器进行检测,必要时更换喷油器。

（5）检测汽缸压力。如果压力低于标准值,应检修发动机。

（6）经上述处理之后,发动机仍不能起动,则应检测 ECU 是否正常,并视情况更换 ECU。

（7）故障排除后,清除故障码。

（二）有起动征兆,但发动机不能起动

1.故障现象

起动发动机时,起动机能带动发动机正常转动,有轻微起动征兆,但不能起动。

2.故障原因

（1）进气管漏气。

（2）点火不正时。

（3）高压火花太弱。

（4）燃油压力太低。

（5）冷却液温度传感器故障。

（6）空气滤清器堵塞。

（7）空气流量传感器有故障。

（8）喷油器漏油。

（9）喷油器控制系统有故障。

（10）汽缸压力太低。

3.故障诊断与排除

（1）利用自诊断系统,检查有无故障码。如有故障码,按读取的故障码找出故障原因并排除故障。

（2）检查高压火花。若高压总线火花太弱,应更换高压线圈;若总线火花正

常而高压分线火花太弱或断火,说明故障在高压分线、分电器盖或分火头,应检查并加以排除。

(3)拆除空气滤清器后,发动机如能正常起动,则说明空气滤清器滤芯脏堵,应更换空气滤清器滤芯。

(4)检查进气管有无漏气。检查空气流量传感器后的进气管、真空软管有无破裂,各接头有无松脱。若有,应给予修理或更换。

(5)拆下火花塞检查。火花塞不应有漏电现象,电极间隙应符合标准值并能正常跳火。若火花塞不符合技术要求,应更换;若火花塞电极积炭过多应给予清除。

(6)如果火花塞电极表面干燥或只有少量潮湿的汽油,说明喷油器喷油量太少,应按燃油供给系统不来油或来油不畅故障进行诊断与排除。

(7)如果火花塞电极表面有大量潮湿汽油,说明汽缸中已出现"呛油"现象,应将火花塞拆下,断开喷油器电源电路,用起动机带转发动机,使汽缸内的汽油排净,装上已烤干的火花塞,起动发动机;如果仍出现"呛油"现象,说明混合气过浓,应检查喷油器密封性能并检测燃油系统压力。

(8)若喷油器密封性能良好、燃油系统压力正常,则应检测空气流量传感器、冷却液温度传感器的有关参数,或使用换件对比法依次将两个传感器进行换件试验;若换件后发动机起动正常,说明被更换的传感器输出信号不正确,使混合气过浓或过稀,引起发动机不能起动;若空气流量传感器或冷却液温度传感器不符合技术要求,应予以更换。

(9)若调整点火提前角后发动机能正常起动,则说明发动机原点火正时不符合要求,应重新进行调整。

(10)检测发动机汽缸压力。若汽缸压力低于标准值,应对发动机进行修理。

(11)故障排除后,清除故障码。

发动机不能起动故障诊断可以参照图2-19进行,由于不同车辆的配置不同,具体流程可能会有所差异,请参阅所修车型的维修手册。

四、发动机起动困难故障诊断

发动机起动困难是指起动机能带动发动机按正常转速转动,有起动征兆,但不能起动,或需要连续多次起动或长时间转动发动机才能起动。对于起动困难的故障,应分清是在冷车时出现,还是在热车时出现,或者不论冷车还是热车均出现,才能对故障进行正确的诊断与排除。

检查有无防盗系统 —— 无

检查防盗系统是否起作用 —— 否

解除防盗作用

起动机是否转动

正常 → 检查中央高压火

转得慢 → 检查起动时蓄电池电压应大于9V

不转动 → 起动机电磁开关是否吸动

正常分支（检查中央高压火 正常）：
检查各缸高压火和火花塞 → 检查高压线是否漏电 → 检查燃油压力 → 检查喷油器控制信号

有 → 检查喷油器喷油情况 → 检查冷却液温度传感器有无断路 → 检查点火正时 → 检查汽缸压缩压力 → 检查进气系统是否漏气

无 → 检查熔断丝、电路、连接器和ECU

火弱：
检查中央高压线、点火线圈和电容

无火：
检查中央高压线、点火线圈 → 检查曲轴位置传感器和凸轮轴位置传感器信号 → 检查点火控制器、点火电路 → 检查ECU电源与接地

正常 → 更换ECU
不正常 → 检修更换

转得慢分支（检查起动时蓄电池电压应大于9V）：
检查起动机是否良好 → 检查发动机是否良好

不转动分支（起动机电磁开关是否吸动）：

吸 → 检查起动时蓄电池电压 → 检查蓄电池极桩线是否松动氧化 → 检查发动机是否咬死 → 检查起动机 → 检查电磁开关

不吸 → 检查起动时蓄电池电压 → 检查起动机电磁开关是否良好 → 检查起动时电磁开关是否有电 → 检查点火开关；启动继电器；点火开关至电磁开关间的导线是否断路；A/T：换挡杆是否在P挡或N挡；P/N开关是否良好；M/T：离合器踏板开关是否良好

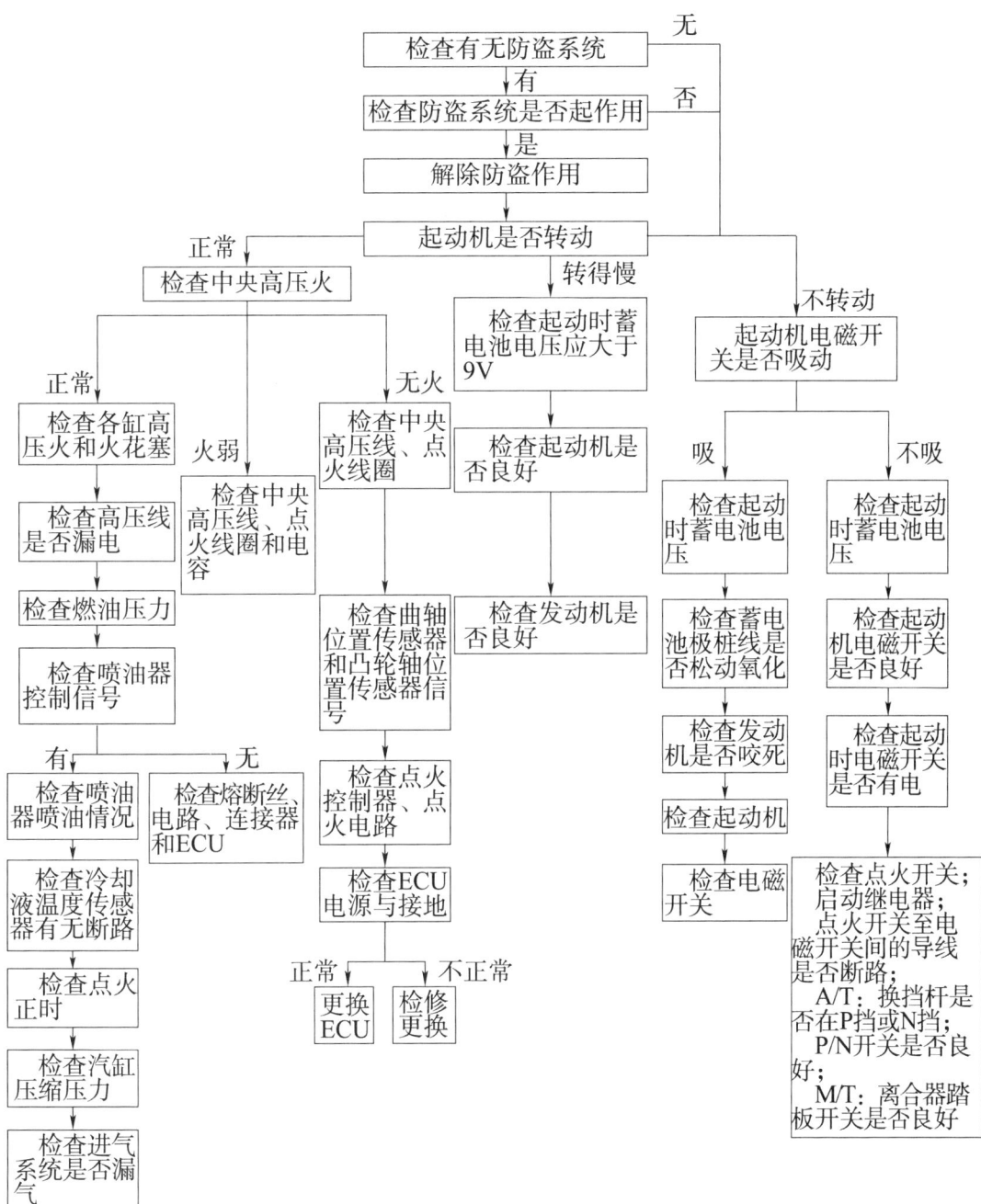

图2-19　发动机不能起动故障诊断流程

（一）故障现象

起动发动机时,曲轴转速正常,但需要较长时间才能起动。

(二)故障原因

(1)进气系统漏气。

(2)空气滤清器堵塞。

(3)喷油器故障(不工作、漏油、堵塞)。

(4)空气流量传感器(或进气压力传感器)及其线路故障。

(5)冷却液温度传感器及其线路故障。

(6)怠速控制装置故障。

(7)燃油压力太低。

(8)点火不正时。

(9)燃油品质低劣。

(10)发动机 ECU 故障。

(11)排气不顺畅。

(12)汽缸压力不足。

(三)故障诊断与排除

(1)进行故障自诊断。影响发动机起动困难的传感器有空气流量传感器(或进气压力传感器)、冷却液温度传感器、节气门位置传感器等。按读取到的故障码查找故障原因并排除故障。

(2)检查空气滤清器。如果滤芯堵塞,应更换。

(3)如果节气门在15% ~25% 开度时发动机能正常起动,而节气门全关时起动困难,应检查发动机的怠速控制系统。

(4)检测燃油系统压力。若压力偏低,说明故障在供油系统,应按燃油供给系统来油不畅故障进行诊断与排除。

(5)若燃油系统压力正常,则应按喷油器检测方法对喷油器进行各项技术性能检测。如果喷油器技术性能达不到技术要求,经清洗后,重新检测仍达不到技术要求的,应更换。

(6)检查喷油器电磁线圈电阻是否正常、喷孔有无堵塞等,必要时更换喷油器。

(7)如果是热起动困难,应检查燃油系统的保持压力是否正常。接上燃油压力表,起动发动机,使燃油系统建立油压,关闭点火开关5min 后燃油压力应不低于150kPa。如果压力太低,应检查供油系统。

(8)将真空表检测管接到节气门后方,起动发动机,并使发动机在怠速条件下运转,察看真空表的读数和指示状态。若此时表针在 17.5kPa 以下,表明节气门后方有大量漏气的地方,应检查进气系统各管接头、真空软管、衬垫等处是否有漏气现象,曲轴箱通风阀(PCV)、废气再循环阀(EGR)在起动时是否常开;如果表针在 45kPa 左右摆动,有时快速跌落为零或很低,说明排气系统有堵塞,检查三元催化转换器及排气系统积炭情况,必要时清除排气系统积炭或更换三元催化转换器。

(9)检测起动信号是否正常。在发动机 ECU 线束插头处检查起动时有无起动信号传至 ECU。若无信号,应检查起动开关及其线路。

(10)用点火正时灯在怠速条件下检查点火正时。若点火不正时,应给予调整。

(11)用新的符合该车使用的汽油替换原使用的汽油。若发动机能正常起动,表明故障为使用汽油不正确或汽油品质太差。

(12)检测发动机汽缸压力。若汽缸压力过低,应对发动机进行修理。

(13)检测发动机 ECU 搭铁是否良好,各连接线路是否正常。

(14)如果上述检查均正常,应换用一个新的发动机 ECU 再试。

(15)故障排除后,清除故障码。

五、发动机怠速不良故障诊断

发动机怠速不良故障主要有怠速不稳、怠速熄火、冷车怠速不良、热车怠速不良等。造成怠速不良的原因很多,常常是几种原因综合引起。在故障诊断与排除过程中,要根据故障的具体表现来分析故障原因。

(一)怠速不稳,易熄火

1. 故障现象

发动机起动正常,但不论冷车或热车,怠速均不稳定,怠速转速过低,易熄火。

2. 故障原因

(1)进气系统漏气。

(2)燃油压力过低。

(3)空气滤清器堵塞。

(4)喷油器雾化不良、漏油或堵塞。

(5)怠速调整不当。

(6)怠速控制装置工作不良。

(7)空气流量传感器有故障。

(8)汽缸压缩压力过低。

3.故障诊断与排除

(1)进行故障自诊断,检查有无故障码。若有故障码,则按所显示的故障码查找故障原因和故障部位。

(2)检查进气系统各管接头、各真空软管、废气再循环系统和燃油蒸发回收系统有无漏气。

(3)检查怠速控制装置的工作是否正常。拔下怠速控制装置导线连接器,如果发动机转速无变化,说明怠速控制装置或控制电路有故障,应检修电路或更换怠速控制装置。

(4)仔细倾听各缸喷油器在怠速时的工作声音。如果各缸喷油器工作声音不均匀,说明各缸喷油器喷油不均匀,应拆检、清洗或更换喷油器。

(5)检查燃油压力。怠速时的燃油压力应为250kPa左右。若燃油压力太低,应检查油压调节器、电动燃油泵、燃油滤清器等。

(6)按规定的程序,调整发动机怠速。

(7)检查空气流量传感器信号是否正常,如异常,更换空气流量传感器。

(8)检查汽缸压缩压力。如压力低于0.8MPa,应拆检发动机。

(9)检查调整气门间隙。

(二)冷车怠速不稳,易熄火

1.故障现象

发动机冷车运转时怠速不稳或过低,易熄火,但热车后怠速恢复正常。

2.故障原因

(1)怠速控制装置故障。

(2)冷却液温度传感器故障。

3.故障诊断与排除

(1)进行故障自诊断,检查有无故障码。如有,则按显示的故障码查找故障原因。

(2)检查怠速控制装置。熄火后拔下怠速控制装置线束连接器,待发动机起动后再插上。如果发动机转速无变化,说明怠速控制装置不工作,应检查控制电路或拆检怠速控制装置。

(3)测量冷却液温度传感器。如有短路、断路或阻值不符合标准,应更换冷却液温度传感器;如果没有被测车型的冷却液温度传感器检测标准数据,也可拔下冷却液温度传感器线束连接器,用一个 4~8kΩ 的电阻代替冷却液温度传感器。如果发动机怠速恢复正常,说明冷却液温度传感器已损坏,应更换。

(三)热车怠速不稳或熄火

1.故障现象

发动机冷车运转时怠速正常,但热车后怠速不稳,怠速转速过低或熄火。

2.故障原因

(1)怠速调整过低。

(2)冷却液温度传感器有故障。

(3)怠速控制装置有故障。

(4)喷油器工作不良。

3.故障诊断与排除

(1)进行故障自诊断。如有故障码,则按所显示的故障码查找故障原因。

(2)检查发动机的初始怠速转速。若过低,应按规定的程序予以调整或重新进行匹配。怠速的调整步骤如下:

①起动发动机,使之运转,直至达到正常工作温度。

②将变速器置于空挡或停车挡位置,让转向轮处于直行位置,关闭空调器、前照灯、加热器等所有附属设备。

③用一根导线将故障检测插座内的 TE1 和 E1 两插孔短接,让发动机以"初始状态"运转。

④检查怠速转速。此时的怠速转速称为发动机的初始怠速转速,其标准为 (800 ± 50) r/min。若不符合要求,可通过拧动节气门体上的怠速旁通气道调节螺钉来调整。

⑤调整结束后,拔掉故障检测插座内的短接导线。

(3)检查冷却液温度传感器。如果拔下冷却液温度传感器线束连接器后,怠速不稳现象消除,则说明冷却液温度传感器有故障,应更换;或者测量冷却液温度传感器的电阻,如不符合标准值,应更换冷却液温度传感器。

(4)检查怠速控制装置是否工作。拔下怠速控制装置导线连接器,若发动机转速无变化,则说明怠速控制装置工作不良,应检查控制电路或更换怠速控制装置。

(5)检测喷油器的工作情况。若各缸喷油器喷油量不均匀或雾化不良,特别是怠速工况喷油量不均匀,应清洗或更换喷油器。

(四)热车怠速过高

1.故障现象

冷车时发动机能以正常快怠速运转,但热车后仍保持快怠速,导致怠速过高。

2.故障原因

(1)节气门卡滞,关闭不严。

(2)怠速调整不当。

(3)怠速控制装置有故障。

(4)冷却液温度传感器有故障。

(5)空调开关、动力转向器压力开关有故障。

(6)曲轴箱强制通风阀有故障。

3.故障诊断与排除

(1)检查怠速时节气门是否全闭,节气门拉索有无卡滞。用手将节气门摇臂朝关闭的方向扳动,如果发动机怠速能下降至正常转速,说明节气门卡滞,关闭不严。若节气门拉索卡滞,应更换新的拉索;若节气门轴卡滞,应拆卸、清洗节气门体。

(2)按规定程序重新调整怠速。如调整无效,则应做进一步的检查。

(3)进行故障自诊断。如有故障码,则按所显示的故障码查找故障原因。

(4)检查怠速控制装置。发动机熄火后,拔下怠速控制装置线束连接器,待起动后再插上。如果发动机转速随之变化,说明怠速控制装置工作正常,否则,应检查控制线路或更换怠速控制装置。

(5)检查冷却液温度传感器。若拔掉冷却液温度传感器线束连接器后,发动机怠速转速恢复正常,说明冷却液温度传感器有故障,向ECU输送过低的冷却液温度信号。

(6)在打开空调开关后或转动转向盘时,如果发动机转速没有变化,说明怠速自动控制系统有故障,应检查空调开关、动力转向器压力开关及怠速自动控制线路。

(7)用钳子包上软布,将曲轴箱强制通风阀软管夹紧。如果发动机转速随之下降,则说明曲轴箱强制通风阀在怠速时漏气,使发动机进气量过大,影响怠速,应更换曲轴箱强制通风阀。

(五)不论冷车或热车怠速均不稳定

1.故障现象

发动机起动后,不论冷车或热车怠速均不稳定,易熄火。

2.故障原因

(1)空气滤清器堵塞。

(2)节气门位置传感器故障。

(3)怠速控制阀故障。

(4)怠速调整不当。

(5)火花塞工作不良。

(6)个别汽缸工作不良。

(7)点火不正时。

(8)进气系统漏气。

(9)空气流量传感器故障。

(10)燃油压力过低。

(11)喷油器故障。

(12)汽缸压力过低或各汽缸压力差过大。

3.故障诊断与排除

(1)发动机运转时,若故障灯亮,说明发动机电控系统有故障。影响发动机怠速不良的传感器与执行器有节气门位置传感器、空气流量传感器、怠速控制阀等。应读取故障码并按读取到的故障码查找故障原因排除故障。

(2)拆下空气滤清器,起动发动机。若怠速运转良好,说明故障为空气滤清器堵塞,应更换滤芯。

(3)对发动机怠速进行调整(部分车型是可调的)。若能调整发动机在(800±50)r/min 时稳定运转,说明故障为怠速调整不当。

(4)检查怠速时进气管的真空度。若真空度小于 66.7kPa,说明进气系统中有空气泄漏。应检查进气系统各个管接头、衬垫、真空软管等有无泄漏处,以及废气再循环系统、燃油蒸汽回收系统有否工作不正常。若有,应加以排除。

(5)在怠速条件下,逐缸作断火或断油试验,检查是否有个别汽缸工作不良。

若有,应检查工作不良汽缸的高压分线、火花塞是否正常。若高压线有漏电或电阻过高、火花塞有烧蚀过甚或漏电等不正常现象,应更换。

(6)在怠速条件下,用点火正时灯检查发动机点火正时。若点火不正时,应进行调整。

(7)检测燃油系统压力。若燃油压力偏低,需按燃油供给系统来油不畅故障进行诊断与排除。

(8)拆下怠速控制阀,清洗阀体、气道后重新装复。若故障能排除,说明故障为怠速控制阀污脏、积炭或堵塞而引起怠速不稳。

(9)检测喷油器工作性能。对技术性能不良的喷油器,经清洗之后仍达不到技术要求的,应更换。

(10)检测汽缸压力。若发现汽缸压力偏低或各汽缸压力差较大时,应对发动机进行修理。

(11)故障排除后,清除故障码。

(六)怠速上下波动

1.故障现象

发动机怠速运转时,转速不断地上下波动。

2.故障原因

(1)怠速开关(节气门位置传感器)调整不当,在怠速时怠速开关触点不闭合。

(2)喷油器雾化不良或堵塞。

(3)空气流量传感器有故障。

(4)怠速控制装置或怠速自动控制电路有故障。

(5)冷却液温度传感器信号不正确。

(6)氧传感器失效或反馈控制电路有故障。

3.故障诊断与排除

(1)进行故障自诊断。要特别注意有无节气门位置传感器、冷却液温度传感器、空气流量传感器、氧传感器、怠速控制装置的故障码。如有故障码,应检查相应的传感器及其电路。

(2)怠速时逐个拔下各缸高压线或喷油器线束插头,检查发动机各缸工作是否均匀。如果拔下某缸高压线或喷油器线束插头,发动机转速下降不明显,说明该缸工作不良,应拆检该缸火花塞或喷油器。

(3)检查冷却液温度传感器在不同温度下的电阻是否符合标准值。若不符合标准值,应更换冷却液温度传感器。

(4)检查空气流量传感器。如有异常,应更换。

(5)在怠速运转中拔下怠速控制装置线束连接器。如果怠速上下波动的现象消失,但随之怠速不稳现象加剧,说明怠速控制装置工作正常,喷油系统有故障;如果怠速波动现象不变,则说明怠速控制装置工作不良或不工作。对此,应检查怠速控制装置线束插头处有无脉冲电信号。无信号,则说明控制线路或 ECU 有故障;有信号,则说明怠速控制装置卡住,应拆检或更换怠速控制装置。

(七)使用空调器或转向时怠速不稳或熄火

1. 故障现象

在发动机怠速运转中,使用空调器或汽车转向时,怠速过低、不稳,甚至熄火;关闭空调器或停止转向时,怠速运转正常。

2. 故障原因

(1)发动机初始怠速调整过低,使怠速自动控制无法正常进行。

(2)怠速控制装置不工作,在使用空调器或汽车转向时,由于空调压缩机或动力转向液压泵开始工作,增大了发动机负荷,导致怠速过低、运转不稳或熄火。

(3)空调开关或转向液压开关及其控制线路有故障,使 ECU 得不到使用空调器和汽车转向的信号,没有进行怠速自动控制,导致怠速过低、不稳或熄火。

3. 故障诊断与排除

(1)进行故障自诊断,读取故障码。有些车型的 ECU 能检测出怠速控制装置的工作状态。当怠速控制装置工作不正常(如线路短路或断路)时,ECU 会显示出一个故障码。也可以通过计算机解码仪来检测怠速控制装置的工作状态。在汽车运转过程中检测 ECU 向怠速控制装置发出的指令,如有指令而怠速控制装置没有相应的反应,则说明怠速控制装置或控制线路有故障;若没有指令信号,则说明 ECU 或空调开关、动力转向液压开关有故障。

(2)按规定的程序重新检查调整发动机的初始怠速。

(3)检查怠速控制装置是否工作正常。

(4)检查空调开关、转向液压开关有无故障,与 ECU 的连接线路有无断路或短路。

发动机怠速不稳、易熄火故障诊断可以参照图 2-20 进行,由于不同车辆的配置不同,具体流程可能会有所差异,请参阅所修车型的维修手册。

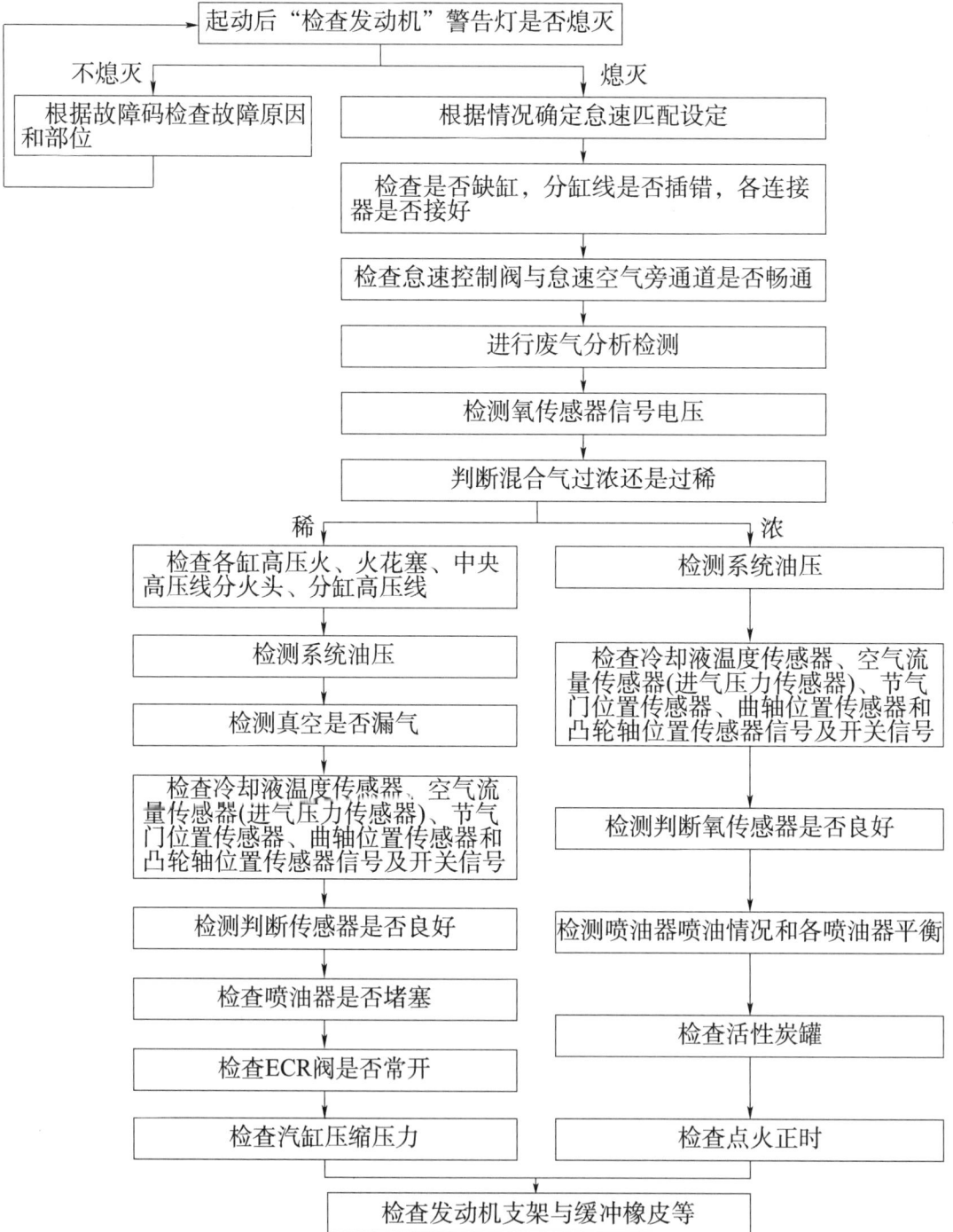

图 2-20　发动机怠速不稳、易熄火故障诊断流程

混动版丰田普锐斯8ZR—FXE发动机怠速不稳诊断流程见图2-21。

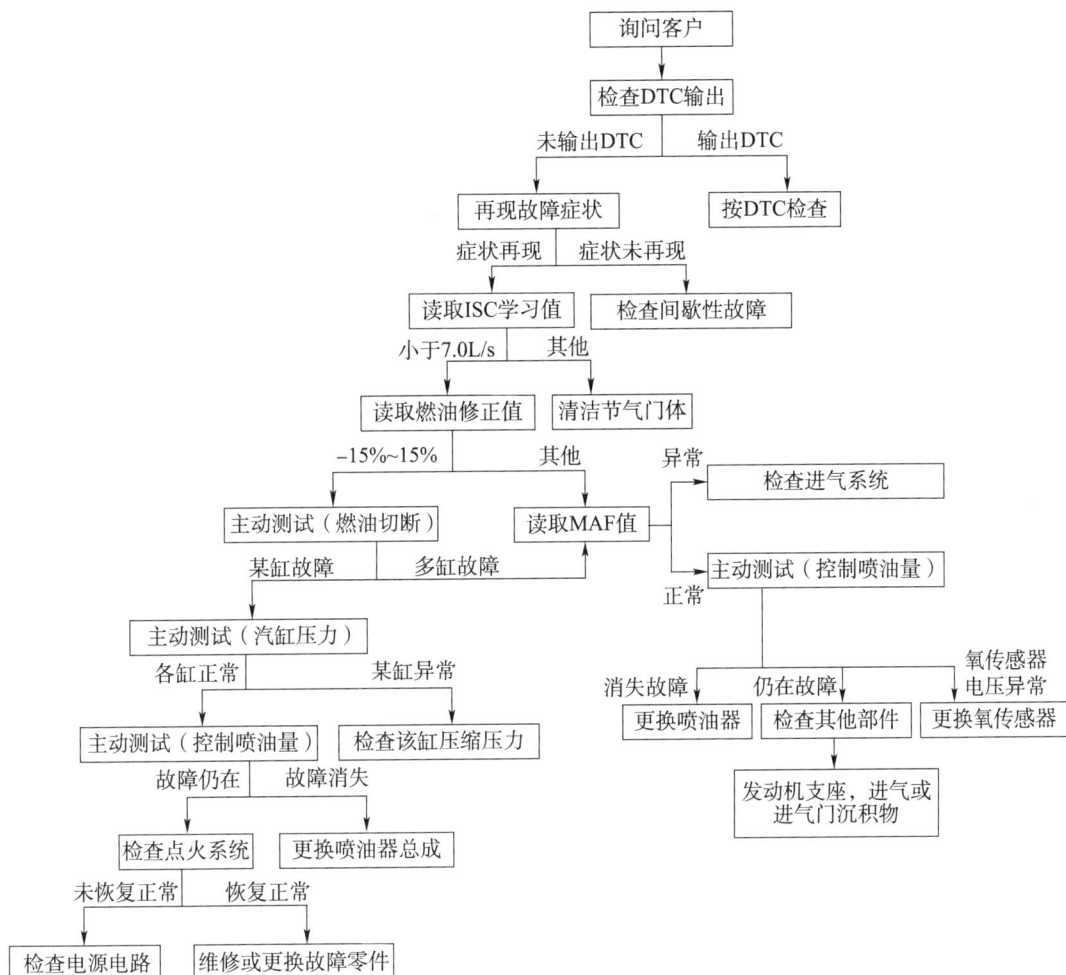

图2-21　混动版丰田普锐斯8ZR—FXE发动机怠速不稳诊断流程

(八)节气门直动式怠速控制装置检查

随着汽车技术的进步,许多汽车发动机都采用了"半电子节气门"或"全电子节气门",并用ECU直接控制节气门开度的方式来控制怠速转速,从而取消了传统的电磁阀式、转阀式或步进电机式怠速控制装置。此时,上述内容中有关"怠速控制装置检查"将转化为"节气门控制装置检查"。图2-22为大众车系所用的"半电子节气门"的整体结构,其特点是:节气门开度仅在怠速工作范围内受ECU的控制,其他工作范围内则受人工控制。图2-23为"全电子节气门"控制原理,其特点是:节气门开度在全部工作范围内均受ECU的控制。以下仅以大众车系的"半电子节气门"检查为例加以说明。

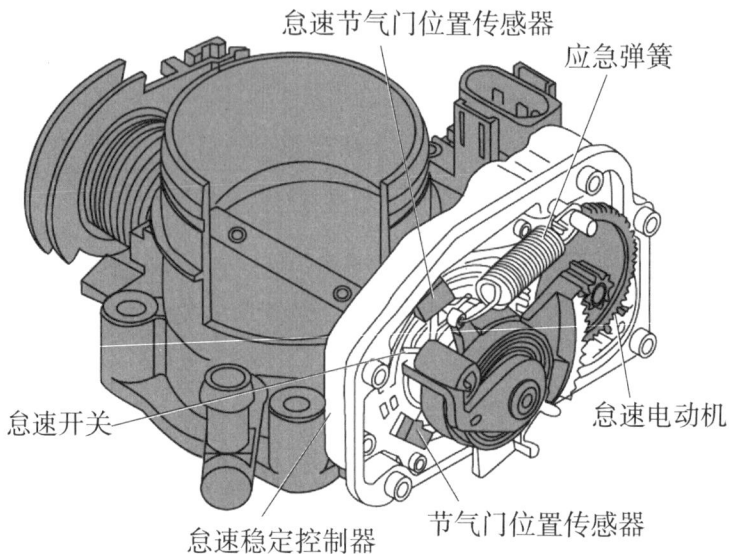

图 2-22　大众车系"半电子节气门"整体结构

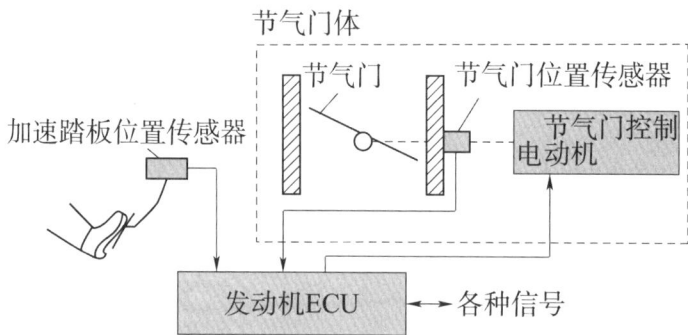

图 2-23　"全电子节气门"控制原理

1. 检查怠速情况

(1)将大众汽车专用故障诊断仪 V. A. G1551/1552 与汽车 16 端子诊断连接器相接(诊断连接器一般位于仪表台下方,部分汽车在换挡杆旁)。

(2)起动发动机并保持怠速运转。

(3)向故障诊断仪输入地址"01",进入发动机检测→输入选择功能"08",进入读数据块功能→输入组号"03",读基本数据,显示如下:

读取数据块			3→
810rpm	13.650V	91.0℃	43.2℃
①	②	③	④

其中,数据①为发动机转速;数据②为电源电压;数据③为冷却液温度;数据

④为气温。

稳定怠速时,冷却液温度应大于80℃,怠速转速标准值应为(800±30)r/min。

如果怠速转速不在标准值范围内,则按【C】键退出,输入组号"20",读取工作状态数据,显示如下:

读取数据块			20→
810rpm	0.000	A/C—LOW	Kompr. AUS
①	②	③	④

其中,数据③为空调开关的状态,"A/C—LOW"即"空调开关信号低",意思是没有开空调;数据④为压缩机状态,德文"Kompr. AUS"即"压缩机关"。

读取该组数据的目的是确认空调及压缩机处于关闭状态。

如果怠速仍然超出范围,则按【C】键退出,输入组号"04",读取怠速稳定控制数据,显示如下:

读取数据块			4→
3∠°	0.23g/s	0.00g/s	Leerlauf
①	②	③	④

其中,数据①为节气门开度;数据②为怠速进气流量调整值(N挡位置);数据③为怠速进气流量调整值(D挡位置);数据④为工作状态说明,德文"Leerlauf"即"怠速"。

由该组数据可以看出怠速的相关参数,以便于进行故障判断,例如:

没有显示"Leerlauf",则说明怠速开关没有闭合,应该检查怠速开关;

怠速进气流量调整值的标准值为-1.7~+1.7g/s。小于-1.7g/s,则说明进气系统有泄漏;大于+1.7g/s,则说明发动机有额外负荷(例如:前照灯等用电设备工作)或进气系统有阻塞。

怠速时节气门开度的标准值为0~5∠°,如果不在标准值范围内,应检查节气门与ECU的匹配情况,按【C】键退出,输入组号"05",读取怠速匹配数据,显示如下:

读取数据块			5→
810rpm	800rpm	1.7%	2.9g/s
①	②	③	④

其中,数据①为发动机转速实际值;数据②为发动机转速目标值;数据③为怠速调整量(正常值为-10%~+10%);数据④为进气流量。

怠速转速应为(800±30)r/min。如果怠速转速过低,可能的原因有:发动机负荷过大;节气门与 ECU 不匹配;怠速稳定控制器损坏。如果怠速转速过高,可能的原因有:进气系统漏气;节气门与 ECU 不匹配;怠速稳定控制器损坏;活性炭罐电磁阀常开。

2.对节气门与 ECU 进行匹配

节气门实际位置与 ECU 内部记忆值不匹配时,发动机怠速可能会不稳、过高或过低,此时,需要对节气门与 ECU 进行匹配。操作方法如下:

(1)将 V.A.G1551/1552 与汽车 16 端子诊断连接器相接。

(2)接通点火开关,但不起动发动机。

(3)向故障诊断仪输入地址"01",进入发动机检测→输入选择功能"04",进入"基本调整"功能→输入组号"98"(有些车型为"60")→按确认键后自动开始进行节气门与 ECU 的匹配,整个过程大约需要 10s。

发动机 ECU 清除原先记忆值,并驱动节气门由最小怠速开度至最大怠速开度运行一个循环,同时利用怠速节气门位置传感器的信号记忆最大、最小以及中间 5 个开度值,随后在起动位置停留片刻,最后关闭,同时故障诊断仪显示"基本调整结束"。此时,按【C】键退出,断开点火开关,从 16 端子诊断连接器上拆下故障诊断仪连接器即可。

提示:如果在匹配的过程中发生自动中断现象,可能的原因为:节气门过脏;节气门拉索调整不当;电池电压过低;怠速稳定控制器损坏或电机线路故障。

匹配中断后,ECU 内部会储存故障码"17967"或"17972",下一次接通点火开关时会自动再次进行匹配。

3.对怠速转速进行设定

当需要对怠速转速的目标值进行微量调整时,可在发动机起动后,用大众汽车专用故障诊断仪 V.A.G1551/1552 输入地址"01",进入发动机检测→输入选择功能"09",进入"自适应匹配"功能→输入组号"01",然后按"↑"或"↓"键来增大或减小设定的转速值,但调整量有限。

该项操作的条件是:ECU 内没有储存故障码,且冷却液温度正常,没有开空调等附属设备。

4.ECU 与防盗器的匹配

更换 ECU 后(特别是其他车用过的 ECU),往往需要将 ECU 与汽车防盗器进行匹配,否则,由于防盗器起作用而使发动机可能无法起动。因此,需要对 ECU 进行防盗匹配,方法是:连接 V.A.G1551/1552,接通点火开关但不起动发动机,用 V. A. G1551/1552 进入防盗系统(有些车型的防盗系统由仪表盘系统进入),选择"自适应匹配"功能,输入组号"00",然后按"确认"键,屏幕会显示"是否清除已知数据?",选择"是",然后按"确认"键即可。

5. 对 ECU 进行编码

由于同一型号的 ECU 可以用于不同配置的车型,更换 ECU 后,还必须对 ECU 进行编码,以启用 ECU 中适合本车型配置的工作程序,否则,由于工作程序不当,可能会引起发动机运转严重不良,甚至根本无法起动发动机。

对 ECU 进行编码的条件是必须采用合法钥匙。编码方法为:连接 V. A. G1551/1552,接通点火开关但不起动发动机,用 V. A. G1551/1552 进入发动机系统,选择"控制单元编码"功能,按"确认"键后,按"↑"键、"↓"键、"←"键、"→"键来对 5 位数的代码进行编码。

例如:帕萨特汽车发动机 ECU 代码"04051",其中,"04"代表 EURO Ⅱ 排放标准;中间的"0"代表无驱动防滑控制的前轮驱动汽车;"5"代表采用 01V 型自动变速器;"1"代表车辆型号为 B 级帕萨特。

其他车型的发动机 ECU 代码可查阅相关的维修手册。在更换 ECU 之前,建议用 V. A. G1551/1552 的"读取控制单元代码"功能先读取旧 ECU 的代码,以便换新后用读取的代码对新 ECU 进行编码,这样一来,就可以不必查阅维修手册了。

6. 对怠速稳定控制器进行检查

大众汽车怠速稳定控制器上连接器各端子的位置如图 2-24 所示。在进行上述检查的过程中,如果发现怠速稳定控制器存在问题,则需要对怠速稳定控制器进行单独检查。检查的内容包括如下几个方面。

图 2-24　大众汽车怠速稳定控制器上连接器各端子的位置

1-怠速电机正极;2-怠速电机负极;3-怠速开关正极;4-传感器电源(5V);5-节气门位置传感器信号;6-空脚;7-怠速开关负极;8-怠速节气门位置传感器信号

(1)测怠速稳定控制器连接器的 1 端子与 2 端子之间是否有断路,即怠速电机是否断路。

(2)测怠速稳定控制器连接器的 3 端子与 7 端子之间的导通情况,即怠速开关的工作情况),并开、关节气门。在节气门开、关变化时,3 端子与 7 端子之间应随之发生通、断变化。

(3)测怠速稳定控制器连接器的 4 端子与 5 端子、4 端子与 8 端子之间的电阻,应随节气门开度的变化而变化。

(4)测怠速稳定控制器连接器的 7 端子与 5 端子、7 端子与 8 端子之间的电阻,应随节气门开度的变化而变化。

以上检查如不符合要求,则更换怠速稳定控制器或节气门体。

(5)接通点火开关,测怠速稳定控制器连接器线束侧 3 端子、4 端子是否有 5V 工作电压。如无,则检查与 ECU 之间的线路及 ECU 的供电电源,若都正常,则换 ECU。

(6)测怠速稳定控制器连接器线束侧 1、2、5、7、8 端子与 ECU 之间是否导通,且线路电阻小于 1Ω。如不符合要求,则维修断路点和接触不良点。

(7)检查节气门是否犯卡、脏污。若是,则进行维修。

六、加速不良故障诊断

(一)故障现象

踩下加速踏板后,发动机转速不能迅速提高,加速反应迟缓,有时有轻微抖动现象。

(二)故障原因

(1)点火不正时。

(2)空气流量传感器故障。

(3)节气门位置传感器故障。

(4)燃油压力偏低。

(5)进气系统漏气。

(6)废气再循环系统(EGR)工作不正常。

(7)喷油器工作不良。

(8)燃油质量低劣。

(三)故障诊断与排除

(1)发动机运转时,若故障灯亮,说明电控系统有故障。影响发动机加速不良的传感器有节气门位置传感器、空气流量传感器等,应读取故障码,并按读取到的故障码查找故障原因排除故障。

(2)检查点火正时。在怠速条件下,用点火正时灯检查发动机点火正时。若点火不正时,应对发动机初始点火提前角进行调整。缓慢加速,观察点火提前角是否能随转速的提高而增大。若不能,应检查点火控制系统或更换发动机 ECU。

(3)检查燃油品质或用符合要求的燃油更换油箱中的燃油。若更换燃油后发动机加速性能良好,说明故障是由燃油品质低劣所引起。

(4)若故障仍然存在,参照动力不足故障诊断继续进行诊断与排除。

七、动力不足故障诊断

(一)故障现象

发动机无负荷运转时基本正常,但带负荷运转时加速缓慢,上坡无力,加速踏板踩到底时仍感到动力不足,转速提不高,达不到最高车速。

(二)故障原因

(1)点火不正时。

(2)高压火花太弱。

(3)空气滤清器堵塞。

(4)节气门调整不当,不能全开。

(5)燃油压力过低。

(6)蓄电池电压过低。

(7)喷油器堵塞或雾化不良。

(8)冷却液温度传感器故障。

(9)空气流量传感器(或进气压力传感器)故障。

(10)发动机汽缸压力过低。

(三)故障诊断与排除

(1)在发动机怠速状态下,若故障灯亮,说明电控系统有故障,影响发动机动力不足的传感器有空气流量传感器(或进气压力传感器)、冷却液温度传感器等,应读取故障码,并按读取到的故障码查找故障原因、排除故障。

(2)将加速踏板踩到底,检查节气门能否全开。如不能全开,应调整节气门拉索或加速踏板。

(3)检查空气滤清器有无堵塞。如有堵塞,应清洁或更换滤芯。

(4)检查各汽缸高压火花。若火花弱,应按点火系统高压无火或火弱故障进行诊断与排除。

(5)检查点火正时。在发动机怠速时,用点火正时灯检查发动机点火正时。若点火不正时,应对发动机初始点火提前角进行调整,然后缓慢加速,观察点火提前角是否能随转速的提高而增大。若不能,应检查点火控制系统或更换发动机 ECU。

发动机动力不足故障诊断可以参照图 2-25 进行。由于不同车辆的配置不同,具体流程可能会有所差异,请参阅所修车型的维修手册。

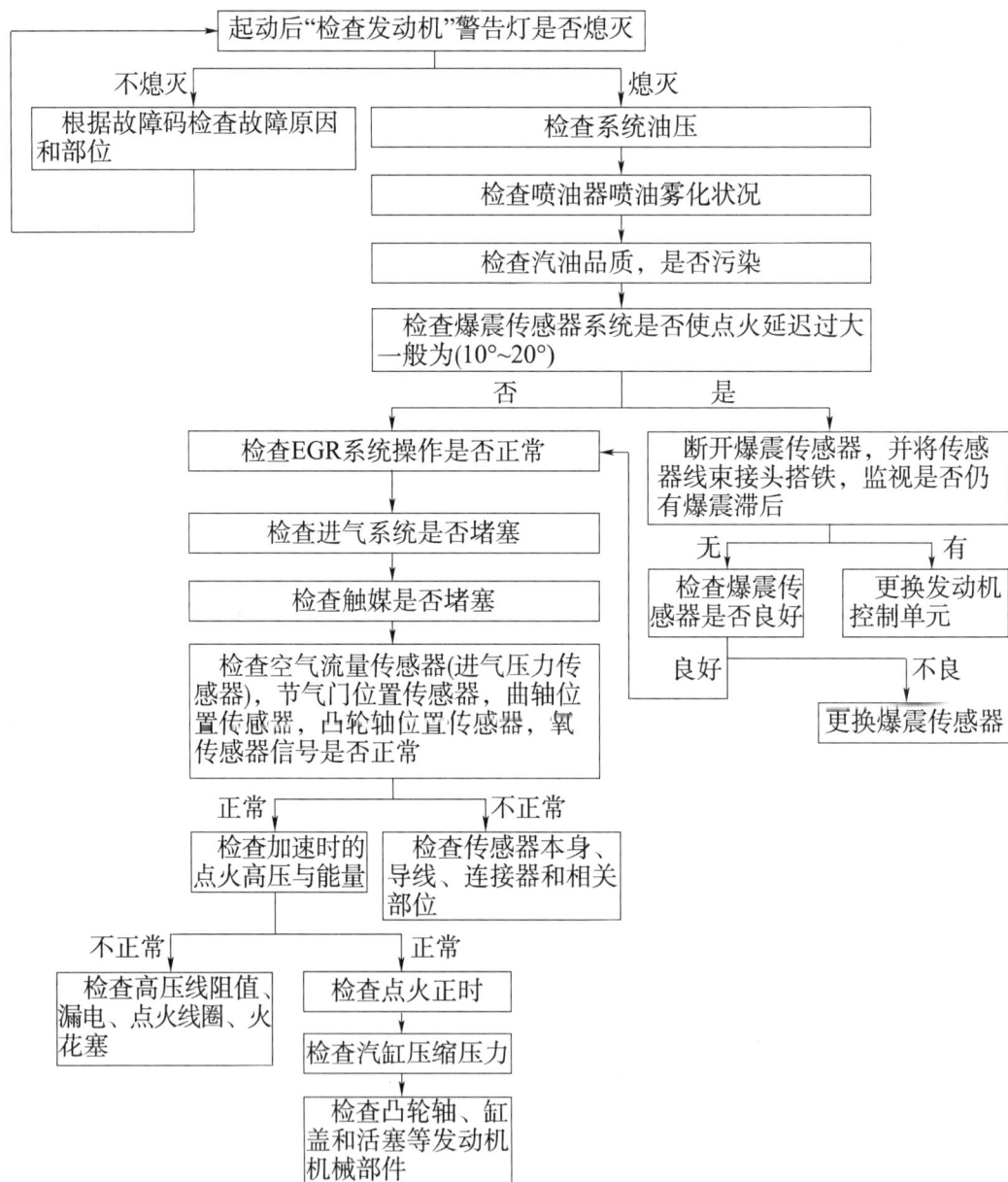

图 2-25 发动机动力不足故障诊断流程

八、燃油消耗异常故障诊断

(一)故障现象

发动机动力良好,但燃油消耗明显过高,加速时排气管排黑烟。

(二)故障原因

(1)燃油泄漏。

(2)燃油压力过高。

(3)喷油器雾化不良或漏油。

(4)冷起动喷油器漏油或控制电路故障,使冷起动喷油器长时间喷油。

(5)冷却液温度传感器及其线路故障。

(6)节气门位置传感器及其线路故障。

(7)空气流量传感器(或进气压力传感器)及其线路故障。

(三)故障诊断与排除

(1)起动发动机观察各油管接头是否有泄漏现象。若有,应修理。

(2)检测冷却液温度传感器。其电阻值在不同的温度下应符合标准。若电阻过大,应更换。

(3)检测空气流量传感器或进气压力传感器,其数值应符合标准。若检测结果不符合技术标准,应更换。

(4)检查节气门位置传感器。节气门处于中小开度时,全负荷开关触点应断开。若全负荷开关触点始终闭合或闭合时间过早,应更换。

(5)检查喷油器工作性能,并更换工作不良的喷油器。

(6)故障排除后,清除故障码。

发动机油耗过大的诊断可以参照图 2-26 进行,由于不同车辆的配置不同,具体流程可能会有所差异,请参阅所修车型的维修手册。

九、发动机经常失速故障诊断

(一)故障现象

发动机在运转时转速不稳定,忽高忽低。

```
┌─────────────────────────┐
│      发动机油耗过高       │
└─────────────────────────┘
              │
              ▼
      ◇ 车辆空挡滑行 ◇ ──滑行距离过短──▶ ┌──────────────────────────┐
              │                          │ 底盘方面问题：制动拖滞、轮 │
        滑行距离正常                      │ 胎气压过低、车轮定位不良、传 │
              │                          │ 动系统磨损过大等            │
              ▼                          └──────────────────────────┘
   ◇ 读取发动机故障码      ◇ ──异常──▶ ┌──────────┐
     及相关数据流                        │  视情维修  │
              │                          └──────────┘
            正常
              ▼
   ◇ 检查点火系统及点火正时 ◇ ──异常──▶ ┌──────────┐
              │                          │  视情维修  │
            正常                          └──────────┘
              ▼
   ◇ 检查喷油器及控制电路 ◇ ──异常──▶ ┌──────────┐
              │                          │  视情维修  │
            正常                          └──────────┘
              ▼
   ◇ 检查发动机机械系统：  ◇ ──异常──▶ ┌──────────┐
     缸压、进排气等                      │  视情维修  │
              │                          └──────────┘
            正常
              ▼
   ◇ 检查辅助系统：空调、  ◇ ──异常──▶ ┌──────────┐
     动力转向、电源等                    │  视情维修  │
              │                          └──────────┘
            正常
              ▼
   ┌──────────────────┐
   │    更换发动机ECU    │
   └──────────────────┘
```

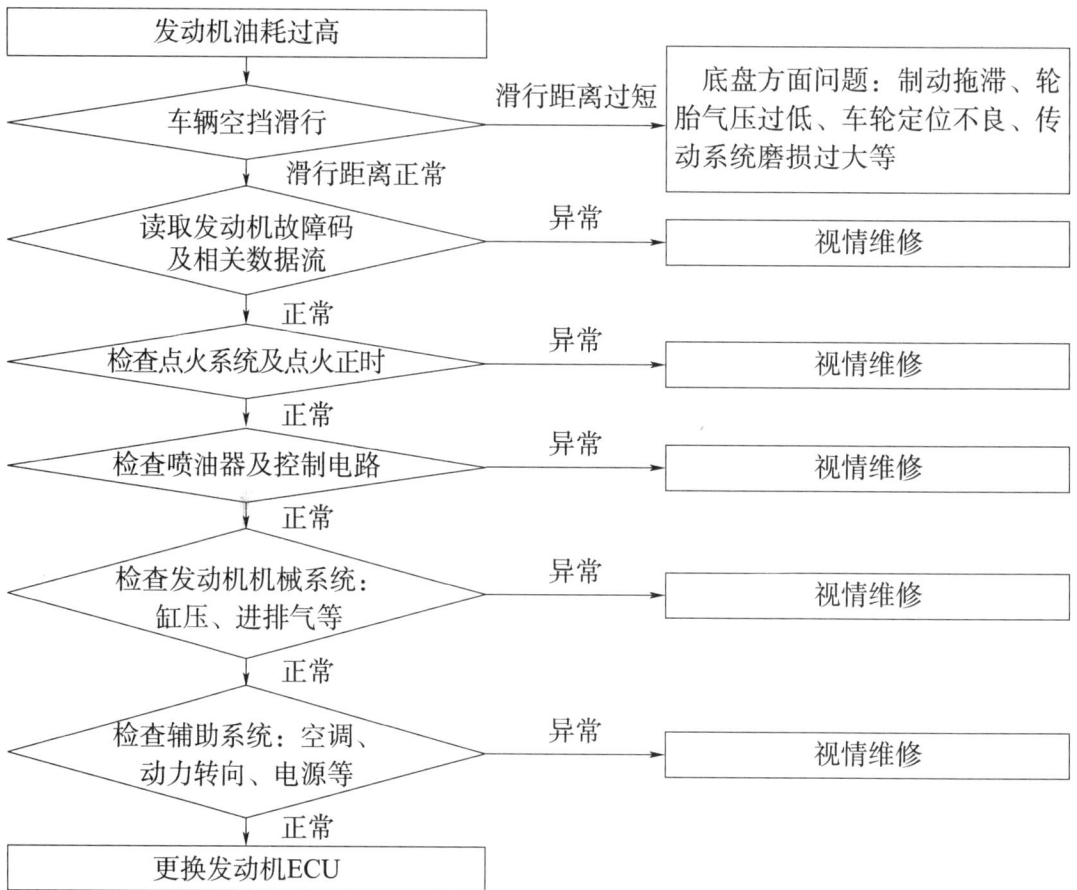

图 2-26 发动机油耗过大的诊断流程

(二)故障原因

(1)节气门后方管路漏气。

(2)喷油器故障。

(3)EFI 主继电器、燃油泵继电器触点接触不良。

(4)电控系统相关线路连接器松动。

(5)燃油压力不稳定。

(6)活性炭罐电磁阀故障。

(7)节气门位置传感器故障。

(8)空气流量传感器(或进气压力传感器)及其线路有故障。

(9)冷却液温度传感器故障。

(10)曲轴位置传感器信号不良。

(11)火花塞工作不良。

（12）点火系统高压断火。

（13）点火不正时。

（14）发动机 ECU 故障。

（三）故障诊断与排除

（1）影响发动机正常运转的传感器有空气流量传感器（或进气压力传感器）、冷却液温度传感器、节气门位置传感器、曲轴位置传感器等。应读取故障码，并按读取到的故障码查找故障原因排除故障。

（2）检查进气系统是否有漏气现象，活性炭罐电磁阀是否工作正常。

（3）检查发动机各分缸高压电火花情况。若有个别汽缸的火花较弱或有断火现象，应按点火系高压火弱或高压断火故障进行诊断与排除。

（4）用点火正时灯检查点火正时。若点火不正时，应进行调整。

（5）拆下火花塞，检测其跳火性能。若不符合技术要求，应更换。

（6）检测燃油系统压力。若检测时发现压力波动较大（超过 50kPa），应检查油泵继电器、压力调节器、电动燃油泵、燃油滤清器、油泵线束连接器等。

（7）拆下喷油器，检测各喷油器的密封、雾化性能。若不符合要求，应更换。

（8）检查电控系统各插接器、继电器、熔断器是否都连接牢固。若有松动或发热现象，应进行更换或修理。

（9）若故障仍然存在，更换新的发动机 ECU 再试。

（10）故障排除后，清除故障码。

十、发动机间歇熄火故障诊断

（一）故障现象

发动机在运转中突然熄火，过后会自动着火（或可以起动），正常运转，又会不定时突然自行熄火。

（二）故障原因

（1）空气流量传感器信号不连续。

（2）节气门位置传感器不良。

（3）曲轴位置传感器信号时通时断。

（4）EFI 主继电器、燃油泵继电器触点接触不良，时通时断。

（5）电控系统相关线路连接器松动。

（6）点火系统相关线路连接器松动。

（7）发动机 ECU 搭铁不牢靠。

（8）发动机 ECU 工作不良。

（三）故障诊断与排除

（1）发动机出现故障后,应先读取故障码。影响发动机间歇熄火的有空气流量传感器、节气门位置传感器、曲轴位置传感器等。读出故障码后,按故障码查找故障原因,并排除故障。

（2）检查 EFI 主继电器、燃油泵继电器是否能正常工作。

（3）检查电控系统相关线路插接器是否有松动现象。在发动机运转时,用人工依次振动各插接器,观察故障是否出现。当振动到某插接器时故障出现,说明该插接器松动,应进行修理。

（4）人工振动发动机 ECU 的搭铁线,同时使用万用表电阻挡检测发动机 ECU 搭铁是否良好。若电阻值在"0"至无穷大间摆动,说明 ECU 搭铁不良,应予以修理。

（5）若故障仍然存在,更换新的发动机 ECU 再试。

（6）故障排除后,清除故障码。

十一、减速不良故障诊断

（一）故障现象

发动机怠速运转正常,但在行驶中突然松开加速踏板减速时经常熄火。

（二）故障原因

（1）怠速调整过低。

（2）怠速自动控制失常。

（3）断油控制失常。

（4）燃油控制系统或点火系统线路接触不良。

（三）故障诊断与排除

（1）如有怠速不稳现象,应先按怠速不稳故障检查方法进行检查。

（2）检查发动机初始怠速。如果初始怠速过低,应按规定程序和标准进行调整。

（3）检查节气门位置传感器。在节气门全闭时,节气门位置传感器内的怠速开关应闭合。如不能闭合,应按标准进行调整。如果调整无效,应更换节气门位置传感器。

（4）检查怠速控制装置。发动机熄火后,拔下怠速控制装置线束连接器,待发动机起动后再插上。如果发动机转速无变化,说明怠速控制装置不工作,应检查在发动机怠速运转时怠速控制装置线束连接插头内有无脉冲电压信号输出。如无信号,则应检查控制线路;如有信号,则说明怠速控制装置已损坏,应更换。

（5）检查减速断油功能是否正常。拔下节气门位置传感器线束连接器插头,用一根导线将插头内怠速开关的两接线插孔短接,起动发动机,踩下加速踏板加速,观察发动机转速能否在断油转速和回油转速之间来回变化,并记下回油转速的数值。如果回油转速过低（一般不低于 1200r/min）,说明 ECU 内断油控制功能失常,应更换 ECU。

（6）全面检查 ECU 燃油控制线路及点火线路各连接器处有无接触不良。

课题四　发动机电控系统故障诊断

现代汽车都配有车载诊断系统（又称自诊断系统）,利用该系统,可以方便、快速地查找故障部位,给汽车故障诊断带来了巨大的方便。

车载诊断系统是指由 ECU 本身提供的车辆自我诊断的功能,作为维修人员,只要能够读出 ECU 内部的诊断数据,就可以确定故障的范围,从而使诊断测试更具有针对性。

ECU 内部的诊断数据可以人工读取（目前已经很少使用）,也可以使用故障诊断仪读取,如图 2-27 所示。

一、车载诊断系统的基本原理

ECU 在正常工作的同时,还一直监视着电控系统各方面的信号,并把这些信号与存储器内部的标准值进行比较,从而判断是否有异常情况发生。

以冷却液温度传感器的信号为例,正常情况下,冷却液温度传感器的电压应在 0.1V 至 4.8V 之间变化,如图 2-28 所示。如果 ECU 接收到的电压在此范围以内,即判定冷却液温度传感器工作正常。如果电压值小于0.1V或大于4.8V,即判定冷却液温度传感器信号异常。

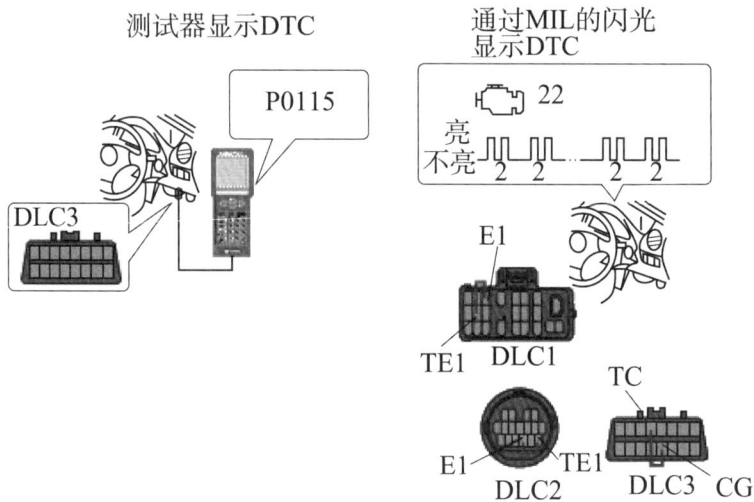

图 2-27 利用车载诊断系统进行故障诊断

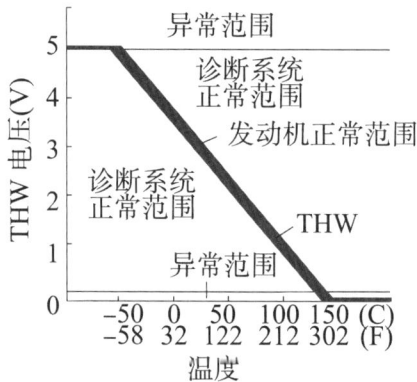

图 2-28 冷却液温度传感器的信号范围

对氧传感器信号的监测如图 2-29 所示。怠速时"混合气稀"的时间超过100s,或汽车行驶时混合气浓或稀的时间超过20s,即判定氧传感器信号异常。

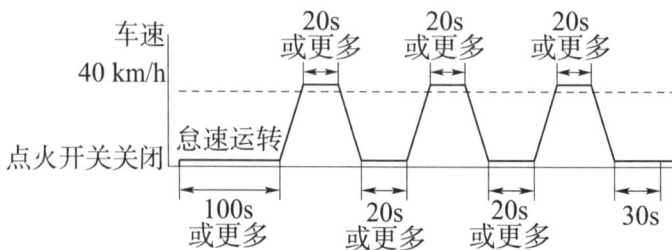

图 2-29 发动机 ECU 对氧传感器信号的监测

当 ECU 判定系统存在故障时,一般会点亮仪表板上的故障指示灯(CHECK ENGINE),同时,ECU 的存储器内还会储存相应的故障码(DTC)及定格数据。

所谓定格数据就是故障发生时的相关运行数据,例如冷却液温度、发动机转速、进气流量等,这些数据对于正确判断故障位置很有帮助。

需要说明的是,ECU 中所储存的故障码与实际发生的故障可能会有所不同,例如:当空气流量传感器信号发生偏移但没有超出正常范围时,ECU 不会认为空气流量传感器有问题,可是由于混合气长期过浓或过稀,ECU 会误认为氧传感器有问题,因此会储存氧传感器方面的故障码。所以,读取故障码后还需要做必要的原因分析,此时读取定格数据就显得格外重要。

ECU 对执行器的监测可以依靠专设的反馈信号,如:点火系统的 IGF 信号(丰田公司),也可以依靠电磁线圈的感应电动势或工作电流,如喷油器、怠速阀等。

另外,ECU 还通过诊断连接器提供与外部仪器(如:故障诊断仪仪)的数据通信功能,以便利用外部仪器读取、修改 ECU 内部的相关数据,或接受外部仪器的指令,执行相关的操作。

二、利用车载诊断系统进行故障诊断的方法

利用车载诊断系统进行故障诊断有人工读取故障码诊断法和故障诊断仪诊断法两种方法。

(一)人工读取故障码诊断法

人工读取故障码的方法因汽车的生产厂家而异,目前尚未统一。但在同一生产厂家的不同车型上,人工读取故障码的方法基本一样。

人工读取故障码后,一般还需要查阅维修手册,以确定故障码的含义,然后按照维修手册的指引进行故障排除。

(二)故障诊断仪诊断法

汽车故障诊断仪(有故障阅读仪、数据扫描仪、故障检测仪、解码仪等多种称呼)有按键式(图 2-30)和触摸屏式(图 2-31)两种。其功能包括:读取故障码、清除故障码、读数据流、读取定格数据、执行元件测试、基本调整、自适应匹配、读取 ECU 版本号、ECU 编码等。有些故障诊断仪还具有示波功能。

读取故障码功能:直接读取 ECU 存储器中的故障码,并显示故障码的内容(不必查阅故障码手册)。

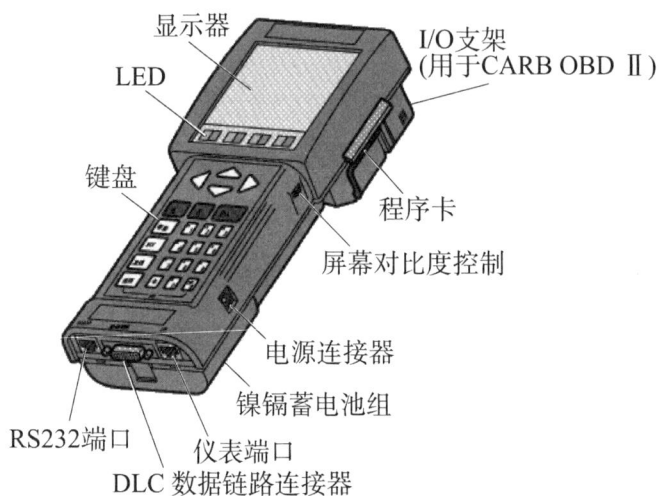

图 2-30　按键式故障诊断仪

图 2-31　触摸屏式故障诊断仪

清除故障码功能:清除 ECU 存储器中所储存的故障码。

读数据流功能:读取当前的运行数据,诊断人员可由此查找故障码不能显示的故障。例如:发动机处于冷态,读取的冷却液温度数据却是 80℃,显然说明冷却液温度传感器信号存在问题。

读取定格数据(又称冻结帧数据):读取产生故障码时的相关运行数据。

执行元件测试功能:通过与发动机 ECU 之间的通信,指令某个执行器工作。例如:指令某缸喷油器工作,从而判断该喷油器控制电路是否正常;指令怠速控制阀工作,从而判断怠速控制电路是否正常等。

基本调整功能:使 ECU 内部记忆的数据与电控系统相关元件的实际状态相匹配,例如:重新设置步进电机式怠速阀的步数。

自适应匹配功能:修改或清除 ECU 内部的某些数据,使相关系统的工作适应某些特殊要求。例如:将发动机的怠速由 800r/min 调整到 850r/min;更换 ECU 或防盗器后,清除 ECU 中的防盗记忆数据,使 ECU 重新记忆防盗密码等。

读取 ECU 版本号功能:读取 ECU 的版本号,确保新购置 ECU 时,新的 ECU 与原车 ECU 的版本号相同。

ECU 编码功能:对新更换的 ECU 进行编码,以启用其中与目前车型及配置相适应的控制程序。例如:采用手动变速器与采用自动变速器的汽车,配有 ASR(驱动防滑控制系统)与不配有 ASR 的汽车,发动机 ECU 的版本号可能相同,但所用的控制程序却不同。如果控制程序启用不当,可能会引起汽车行驶不良或产生严重故障。

示波功能:直接显示电控系统的某些信号波形。例如:各种传感器的信号波形、点火控制信号波形、怠速控制阀工作波形、喷油器工作波形等。

波形往往比数据更能反映故障的实质。例如:曲轴位置传感器信号轮发生缺齿故障时,相应的信号波形就会产生缺陷,而这种缺陷却是故障码和数据流难以准确描述的。

三、汽车故障诊断连接器

汽车故障诊断连接器又称诊断座、诊断接口、数据读取接口等,一般位于发动机舱内、仪表盘下方或换挡杆的旁边,主要用于与故障诊断仪的连接。某些汽车还可用于人工读取故障码。

(一)丰田汽车诊断连接器位置、形状及各插孔的功用

丰田汽车一般设有两个诊断连接器,分别位于发动机舱内和仪表盘下方,如图 2-32 所示。发动机舱内的为方形(DLC1 型),仪表盘下方的为圆形(DLC2 型)或国际通行的 OBD-Ⅱ型(丰田公司称为 DLC3 型),其中 OBD-Ⅱ型可以实现故障诊断仪与 ECU 之间的双向通信,诊断功能更强。

DLC1 型和 DLC2 型为并联关系,功能也基本一样,其盖子上标注有各端子的代码,如 TE1、TE2、E1、TC、+ B、IG −、FP、VF1、VF2、OX1、OX2 等,各端子的功能如下:

(1)TE1、TE2 用来读取发动机和自动变速器的故障码;

(2)E1 为搭铁;

(3)TC 用来读取 ABS/ASR/ESP(制动防滑/驱动防滑/车身动态控制)系统和安全气囊(SRS)系统的故障码;

(4)+ B 用于获取电源电压,也可以用于主继电器功能的检查;

(5)IG 用于获取发动机的转速信号,可与发动机点火正时检测仪相接或与转速表相接;

(6)FP 用于燃油泵的检查;

(7)VF1、VF2 用来检测混合气闭环调节功能;

(8)OX1、OX2 用来检测氧传感器的信号。

为了与不同形状的诊断连接器实现连接,汽车故障诊断仪所配备的数据连接接口也有各种形状,如图 2-33 所示。对于通用型汽车故障诊断仪,为了适应不同车系的需要,往往还配有各种车系的诊断卡,测试不同的车系时,需要选用不同的诊断卡,并将其插入故障诊断仪的卡槽中。

a)方形诊断连接器　　　　b)圆形诊断连接器　　　　c)OBD-Ⅱ型连接器

d)诊断连接器电路

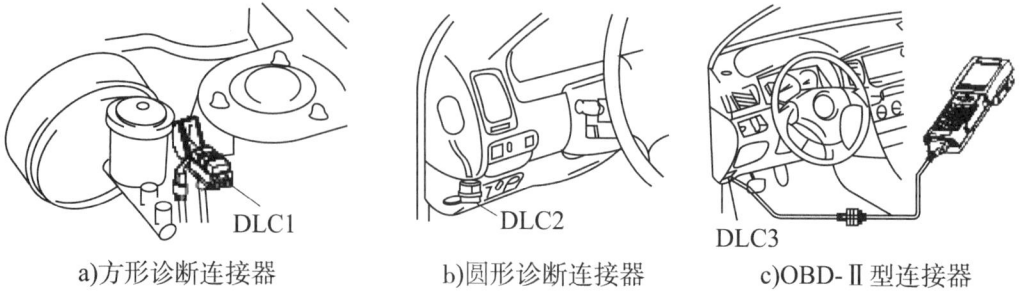

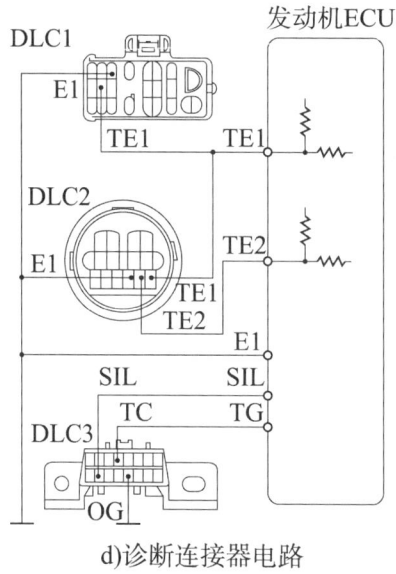

图 2-32　丰田汽车诊断连接器的位置、形状及电路

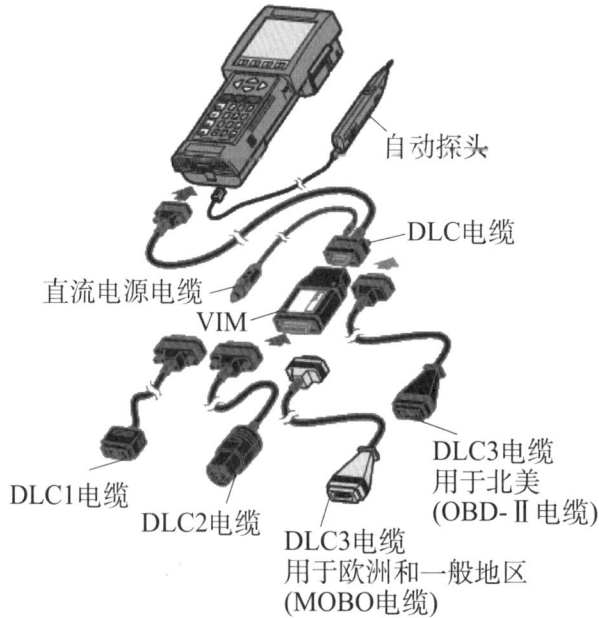

图 2-33　汽车故障诊断仪所配备的数据连接接口

（二）OBD-Ⅱ诊断连接器及各端子的功用

OBD-Ⅱ是第二代车载诊断系统的英文缩写,其诊断连接器有统一的标准,并规定一律安装在驾驶员侧仪表板下方。诊断连接器共有 16 个端子,其形状如图 2-34 所示,各端子的代号和功用见表 2-7。

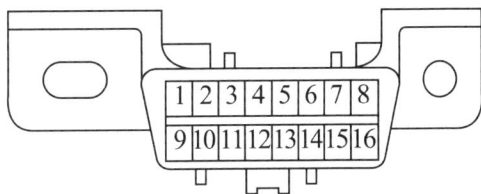

图 2-34　OBD-Ⅱ诊断座的形状

OBD-Ⅱ诊断座中各端子的代号和功用　　　　　　　　　表 2-7

端子代号	功用	端子代号	功用
1	供汽车制造厂使用	9	供汽车制造厂使用
2	SAE-J1850 资料传输正极 +	10	SAE-J1850 资料传输负极-
3	供汽车制造厂使用	11	供汽车制造厂使用
4	车身搭铁	12	供汽车制造厂使用
5	信号回路搭铁	13	供汽车制造厂使用
6	高速 CAN(SAE-J2284)	14	低速 CAN(SAE-J2284)
7	ISO-9141-2 资料传输 K	15	ISO-9141-2 资料传输 L
8	供汽车制造厂使用	16	蓄电池正极

OBD-Ⅱ诊断连接器中,对关键性的端子,如电源、搭铁、资料传输线都做了明确的规定,其中,资料传输线有 ISO(国际统一标准)和 SAE(美国统一标准)两种标准。其他端子则提供给汽车制造厂使用,各汽车制造厂可以根据自己的技术特点与需要灵活使用。

（三）OBD-Ⅱ故障码

OBD-Ⅱ故障码由五位数组成,例如 P0351,其中:

(1)"P"——第一位为英文字母,是系统代码。"P"代表发动机和变速器组成的动力传动系统(POWER TRAIN);"B"代表车身电控系统(BODY);"C"代表汽车底盘电控系统(CHASSIS);"U"代表网络系统。

(2)"0"——第二位为数字,表示由谁定义的故障码。"0"或"2"代表由 SAE/ISO 定义的故障码;"1"代表由汽车制造厂定义的故障码;"3"代表由 SAE/

ISO 或汽车制造厂定义的故障码。

（3）"3"——第三位为数字，表示 SAE 定义的故障发生的范围或系统。"0"代表空燃比测量和排放控制系统；"1"代表空燃比测量；"2"代表喷油器线路；"3"代表点火系统或失火；"4"代表排放控制系统；"5"代表车速或怠速控制系统；"6"代表 ECU 或输入/输出控制系统；"7"代表变速器控制系统；"8"代表非电控发动机的动力传动系统；"9"代表混合动力控制系统。

（4）"51"——第四、五位为数字，代表故障码（00～99）。

（四）OBD-Ⅲ简介

OBD-Ⅲ即第三代车载诊断系统，目前已经开始应用。它是 OBD-Ⅱ进一步的发展，在包容全部 OBD-Ⅱ功能的基础上，增加了许多新的功能，特别是将原来的有线数据传输转变成了无线数据传输（不再需要诊断连接器）。

无线数据传输可以远程读出诊断数据，而汽车却不必在诊断的现场。这种情况下，只要汽车通过收费站之类的无线监测点就可以自动完成排放检测。或者，在汽车维修人员到达汽车发生故障的现场之前，就可以确认故障。或者，不论汽车位于何处，诸如需要更换机油、需要二级维护、需要进行某些部件的检查之类的信息，也可以直接自动传到修理厂等。

四、故障指示灯（CHECK ENGINE）的功能

（一）灯泡自检功能

接通点火开关时，故障指示灯会点亮。当发动机转速达到或超过 400r/min 后，故障指示灯会熄灭。符合这一要求，表明故障指示灯的功能正常。

（二）故障警告功能

电控系统存在故障时，故障指示灯将被点亮，以提醒驾驶员。

如果故障被排除，则故障指示灯会在 5s 后熄灭。对于有些车型来言，即使故障被排除，也要连续三次行驶且没有检测到新的故障后，故障指示灯才会熄灭。

（三）故障码显示功能

可以通过故障指示灯的闪烁显示故障码。

（四）闪烁功能

如果在第一次行驶周期中检测到某个可能损坏三元催化转换器的失火故障,故障指示灯即开始闪烁。如果在第二次行驶周期中还是检测到失火故障,则故障指示灯闪烁,并储存故障码及定格数据。如果失火故障症状减轻,故障指示灯将从闪烁状态转变到连续点亮状态。

提示:一次行驶周期是指发动机从起动到停机的过程。

五、发动机ECU的失效保护功能和备份功能

（一）失效保护功能

当检测到某电路信号异常时,发动机ECU将以储存在ECU内部的标准值来代替异常信号值,以防止发生严重故障或三元催化转换器转换过热。丰田汽车发动机ECU失效保护功能见表2-8。

发动机ECU的失效保护功能　　　　表2-8

异常信号电路	ECU插脚名称	失效保护功能
点火确认信号电路	IGF	停止喷油
进气压力传感器信号电路	PIM	喷油量和点火提前角由节气门开度和发动机转速计算确定
空气流量传感器信号电路	VG	喷油量和点火提前角由节气门开度（VTA）和发动机转速计算确定
节气门位置传感器电路	VTA	设定节气门开度为0°或25°
冷却液温度传感器电路	THW	设定冷却液温度为80℃
进气温度传感器信号电路	THA	设定气温为20℃
爆震传感器信号电路	KNK	点火提前角校正延迟量为最大值（约8°）

（二）备份功能

备份功能又称为安全回家功能或跛行功能。当发动机ECU中的中央处理器

发生故障时,ECU 的备份功能可使控制电路转到备用集成电路,以固定信号控制发动机工作,从而允许车辆继续行驶,以确保汽车可以开到修理厂。

该模式下,喷油量和点火时刻为固定值,见表2-9。此时,故障指示灯点亮,但发动机 ECU 的存储器内并不储存故障码。

发动机 ECU 的备份功能 表2-9

起动信号(STA)	怠速信号(IDL)	喷油时间(ms)	点火提前角(BTDC°CA)
开	—	20.0	7.25 或 10(随车型而异)
关	开	3.5	
	关	6.0	

六、利用故障诊断仪进行故障诊断的方法

(一)丰田汽车

将汽车故障诊断仪与仪表板下方的诊断连接器相接(DLC2 型),如图2-35所示,接通点火开关,接通故障诊断仪电源开关。

图2-35 利用故障诊断仪进行故障诊断
(丰田汽车)

几秒钟后,故障诊断仪屏幕上会显示有选择菜单,根据菜单,可以进入不同的系统,例如:发动机系统、变速器系统、制动系统等。

选择进入某系统后,又会出现功能选择菜单,例如:读取故障码、清除故障码、读数据流、读取定格数据、基本调整、自适应匹配、读取 ECU 版本号、ECU 编码等,根据需要,可以选择进入不同的功能。

一般情况下,可以按照如下流程来进行故障诊断(以空气流量传感器故障为例):

(1)读取故障码。明确故障项目及故障的性质:是什么故障(例如:空气流量传感器故障),是现有故障还是历史故障,是常发性还是偶发性。

(2)读取定格数据。明确故障发生时的基本条件,特别是与故障项目关系密切的内容(例如:空气流量传感器的读数、发动机转速、节气门开度等)。

(3)清除故障码。

（4）起动发动机,模拟故障发生的条件。

（5）关闭发动机,再次读取故障码及定格数据——确定（1）步的故障内容是真实存在的,还是虚假故障。

（6）起动发动机,读取与故障项目相关的数据流,分析与故障现象之间的关系（例如:目前的空气流量传感器的读数、发动机转速、节气门开度等;空气流量传感器的读数是否随节气门开度及发动机转速变化）。

（7）按照维修手册的指引检查并排除故障。

（8）清除故障码。

（9）试车——确定故障现象是否消失。

（10）读取故障码及数据流——确定维修后的数据流正常,故障没有再次出现。

（二）大众汽车

1. 大众车系专用诊断仪的基本功能

大众车系专用诊断仪 V. A. G1551 一般具有以下功能。

（1）01——查询控制单元（ECU）的型号（更换 ECU 前,应该首先利用该功能读出旧 ECU 的型号,更换新的 ECU 后,再利用"07"功能将该型号输入到新的 ECU 中,否则,可能会因为 ECU 的内部程序与车辆不匹配而造成发动机无法起动或运转不良）;

（2）02——查询故障记忆（即读取故障码）;

（3）03——执行元件测试（可以对部分执行器进行不断线功能测试,例如:选择"燃油泵"并"确认"后,燃油泵即可开始运转）;

（4）04——基本设置（可以对步进电动机式怠速阀位置及发动机怠速的、基本点火角等进行设置）;

（5）05——删除故障记忆;

（6）06——结束输出;

（7）07——控制单元型号（用于输入与该车相匹配的控制单元型号）;

（8）08——阅读测量数据块;

（9）10——自适应（有"00""01"两个通道。在"00"通道可以将怠速等设置在"04"功能确定的基本位置;"01"通道则可以改变所设置的怠速等数值）。

2. 连接专用诊断仪的插头的位置

连接专用诊断仪的插头位于驾驶员侧的继电器盒内,如图 2-36 所示。

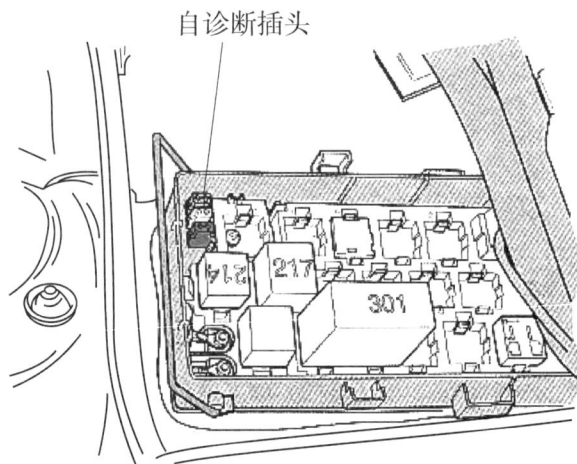

图 2-36　连接诊断仪的插头位置

3. 基本设置(04 功能)

04 功能共有 4 个显示组,分别为 01 ~ 04 显示组。

(1)01 显示组:共有 4 个数据,分别为怠速控制阀步进电机的步数、发动机的温度、右列汽缸混合气浓度控制(λ 控制)适配值、左列汽缸混合气浓度控制(λ 控制)适配值(例如:38　93.0℃　1.00　1.01)。

选择 01 显示组后,怠速控制阀会重新定位,使其实际位置与怠速转速所要求的位置相符合。如果更换怠速控制阀或 ECU,或在发动机运转时拔下怠速控制阀的插头,则必须进行该项基本设置。

如果在发动机运转时选择 01 显示组,则只有在发动机熄火后怠速控制阀才能被调整。

(2)02 显示组:共有 4 个数据,含义与 01 显示组的相同,但喷油时间等控制的适配值被清除,只有在维修时才有必要作此调整。

(3)03 显示组:共有 4 个数据,分别为发动机温度、怠速阀位置、点火角、发动机转速(例如:93.0℃　1　0.0上止点前　740r/min)。其中,怠速阀位置"0"表示"怠速阀开启","1"表示"怠速阀关闭";点火角在"01"通道中锁定为"0°"。

(4)04 显示组:共有 4 个数据,分别为发动机温度、怠速阀位置、右列汽缸混合气浓度控制(λ 控制)自适应值、左列汽缸混合气浓度控制(λ 控制)自适应值(例如:93.0℃　1　1.01　0.96)。

4. 阅读测量数据块(08 功能)

"阅读测量数据块"即通常所说的"读数据流"。08 功能显示的测量数据共有 7 个显示组,各显示组数据含义见表 2-10。

各显示组数据含义

表 2-10

显示组号	所显示数据的含义
00(或 000)	显示 10 个十进位数据,分别代表发动机转速、进气管压力、点火角、怠速控制阀步进电机的步数、发动机温度、λ 控制缸体 1、λ 控制缸体 2、λ 自适应缸体 1、λ 自适应缸体 2、怠速稳定控制自适应值
01(或 001)	发动机转速、进气管压力、计算的点火正时、怠速控制阀步进电机的步数
02(或 002)	节气门开度、进气管压力、冷却液温度、进气温度
03(或 003)	λ 学习系数(1-3 缸)、λ 学习系数(4-6 缸)、λ 控制自适应值(1-3 缸)、λ 控制自适应值(4-6 缸)
04(或 004)	λ 调整的状态、炭罐清除适配值、λ 控制自适应值(1-3 缸)、λ 控制自适应值(4-6 缸)
05(或 005)	发动机转速、爆震控制程度、计算的点火提前角、冷却液温度
06(或 006)	怠速控制阀步进电机的步数、怠速稳定控制自适应值、附加信号对怠速稳定控制的影响、怠速稳定控制

课题五　电控发动机传感器故障诊断

一、曲轴位置与转速传感器检测

曲轴位置与转速传感器用来检测曲轴的位置和转速,ECU 利用其信号进行如下控制:①各缸喷油和点火的顺序;②各缸喷油位置;③各缸喷油量;④点火正时;⑤怠速等。

曲轴位置与转速传感器有磁感应式、霍尔效应式、光电效应式、磁阻效应式等多种类型,一般安装于曲轴的前端或后端、凸轮轴的前端或后端,其数量一般也不是一个,而是一套,在不同发动机上的安装位置及数量也不尽相同。

该传感器故障时,往往会造成发动机不能运转或运转不良,相关故障现象包括:不能起动、动力不足、油耗过高、怠速不良等。与此同时,ECU 内部会储存相应的故障码,发动机故障报警灯也会点亮。

(一)磁感应式传感器检测

磁感应式传感器的结构及信号如图 2-37 所示,其信号波形的形状取决于信号轮上信号齿的分布情况,缺齿对应的信号一般用于检测曲轴的位置。

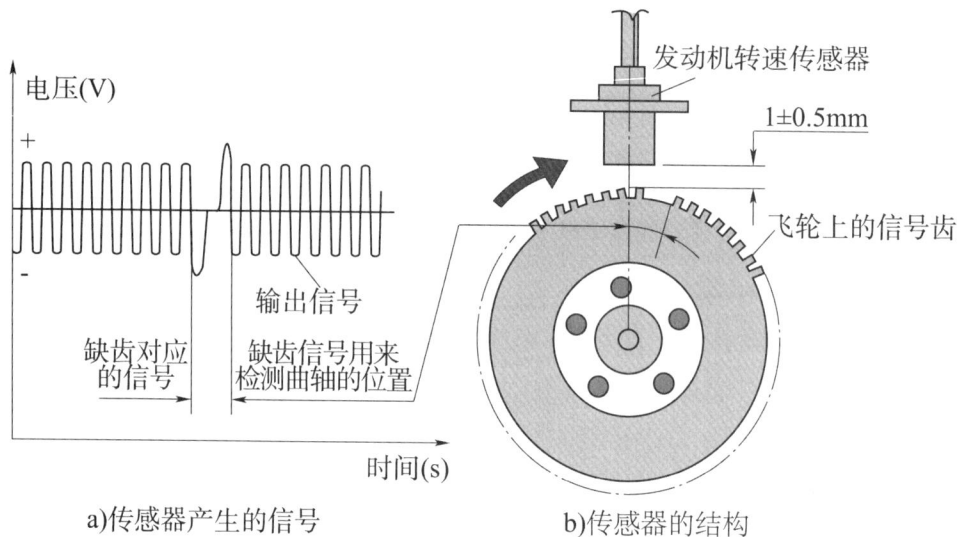

a)传感器产生的信号　　　　　b)传感器的结构

图 2-37　磁感应式传感器的结构及信号

1.检测感应线圈电阻值

断开传感器线束连接器,用万用表测感应线圈两端子间的电阻值,阻值应符合维修手册的规定(例如:大众汽车为 $450 \sim 1000\Omega$),否则,更换传感器总成。

2.检测传感器间隙

用非导磁性厚薄规测量信号转子与感应线圈磁头之间的间隙,间隙应符合维修手册的规定(例如:丰田汽车为 $0.2 \sim 0.4\text{mm}$;雪铁龙汽车为 $0.5 \sim 1.5\text{mm}$),否则,调整该间隙或更换传感器壳体总成。

3.检测传感器输出信号

转动发动机,同时用示波器测传感器的信号输出波形,应产生交变信号波形,否则,更换传感器总成。

4.检测传感器线路导通情况

用万用表测传感器线束连接器中各端子与 ECU 对应端子之间的电阻值,从而判断二者之间的线路情况,应导通,且电阻值小于 1Ω。

5.检测传感器线路绝缘情况

用万用表测传感器线束连接器中各端子与搭铁之间的导通情况,应不通,否则,说明线路中间有破损、搭铁,应维修或更换线束。

(二)霍尔效应式传感器检测

霍尔效应式传感器的电路如图2-38所示。

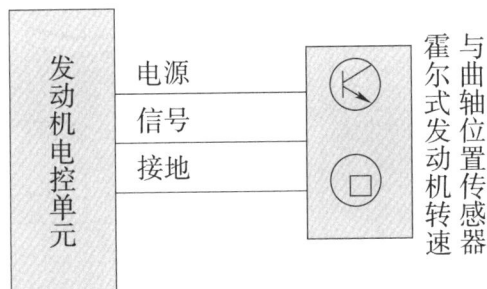

图2-38　霍尔效应式传感器电路

1.测传感器的工作电源

拔下传感器连接器,接通点火开关,用万用表测线束侧连接器电源端子的对地电压,应该为5V(个别车型为8V),否则,检查ECU的供电电源及传感器与ECU之间的线路。

2.测传感器的信号参考电压

测线束侧连接器信号端子的对地电压(即:信号参考电压),应该为5V,否则,检查ECU与传感器之间的线路。

3.测传感器线路搭铁情况

测线束侧连接器搭铁端子的对地电阻,应小于1Ω,否则,检查该端子与ECU之间的线路情况及ECU的搭铁情况。

4.测传感器输出的信号波形

连接传感器连接器,接通点火开关,转动发动机,同时用示波器测传感器的信号输出波形,应产生方波信号,否则,更换传感器总成。

(三)光电效应式传感器检测

光电效应式传感器的结构、电路如图2-39所示,其检测方法类似于霍尔效应式传感器,除了需要检测工作电源、信号参考电压、线路搭铁情况、输出的信号波形外,还需要检查光电元件的脏污情况、信号盘的翘曲情况。

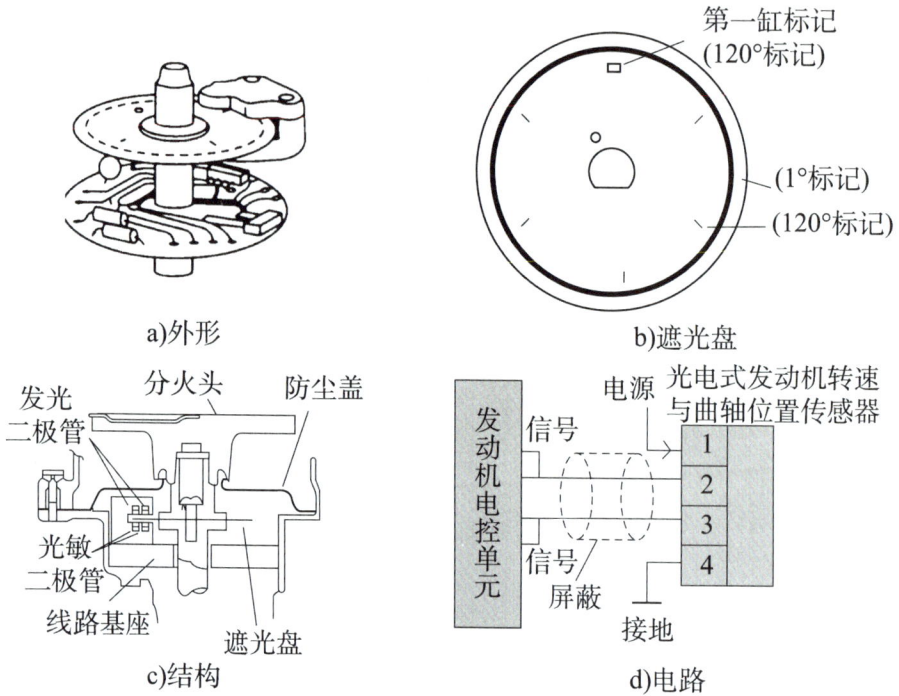

图 2-39 光电效应式传感器的结构、电路

(四)磁阻效应式传感器检测

磁阻效应:通过半导体元件的磁通量发生变化时,半导体元件的电阻会随之发生变化。该半导体元件也被称为磁阻元件。

利用磁阻效应原理制成的传感器即为磁阻效应式传感器。一般情况下,该传感器内部制有集成电路,会将磁阻元件电阻值的变化转换为电压方波作为传感器的输出信号。发生故障时,可以检测其供电情况(一般为 5 V)、搭铁情况、与ECU 之间的连接情况以及信号波形情况。

二、空气流量传感器检测

空气流量传感器或连接线路发生故障,会造成喷油量和点火正时失常,从而引起发动机动力不足、油耗过高、排放超标、怠速不稳、甚至不能起动等故障现象。

现代汽车常见的空气流量传感器有热线式、热膜式、卡门涡流式和进气压力式等多种形式(叶板式已经淘汰),所产生的信号有电压型和频率型两种类型。

不论是哪种类型的空气流量传感器,至少都有电源、搭铁和信号三个引脚,故障诊断的一般思路是:供电电源正常、搭铁正常,但没有空气流量信号或信号不正常,即可判定空气流量传感器故障。

(一)热线式和热膜式空气流量传感器检测

热线式和热膜式空气流量传感器的结构如图2-40所示。热线式空气流量传感器长期使用后,会在热线上积累杂质,为了消除这一因素对测量精度的影响,在传感器电路中采用了烧净措施:每当发动机熄火(或起动)时,ECU自动接通传感器内部的电子电路,加热热线,使其温度在1s内升高1000℃,从而烧毁污物,达到自清洁的目的。热膜式空气流量传感器则不存在这一问题。

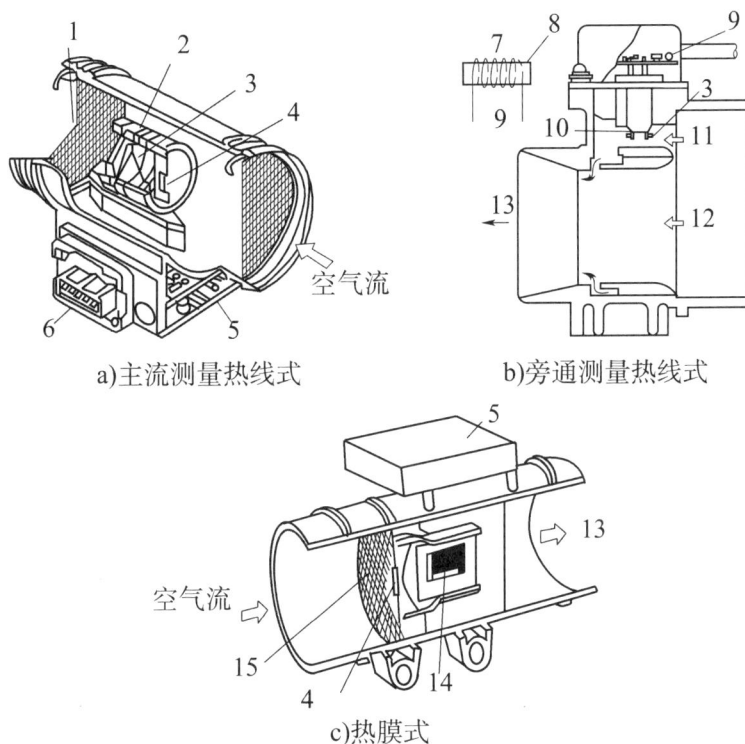

a)主流测量热线式　　　　　b)旁通测量热线式

c)热膜式

图2-40 热线式和热膜式空气流量传感器结构

1-防护网;2-取样管;3-白金热线;4-上游温度传感器;5-电路板;6-连接器;7-热线和冷线;8-陶瓷螺线管;9-接电路板;10-进气温度传感器(冷线);11-旁通气路;12-主通气路;13-通往发动机;14-热膜;15-金属网

1.检查传感器的电源电压

方法:拔下传感器线束插头,接通点火开关,用万用表直流电压挡测传感器线束插头上电源脚与搭铁之间的电压。

大众汽车热膜式空气流量传感器:拔下传感器上的 5 线连接器插头,如图 2-41 所示。接通点火开关,检测线束插头上电源脚(1 号脚)与发动机缸体之间的电压,规定值应不低于 11.5V。如电压为零,说明燃油泵继电器触点未闭合或电源线路断路,需要检修燃油泵继电器或电源线路(该传感器工作电源来自燃油泵继电器 J17)。

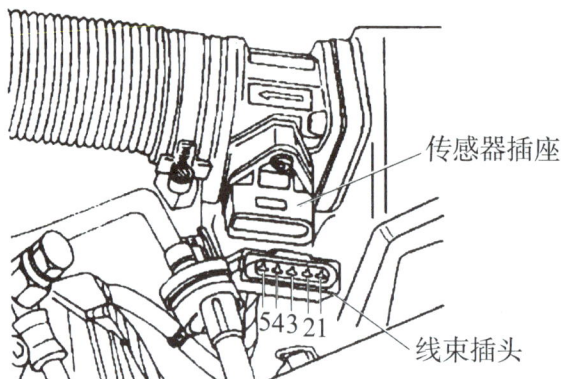

图 2-41　大众汽车空气流量传感器连接器

2. 检查传感器的搭铁情况

方法:拔下传感器线束插头,用万用表电阻挡测传感器线束插头上搭铁脚与发动机缸体之间的电阻值。一般应接近 0Ω,否则,说明搭铁不良。

大众汽车热膜式空气流量传感器:检测线束插头上搭铁脚(3 号脚)与发动机缸体之间的电阻,规定值应低于 1Ω。如电阻值过大,说明 ECU 搭铁不良,需要检查 ECU 搭铁情况(传感器通过 ECU 搭铁)。如果 ECU 搭铁正常,则说明 ECU 故障,应更换 ECU。

3. 检查传感器的信号电压(或信号频率)

方法:拆下空气流量传感器,人工给传感器提供工作电源,并向传感器空气入口吹气(可用吹风机),同时测量传感器的输出信号(电压或频率),看信号是否随吹气速度的变化而变化。有变化,则传感器基本正常;无变化,则更换传感器。

大众汽车热膜式空气流量传感器:拆下空气流量传感器,将传感器 2 脚接12V 电源正极,3 脚接电源负极,用万用表测传感器 4 脚与 3 脚之间的电压,用吹风机由远而近地吹空气流量传感器进气口,电压值应随吹气速度的增大而增大,否则,更换传感器。

对于频率信号输出型的空气流量传感器(例如别克汽车),则应该在确保电源与搭铁线路正常的情况下,接好传感器线束插头,接通点火开关,用吹风机向传感器空气入口吹气(或起动发动机),同时用万用表的频率挡测量其输出信号的频率。对于别克汽车,起动时传感器输出信号的频率应不低于 1200Hz,否则,更换该传感器。

4. 就车检查传感器的自清洁功能(热线式空气流量传感器)

插好空气流量传感器的线束插头,起动发动机,并将转速升高到 2500r/min 以上,再怠速运转。拆下空气流量传感器空气入口一端的进气管,从传感器空气入口处观察热线,断开点火开关;热线应在发动机熄火 5s 后红热并持续 1s。否则,检查传感器连接线路或更换传感器。

(二)卡门涡式空气流量传感器检测

丰田轿车卡门涡式空气流量传感器工作电路如图 2-42 所示。其中 THA 脚为进气温度传感器信号脚,VC 脚为空气流量传感器工作电源脚,ECU 通过该脚向传感器提供 5V 工作电源,KS 脚为空气流量信号脚。

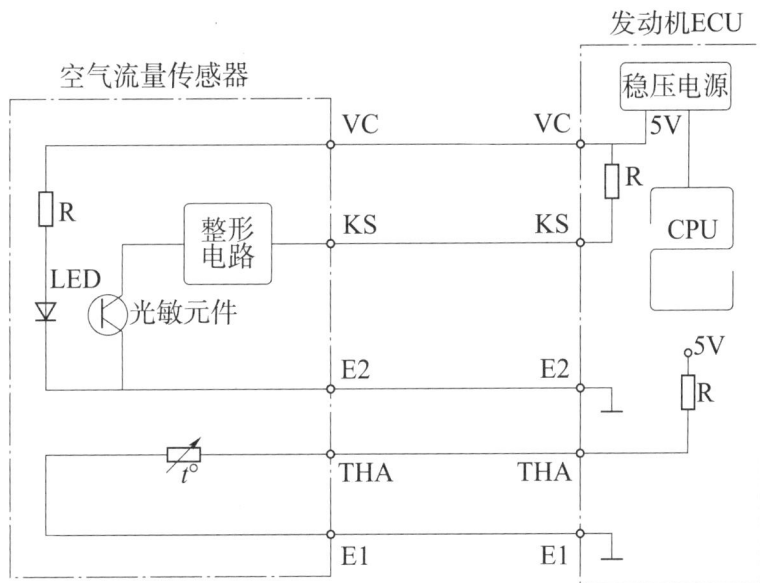

图 2-42　丰田轿车卡门涡式空气流量传感器工作电路

1. 检查传感器的电源电压以及信号参考电压

方法:拔下传感器线束插头,传感器各插脚位置见图 2-43。接通点火开关,用万用表直流电压挡测传感器线束插头上电源脚(VC 脚)、信号脚(KS 脚和 THA 脚)与发动机缸体搭铁之间的电压。

万用表(频率表)　　　　　　　　　空气流量传感器

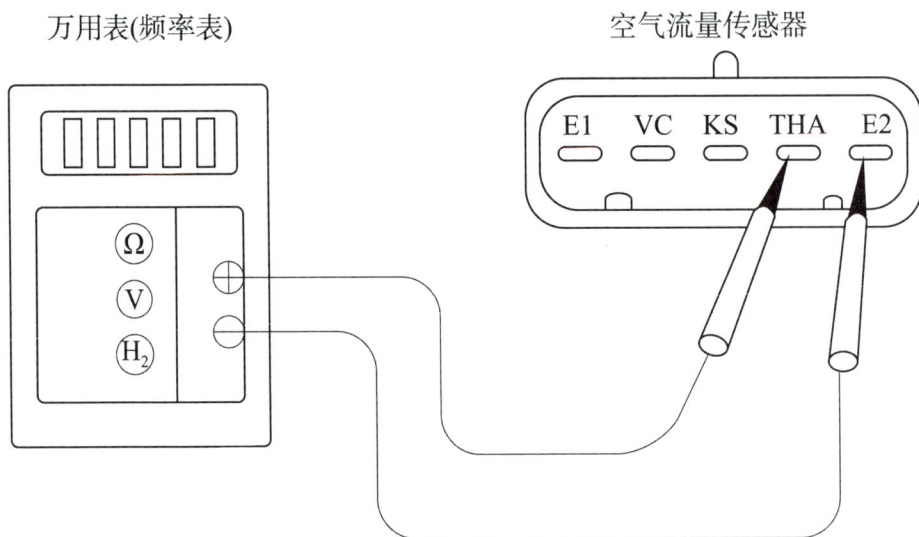

图 2-43　丰田轿车卡门涡流式空气流量传感器的检测

三个测量值都应为 4.5～5.5V(表 2-11),否则,检查相应线路与 ECU 之间的连接情况;连接正常,则检查 ECU 的供电电源电路;电源电路也正常,则说明 ECU 故障,应该更换 ECU。

丰田轿车用卡门涡式空气流量传感器检修参数　　　　　　表 2-11

检测对象	插脚名称	检测条件	标准参数	备注
进气温度传感器电阻值	THA—E2	−20℃	10000～20000Ω	
		0℃	4000～7000Ω	
		+20℃	2000～3000Ω	
		+40℃	900～1300Ω	
		+60℃	400～700Ω	
进气温度传感器信号	THA—E2	进气温度 20～60℃	0.5～3.0V	
空气流量传感器电源与信号	VC—E1	点火开关接通	4.5～5.5V	检测电源电压
	KS—E1	点火开关接通	4.5～5.5V	检测信号电压
		怠速	2.0～4.0V(脉冲)	信号电压跳跃变化

2. 检查传感器的搭铁情况

方法:用万用表电阻挡测传感器线束插头上搭铁脚(E1 脚和 E2 脚)与发动

机缸体之间的电阻值。

规定值应低于1Ω。如电阻值过大，说明ECU搭铁不良，需要检查ECU搭铁情况（传感器通过ECU搭铁）。如果ECU搭铁正常，则说明ECU故障，应更换ECU。

3.检查传感器的空气流量信号

方法：拆下空气流量传感器，将传感器线束插头与插座插好，接通点火开关，并向传感器空气入口吹气（可以用吹风机），用万用表脉冲信号档测量传感器"KS"脚与"E1"脚之间的脉冲信号，应该有脉冲信号输出，而且吹气速度越高，脉冲信号的频率也越高，否则，更换传感器。

4.进气温度传感器检测

拔下空气流量传感器线束插头，用万用表电阻挡测量传感器插座上"THA"脚与"E2"脚之间的阻值（进气温度传感器电阻值），检测结果应当符合如表2-11所规定。如阻值不符，则须更换传感器。

将传感器线束插头与插座插好，接通点火开关，用万用表直流电压挡测量传感器连接器"THA"脚与"E2"脚之间的信号电压，电压值应当符合如表2-11的规定。

如果"THA"脚与"E2"脚之间的电阻正常，"THA"脚的信号参考电压正常（4.5～5.5V），"E2"脚的搭铁正常，而"THA"脚与"E2"脚之间的信号电压不正常，则说明ECU故障，应更换ECU。

（三）进气压力传感器检测

1.基本方法

首先用故障诊断仪数据流功能读取进气压力传感器信号电压，如不正常，则检查传感器连接软管的连接情况，看是否有漏气、连接不良等情况，然后再检查传感器与ECU之间的线路连接情况，如正常，但信号电压仍然不正常，则更换进气压力传感器。更换进气压力传感器后，如信号仍然不正常，则更换ECU（该情况很少发生）。

2.丰田:8ZR—FXE发动机进气压力传感器检测

丰田混动版卡罗拉或雷凌8ZR—FXE发动机的进气压力传感器（又称歧管绝对压力传感器）电路如图2-44所示。该传感器的输出信号如图2-45所示。

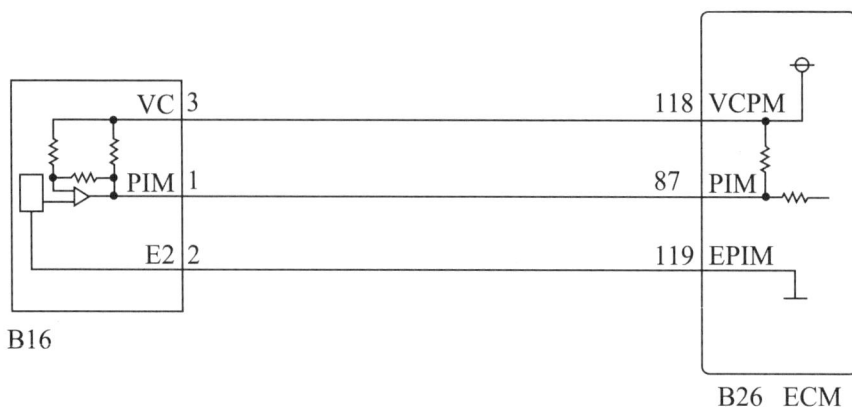

图 2-44　丰田 8ZR—FXE 发动机的进气压力传感器电路

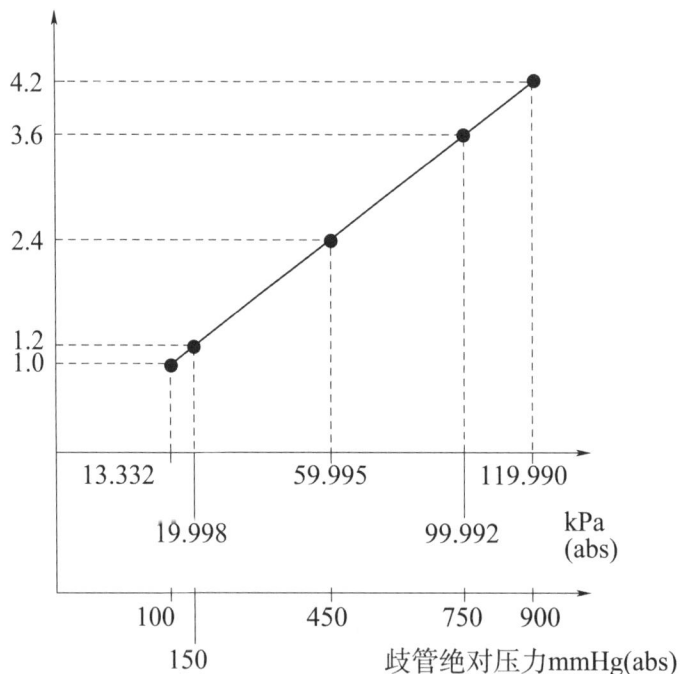

图 2-45　进气压力传感器的输出信号

三、节气门位置及加速踏板位置传感器检测

(一)节气门位置传感器检测

节气门位置传感器用来判别节气门的开度及其变化,从而对喷油量、点火提前角、怠速转速等进行修正控制,例如:怠速控制、加速加浓、大负荷加浓、强制怠

速断油控制等。在装备电控自动变速器的汽车上,节气门位置传感器信号还是控制变速器换挡时机和变矩器锁止时机的主要信号之一。该传感器发生故障时,发动机会出现怠速不稳、加速不良、大负荷功率不足等问题,电控自动变速器也会出现换挡不良问题。

节气门位置传感器按结构大致可分为触点开关式、滑线电阻式、组合式和霍尔效应式四种。一般情况下,利用万用表检测节气门位置传感器电插头相应脚之间的电阻值,即可判断其故障。另外,还需要检测节气门位置传感器与 ECU 之间线路的连接情况。图 2-46 为丰田汽车组合式节气门位置传感器结构、电路及信号。

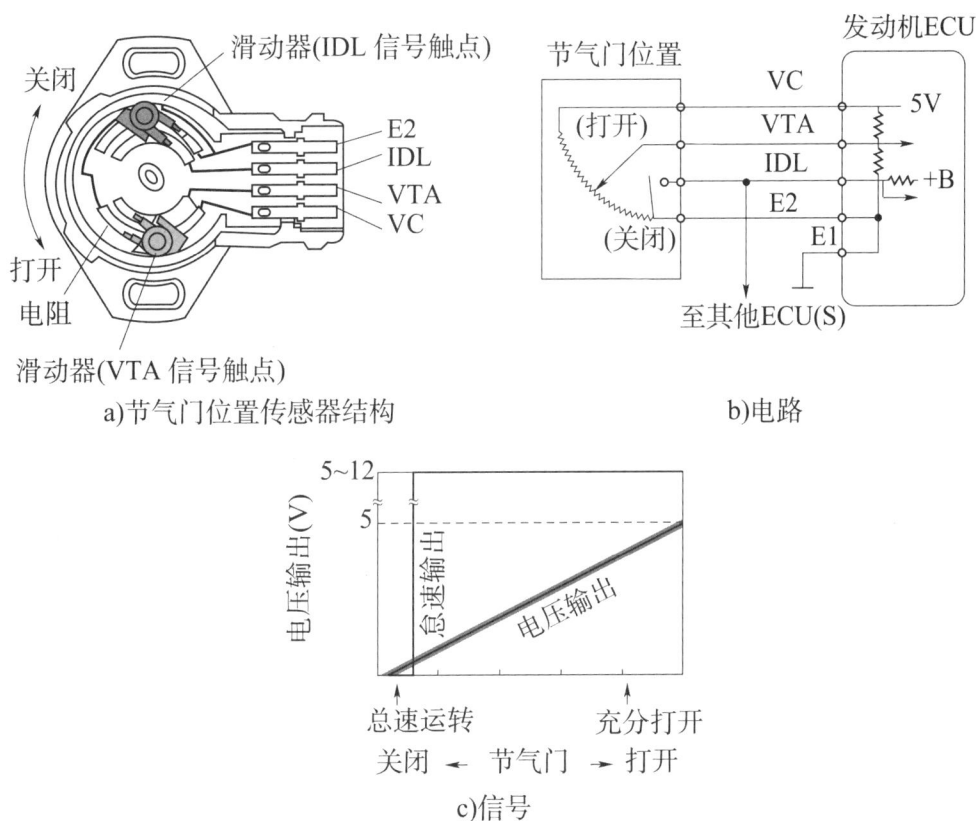

a)节气门位置传感器结构　　　　　　b)电路

c)信号

图 2-46　丰田汽车组合式节气门位置传感器结构、电路及信号

1.测量 ECU 提供给传感器的电源电压、怠速触点的信号参考电压和搭铁线的搭铁情况

拔下节气门位置传感器的线束插头,接通点火开关,用万用表直流电压挡测量线束侧插头中 VC 脚对地电压,应为 5V;测量线束侧插头中 IDL 脚对地电压,应为 5V(也有少数车为 12V)。否则,检查该插头与 ECU 之间的线路;线路正常

时,查 ECU 供电电源电路;ECU 供电电源电路也正常,则更换 ECU。

用万用表电阻挡测量线束侧插头中搭铁脚(E 脚)的对地电阻,阻值应小于 0.5Ω,否则,说明搭铁不良,应该检查该插头与 ECU 之间的线路;线路正常时,查 ECU 搭铁线;ECU 搭铁线也正常时更换 ECU。

2. 测量传感器中 IDL 触点情况

拔下传感器线束插头,用万用表电阻挡测量传感器插头中 IDL 脚与搭铁脚(E 脚)之间的电阻。

节气门关闭时:IDL 脚与 E 脚之间电阻值应小于 0.5Ω,如阻值过大,说明 IDL 触点烧蚀而接触不良,应予以修磨或更换传感器。

节气门打开时:IDL 脚与 E 脚之间的电阻值应为∞,否则,说明传感器内部有短路故障,应予以维修或更换。

3. 测量传感器中滑线电阻器的情况

拔下传感器线束插头,用万用表电阻挡测量传感器插头中 VC 脚与 E 脚之间的电阻,阻值应符合厂方的规定值,否则,更换传感器。

用万用表电阻挡测量传感器插头中 VTA 脚与搭铁脚或 VC 脚之间的电阻,阻值应随节气门开度的变化而连续变化(增大或减小),变化时不能有跳动或间断,否则,说明滑动触点有接触不良现象,应更换传感器。

(二)加速踏板位置传感器检测

加速踏板位置传感器(用于采用全电子节气门的发动机)一般安装在加速踏板总成内部,用来检测加速踏板的位置。发动机 ECU 利用该传感器的信号来控制全电子节气门的开度。

加速踏板位置传感器有两种:滑线电阻式和霍尔效应式。为了确保其工作的可靠性,此传感器往往有两个不同特性的输出信号。

提示:因在安装该传感器时需要极精密的位置调整,所以,不得拆下该传感器。当该传感器出现故障时,须更换加速踏板总成。

滑线电阻式加速踏板位置传感器如图 2-47 所示,其结构、工作原理及检测方法同滑线电阻式节气门位置传感器。以下仅以丰田卡罗拉 1ZR—FE 发动机为例,介绍霍尔效应式加速踏板位置传感器的检测方法,图 2-48 为其控制电路,其中有 VPA(主)、VPA2(副)两个传感器电路,其中 VPA 为加速踏板位置信号,并用于发动机控制,VPA2 用于故障监测,且为 VPA 发生故障时应急备用信号。

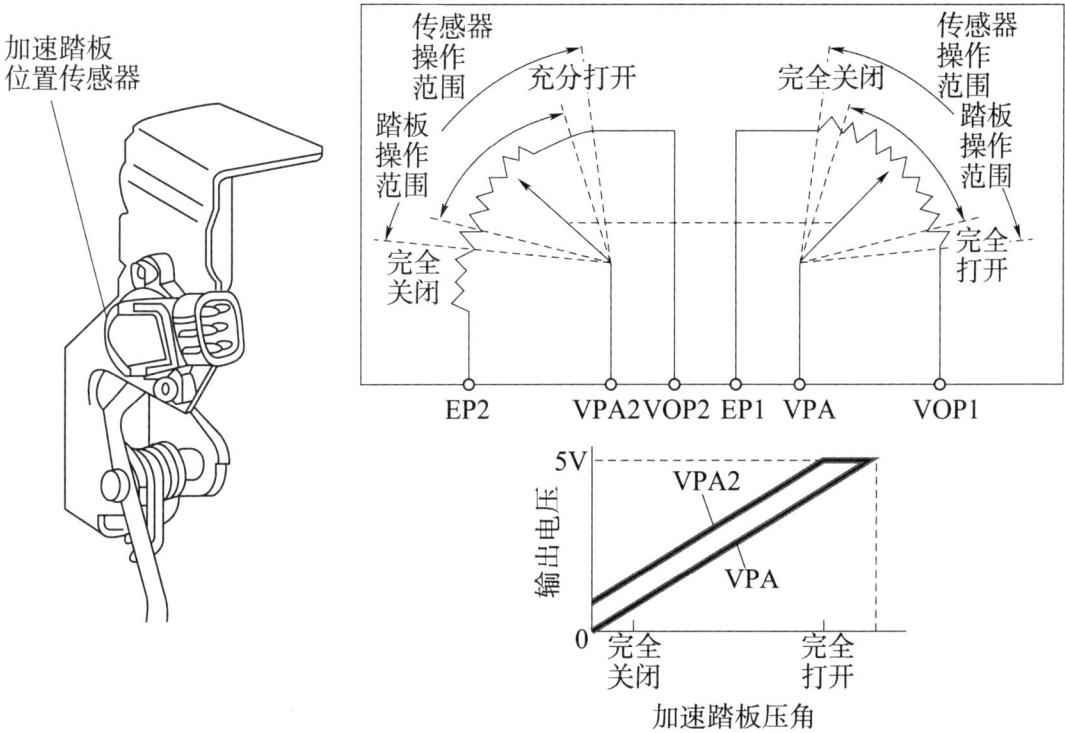

图 2-47　滑线电阻式加速踏板位置传感器

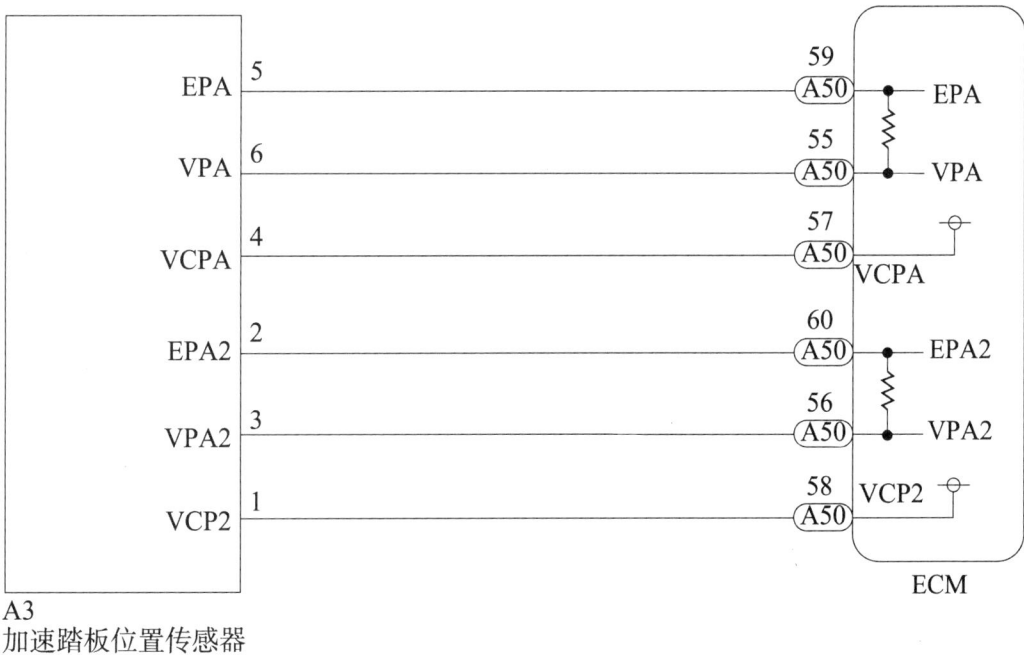

图 2-48　丰田卡罗拉 1ZR—FE 发动机加速踏板位置传感器控制电路

1. 读取加速踏板位置传感器数据

连接故障诊断仪,接通点火开关,踩下加速踏板,并读取加速踏板位置传感器数据,VPA 读数应该在 0.5 ~ 4.5V 之间连续变化;VPA2 读数应该在 2.6 ~ 5.0V 之间连续变化。

符合要求,则进入步骤5;不符合要求,则进行下一步。

2. 检查传感器的供电电压

拆下加速踏板位置传感器连接器(图2-49),接通点火开关,用万用表测线束 A3-4—A3-5、A3-1—A3-2 之间的电压,应为 4.5 ~ 5.5V,否则,进入步骤5。

3. 检查ECU的加速踏板位置传感器控制电路

用万用表测线束 A3-2—A3-3、A3-5—A3-6 之间的电阻,均应为 36.60 ~ 41.61Ω,正常,则更换加速踏板总成;异常,则继续下一步。

4. 检查线束及连接器

拆下 ECU 连接器(图2-50),用万用表测 A3-6—A50-55、A3-5—A50-59、A3-3—A50-56、A3-2—A50-60 之间的电阻,均应小于1Ω;测 A3-6 或 A50-55—车身搭铁、A3-5 或 A50-59—车身搭铁、A3-3 或 A50-56—车身搭铁、A3-2 或 A50-60—车身搭铁之间的电阻,均应大于10kΩ,否则,维修或更换线束或连接器。正常,则更换 ECU。

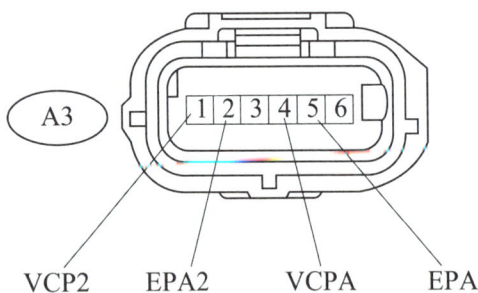

图2-49 加速踏板位置传感器连接器

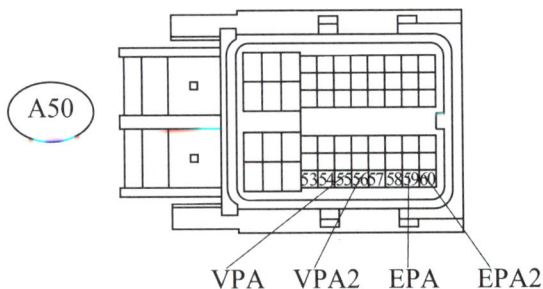

图2-50 ECU 线束侧连接器

5. 检查线束及连接器

拆下 ECU 连接器,用万用表测 A3-5—A50-59、A3-4—A50-57、A3-2—A50-60、A3-1—A50-58 之间的电阻,均应小于1Ω;测 A3-5 或 A50-59—车身搭铁、A3-4 或 A50-57—车身搭铁、A3-2 或 A50-60—车身搭铁、A3-1 或 A50-58—车身搭铁之间的电阻,均应大于10kΩ,否则维修或更换线束或连接器。正常,则更换 ECU。

四、冷却液温度与进气温度传感器检测

冷却液温度传感器一般安装在发动机水套或出水管上,用来检测发动机冷却液的温度,以实现某些特定的控制功能,例如:

(1)发动机冷起动时,提供特浓混合气,以确保顺利起动;

(2)冷却液温度较低时,适当提高发动机的怠速,并适当延迟点火,以缩短暖机时间,从而减少磨损,并提供较浓混合气,以维持发动机稳定运转;

(3)冷却液温度较低时,不允许自动变速器升入超速挡,以避免发动机在冷态下低速大负荷运转而造成过度磨损,同时也不允许锁止离合器结合,以便利用自动变速器油温使发动机快速升温;

(4)冷却液温度较高时,增大冷却风扇的转速;冷却液温度过高时,暂时停止空调的工作等。

可见,冷却液温度传感器信号除了影响发动机的工作状态外,还影响自动变速器、汽车空调等的工作状态,其故障往往会带来发动机起动、怠速、油耗、冷却及自动变速器换挡、空调制冷等诸多方面的问题。

进气温度传感器(ATS)一般安装在发动机进气管上,或与空气流量传感器制为一体,用来测量发动机的进气温度,ECU利用其信号除了可以将进气的体积流量换算为质量流量外,还可以实现某些特定的控制功能,例如:进气温度较低时,适当增大喷油量(因低温时汽油的蒸发性较差,不利于形成混合气),以确保发动机能够稳定运转(特别是怠速时)。

各种汽车上所用的冷却液温度、进气温度传感器的结构和工作原理都大同小异(图2-51),一般都采用了负温度系数(NTC)热敏电阻。因此,检查方法也基本相同,一般都可以用万用表直接测量其电阻随温度的变化情况,另外,还需要测量该传感器与ECU之间的线路连接情况。

下面仅以丰田卡罗拉1ZR—FE发动机冷却液温度传感器为例加以说明。

1.读取冷却液温度传感器数据

连接汽车故障诊断仪,接通点火开关,读取冷却液温度传感器数据,读数应与发动机的冷却液温度状态基本一致。

如果读数为-40℃,则说明传感器或其电路可能存在断路故障,进行传感器线束断路测试;

如果读数为140℃或以上,则说明传感器或其电路可能存在短路故障,进行传感器线束短路测试;

冷却液温度传感器

热敏电阻

a)冷却液温度传感器结构

进气温度传感器

进气温度传感器

气流

b)进气温度传感器工作原理

40
20
10
8
6
4

2

1
0.8
0.6
0.4

0.2

电阻(kΩ)

−20   0   20   40   60   80   100 120
(−4) (32) (68)(104)(140)(176)(212)(248)
温度℃(下)

c)冷却液温度传感器电阻与温度关系

发动机ECU

THM
(THA)

THM
(THA)   E2

E2

E1

5V

冷却液温度传感器
(进气温度传感器)

d)冷却液/进气温度传感器电路图

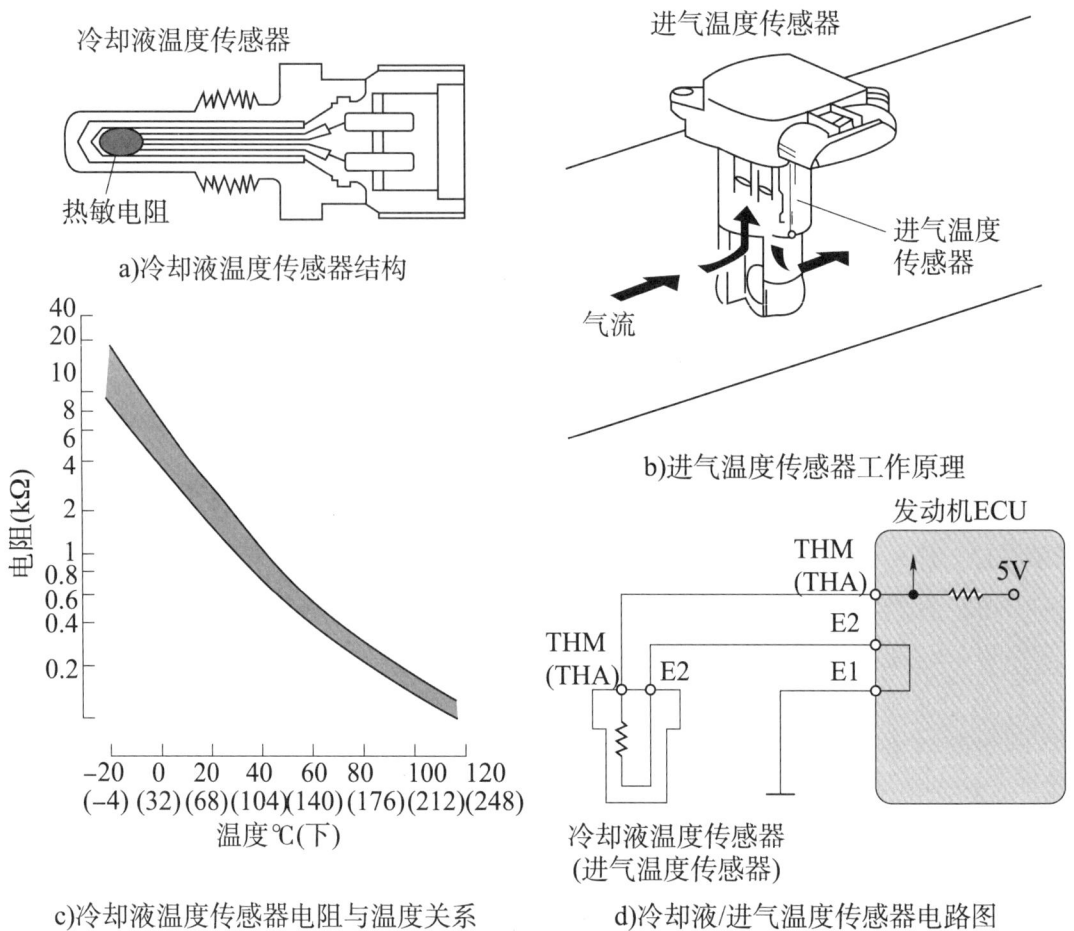

图 2-51　冷却液温度与进气温度传感器

如果读数在正常范围以内,则清除故障码,并再次读取故障码,如果故障码仍然出现,则更换 ECU。

当然,也可以对冷却液温度传感器进行人工检查:拆下冷却液温度传感器,将传感器和温度计放入烧杯或加热容器中,如图 2-52 所示,同时,用万用表测量传感器两个端子之间的电阻,并将电阻值与图 2-51 的电阻-温度特性进行比较,如果偏差较大,则更换传感器。

2. 传感器线束断路测试

检查冷却液温度传感器连接器,确认正常;断开冷却液温度传感器连接器,用跨接线短接传感器线束侧的两个端子,如图 2-53 所示,用汽车故障诊断仪重新读取冷却液温度数据,应为 140℃ 或以上。是,则更换冷却液温度传感器;不是,则继续下一步。

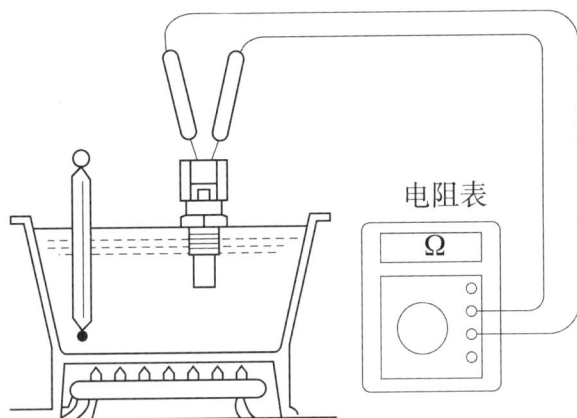

图 2-52　冷却液温度传感器的人工检查

3．传感器线束检查

断开 ECU 连接器（图 2-54），用万用表测 B3-2—B31-97（THW）、B3-1—B31-96（ETHW）之间的电阻，均应小于 1Ω。是，则更换 ECU；不是，则维修或更换线束或连接器。

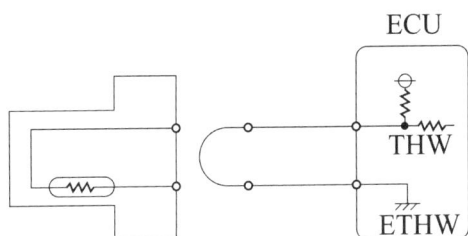

图 2-53　短接传感器线束侧的两个端子

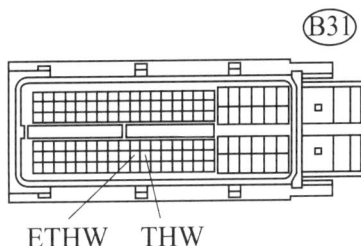

图 2-54　ECU 线束侧连接器

4．传感器线束短路测试

断开冷却液温度传感器连接器，用汽车故障诊断仪重新读取冷却液温度数据，应为 −40℃。是，则更换冷却液温度传感器；不是，则继续下一步。

5．传感器线束检查

断开 ECU 连接器，用万用表测 B3-2 或 B31-97（THW）—车身搭铁之间的电阻，应大于 10kΩ。是，则更换 ECU；不是，则维修或更换线束或连接器。

五、爆震传感器检测

爆震传感器装在发动机缸体或缸盖上（图 2-55），用来检测爆震现象的发生情况，从而对点火正时进行闭环控制。

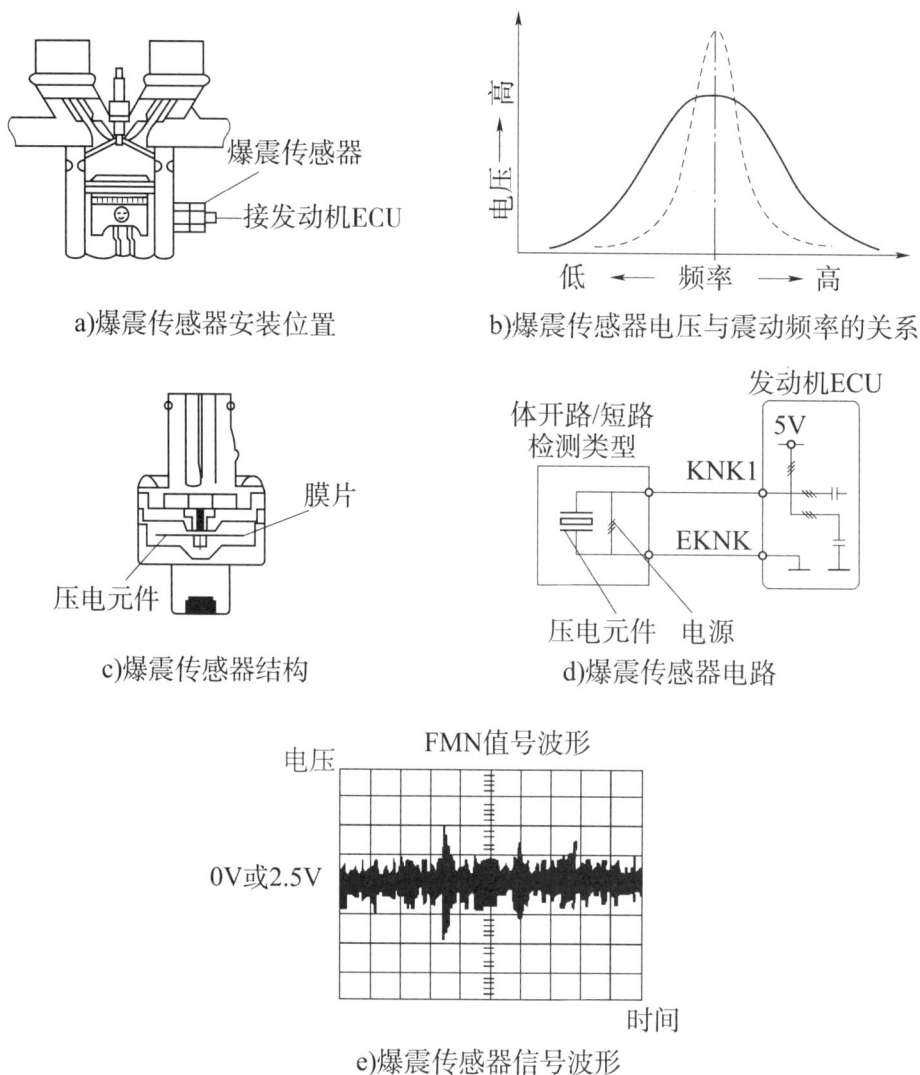

a)爆震传感器安装位置

b)爆震传感器电压与震动频率的关系

c)爆震传感器结构

d)爆震传感器电路

e)爆震传感器信号波形

图2-55 爆震传感器安装位置、结构、电路及信号波形

该传感器发生故障时,为了保护发动机,ECU 内会在储存相应故障码的同时,将各缸的点火正时适当延迟(丰田车延迟8°;大众车延迟15°)。此时,发动机的动力性和经济性均会有所下降。

爆震传感器有压电式、磁致伸缩式等多种形式。以下仅以丰田卡罗拉1ZR—FE 发动机压电式爆震传感器为例加以说明。

1. 读取爆震传感器反馈数据

连接汽车故障诊断仪,起动发动机并暖机,踩下加速踏板,使发动机转速发生变化。同时,用汽车故障诊断仪读取爆震传感器的反馈数据,数据应该有所变化。否则,进行以下步骤。

2.检查 ECU 提供的 KNK1 电压

断开爆震传感器的连接器,爆震传感器线束侧连接器形状如图 2-56 所示;接通点火开关,用万用表测线束侧连接器 D1-2—D1-1 之间的电压,应为 4.5 ~ 5.5V;否则,进行爆震传感器与 ECU 之间的线路检查。

3.检查爆震传感器

拆下爆震传感器,用万用表测传感器两个端子之间的电阻,如图 2-57 所示,应为 120 ~ 280kΩ;否则,更换该传感器。

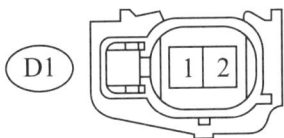

图 2-56　爆震传感器线束侧连接器形状　　　图 2-57　测爆震传感器的电阻

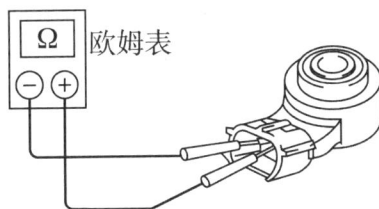

爆震传感器正常,但仍然出现故障码 P0327(爆震传感器输出电压低于 0.5V)或 P0328(爆震传感器输出电压高于 4.5V),则更换 ECU。

4.检查爆震传感器与 ECU 之间的线路

丰田卡罗拉 1ZR—FE 发动机爆震传感器电路如图 2-58 所示。

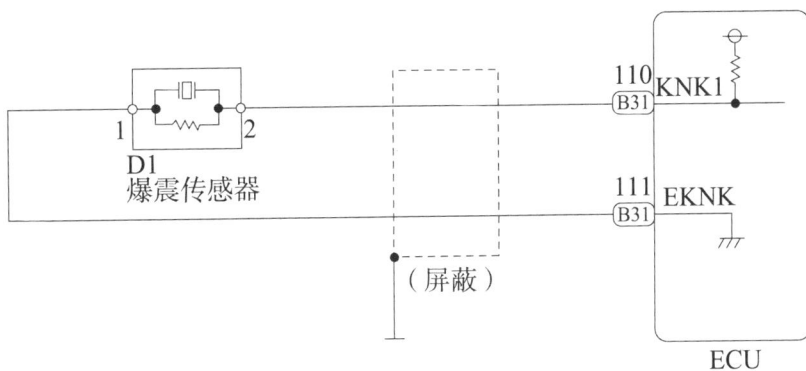

图 2-58　丰田卡罗拉 1ZR—FE 发动机爆震传感器电路

断开 ECU 连接器,用万用表测 D1-2—B31-110、D1-1—B31-111 之间的电阻,应小于 1Ω;测 D1-2 或 B31-110—车身搭铁、D1-1 或 B31-111—车身搭铁之间的电阻,应大于 10kΩ,否则,维修或更换线束或连接器。

在爆震传感器与 ECU 之间的线路正常的情况下,传感器线束连接器的 KNK1 端子仍然没有 4.5 ~ 5.5V 电压,则更换 ECU。

六、氧传感器检测

氧传感器装在发动机的排气管上(图 2-59),通过检测废气中残余氧气含量的方法来判断混合气的浓度,以便 ECU 对喷油量实施"闭环调节"。

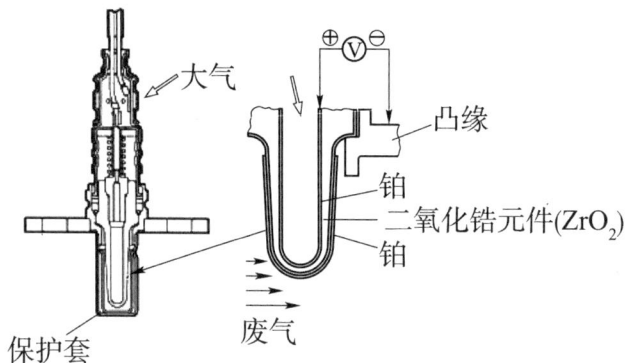

图 2-59　氧传感器

氧传感器故障时,该"闭环调节"功能失效,混合气浓度偏离理想值,从而造成发动机的性能恶化,此时,ECU 会储存相应的故障码,仪表板上的发动机故障灯也会点亮。

氧传感器一般根据电化学原理工作,有氧化锆(ZrO_2)式和氧化钛(TiO_2)式两种类型,其工作温度分别为 300℃以上和 600℃以上,氧化锆式又分为加热型与非加热型两种,氧化钛式一般都为加热型。

由于普通氧传感器只能工作于理论混合气附近,对于近年来出现的所谓"稀薄燃烧"发动机而言,这种氧传感器则无法满足工作要求,于是就出现了所谓的空燃比传感器(A/F 传感器),空燃比传感器特性及工作电路如图 2-60 所示,它在较宽的范围内均可产生几乎与混合气浓度成正比的电压信号。由于其工作原理的特殊性,该传感器的输出信号不能用万用表测量,需要使用汽车故障诊断仪,通过读取相关数据来判断其工作情况。

由于废气中的污物会附着在氧传感器的表面,导致氧传感器逐渐失效,此外,氧传感器线束连接器处用于防水的硅橡胶也会逐渐污染内侧电极。因此,氧传感器需要定期更换,更换周期一般为 8 万千米。另外,汽油中含铅时,催化剂铂也会中毒失效。因此,装有氧传感器的汽车禁止使用含铅汽油。

以下以丰田卡罗拉 1ZR—FE 发动机为例,说明普通氧传感器的检测方法,其控制电路如图 2-61 所示,其中 S1 为主氧传感器,S2 为副氧传感器。

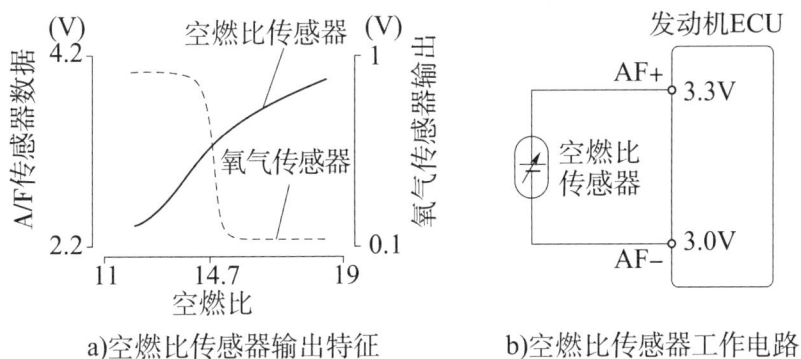

a)空燃比传感器输出特征　　　　b)空燃比传感器工作电路

图 2-60　空燃比传感器特性及工作电路

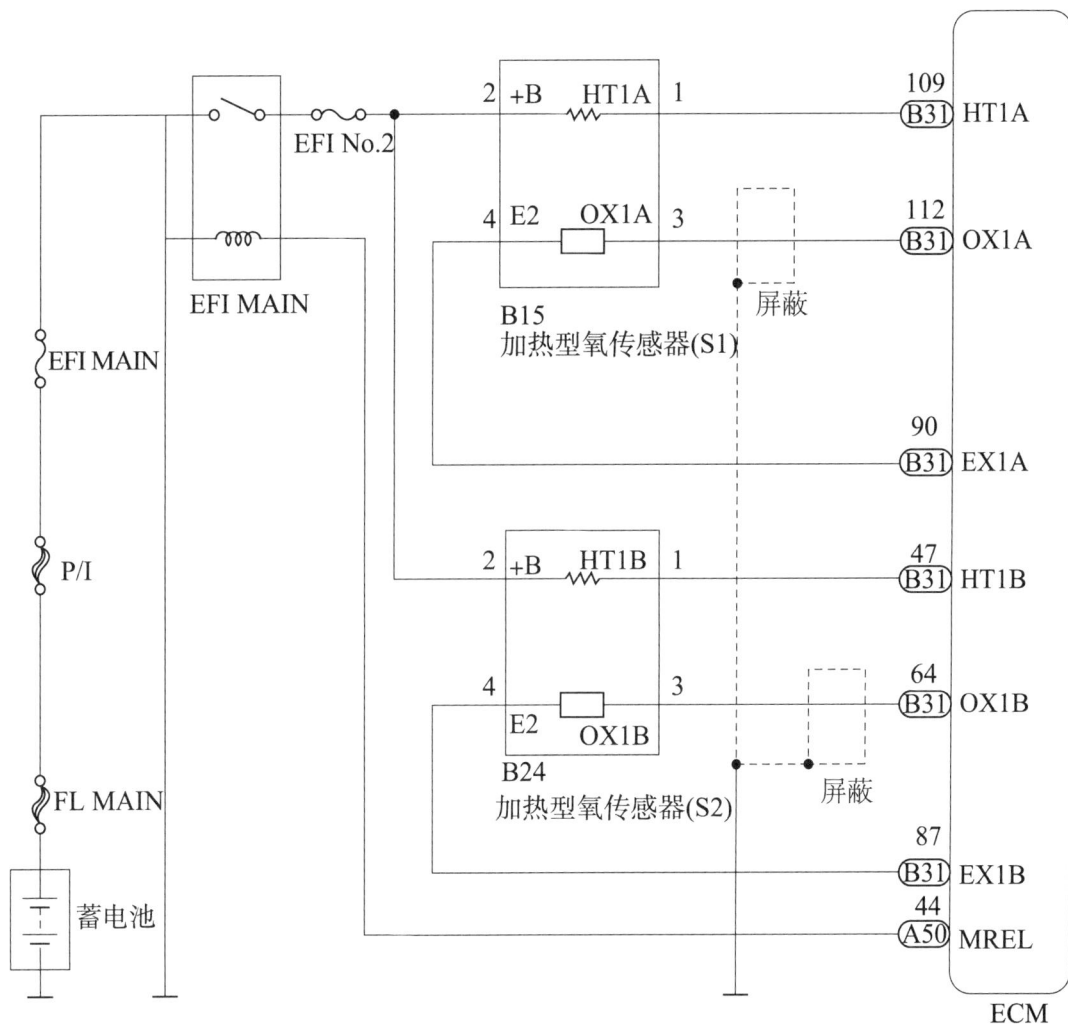

图 2-61　丰田卡罗拉轿车氧传感器控制电路

(一)氧传感器加热控制电路的检查

特别说明:当出现故障码 P0031(加热器电流小于 0.3A)、P0032(加热器电流大于 2A)时,需要检查主氧传感器加热控制电路;当出现故障码 P0037(加热器电流小于0.3A)、P0038(加热器电流大于2A)时,需要检查副氧传感器加热控制电路。两电路检查方法相同,以下为主氧传感器加热控制电路的检查步骤。

1. 检查加热器的电阻

断开主氧传感器的连接器(图 2-62),用万用表测量传感器连接器 B15-1—B15-2、B15-1—B15-4 之间的电阻,分别应该为 5.0 ~ 10.0Ω(20℃ 时)和大于 10kΩ,否则,更换传感器总成。

2. 检查加热器电源电压

接通点火开关,用万用表测主氧传感器线束侧连接器 B15-2—车身搭铁之间的电压,应为 9 ~ 14V,否则,检查 EFI No.2 熔断丝。

3. 检查加热器与 ECU 之间的线路

断开 ECU 连接器,用万用表测 B15-1—B31-109(HT1A)之间的电阻(图 2-63),应小于 1Ω;测 B15-1 或 B31-109—车身搭铁之间的电阻,应大于 10kΩ。

正常,则更换 ECU;不正常,则维修或更换线束或连接器。

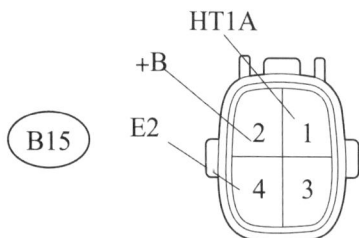

图 2-62　主氧传感器连接器　　　　图 2-63　ECU 线束侧连接器

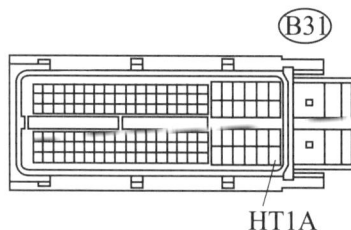

4. 检查 EFI No.2 熔断丝

从发动机舱继电器盒上拆下 EFI No.2 熔断丝(图 2-64),用万用表测量其电阻,应小于 1Ω。正常,则维修或更换线束或连接器;不正常,则更换该熔断丝。

(二)主氧传感器信号的检查

特别说明:当出现故障码 P0130(发动机暖机时氧传感器信号保持 0.4 ~

0.5V 不变）、P2195（发动机暖机时氧传感器信号保持0.5V 以下不变）、P2196（发动机暖机时氧传感器信号保持0.4V 以上不变)时,需要进行以下检查步骤(可能的故障或部位:主氧传感器线路、主氧传感器、EFI 继电器、进气系统、燃油压力、喷油器、ECU）。

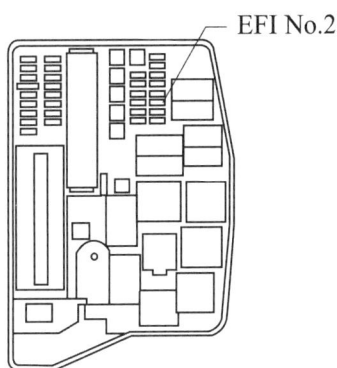

图 2-64　EFI No.2 熔断丝的位置

（1）检查是否存在其他故障码。

连接汽车故障诊断仪,接通点火开关,打开汽车故障诊断仪,读取故障码,看是否有其他故障码,有,则先排除其他故障码显示的故障。

（2）检查油箱燃油是否耗尽。

（3）再次读取故障码。

用汽车故障诊断仪清除故障码,按照图 2-65 起动并运行发动机,再次读取故障码,看是否仍然出现代码 P0130、P2195、P2196,是,则进行下一步。

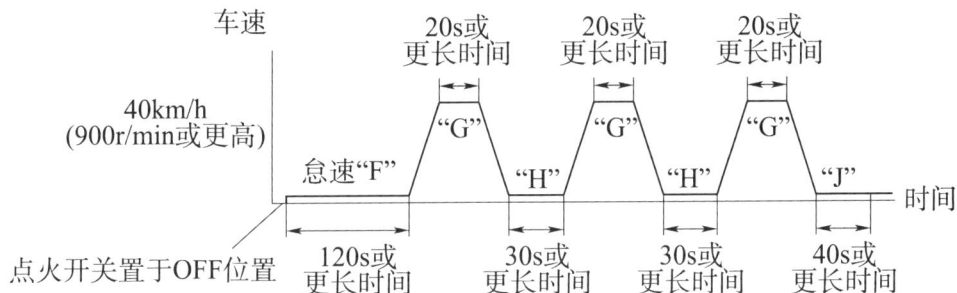

图 2-65　发动机运行试验程序

（4）读取主氧传感器数据。

起动发动机,并使发动机在 2500r/min 下运转 90s,然后怠速运转,用汽车故障诊断仪读取主氧传感器的电压值,正常值应为 0.4 ~ 0.5V,其他异常情况见图 2-66。正常,则进行下一步;异常,则进行主氧传感器加热电阻、电源加热器与ECU 之间的线路检查。

（5）更换主氧传感器。

（6）再次进行按照图 2-65 起动并运行发动机。

（7）再次读取故障码。

用汽车故障诊断仪读取故障码,如果再次出现故障码 P0130、P2195、P2196,则更换 ECU。

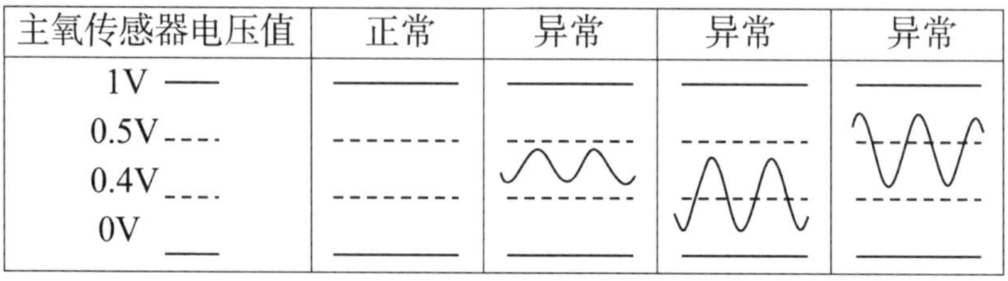

主氧传感器电压值	正常	异常	异常	异常
1V ——				
0.5V ----				
0.4V ----				
0V ——				

图2-66　主氧传感器的读数情况

（8）检查主氧传感器加热器电阻、电源、加热器与 ECU 之间的线路,异常,则维修或更换。

（9）检查发动机的进气系统是否有泄漏。

（10）检查燃油压力、喷油器总成。

以上全部正常,则更换主氧传感器,再次按照图 2-65 起动并运行发动机,读取故障码,仍然出现故障码 P0130、P2195、P2196,则更换 ECU。

课题六　电控发动机点火系统故障诊断

一、点火系统类型与基本结构

1. 类型

点火系统类型有两种:无分电器 ECU 控制点火系统和有分电器点火系统。

现代汽车广泛采用无分电器 ECU 控制点火系统,该系统又称为直接点火系统,如图 2-67 所示。有分电器点火系统已经很少使用,这里不再介绍。直接点火系统中 ECU 不仅要控制点火正时,还要控制点火顺序。由于该系统中没有任何可运动的机械部件,因而不会产生机械运动磨损方面的故障。

2. 基本结构

根据生产厂家及车型的不同,直接点火系统点火方式有两种:各缸独立点火式与双缸同时点火式,两种点火方式的结构如图 2-68 所示。各缸独立点火式适用于任意汽缸的发动机,其点火器及点火线圈的数量等于汽缸数量;双缸同时点火式仅仅适用于汽缸数量为偶数的发动机,其点火器及点火线圈的数量等于汽缸数量的一半。

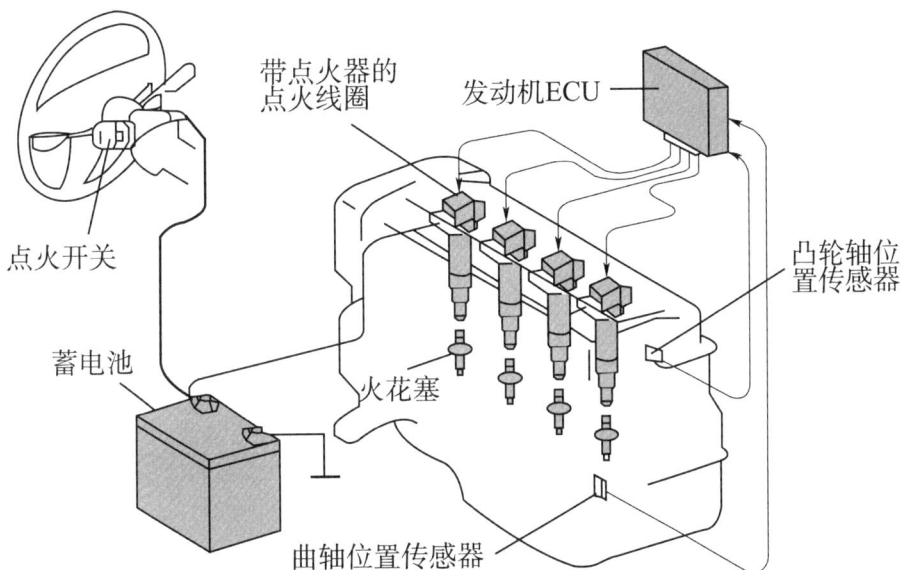

图 2-67　直接点火系统的组成

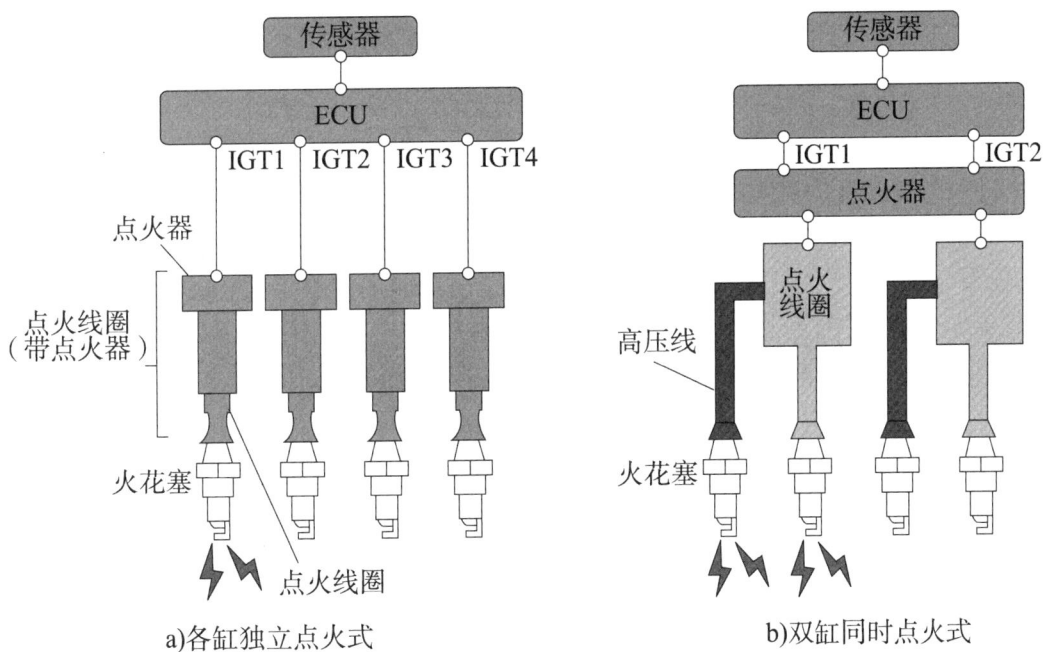

图 2-68　各缸独立点火式与双缸同时点火式的结构图

a)各缸独立点火式

b)双缸同时点火式

（1）各缸独立点火式

各缸独立点火式中，每个火花塞都单独配置一个点火线圈，其基本控制电路如图 2-69 所示。该电路中，点火器与点火线圈制为一体，如图 2-70 所示。该点火系统各元件在汽车上的布置如图 2-71 所示。有些车型上，点火器则单独设置，依靠相关线路与各点火线圈及 ECU 等相连，如图 2-72 所示。

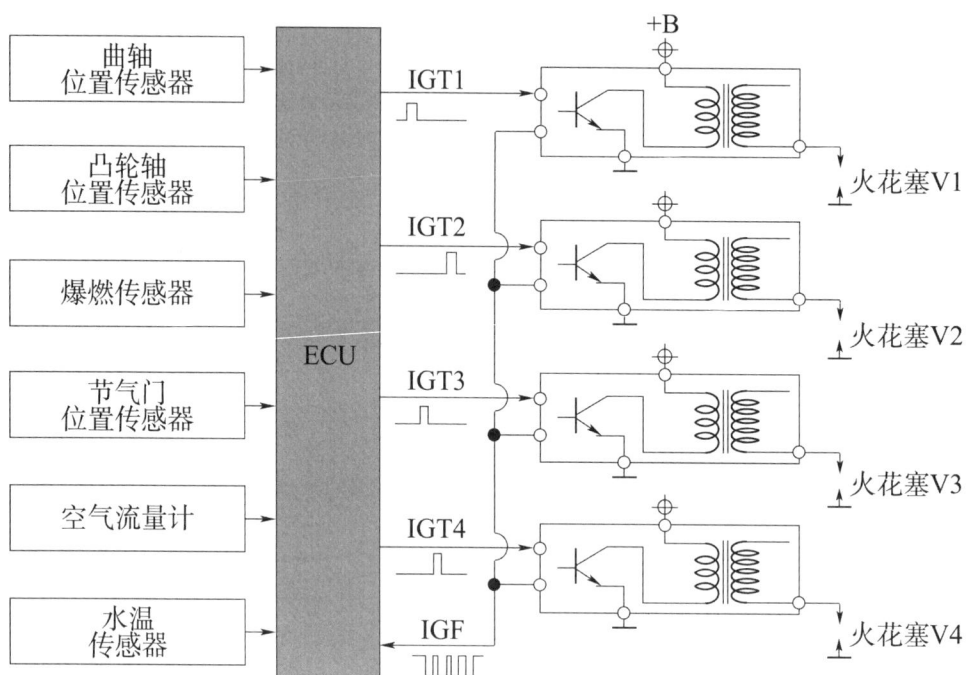

图 2-69　各缸独立点火式系统电路图

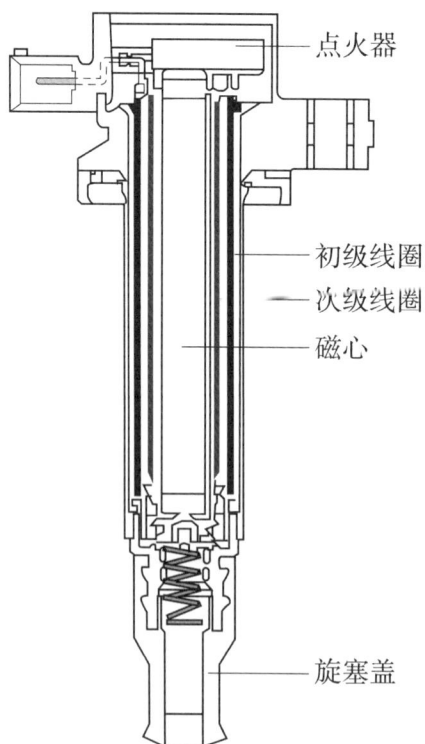

图 2-70　各缸独立点火式点火器—点火线圈组件

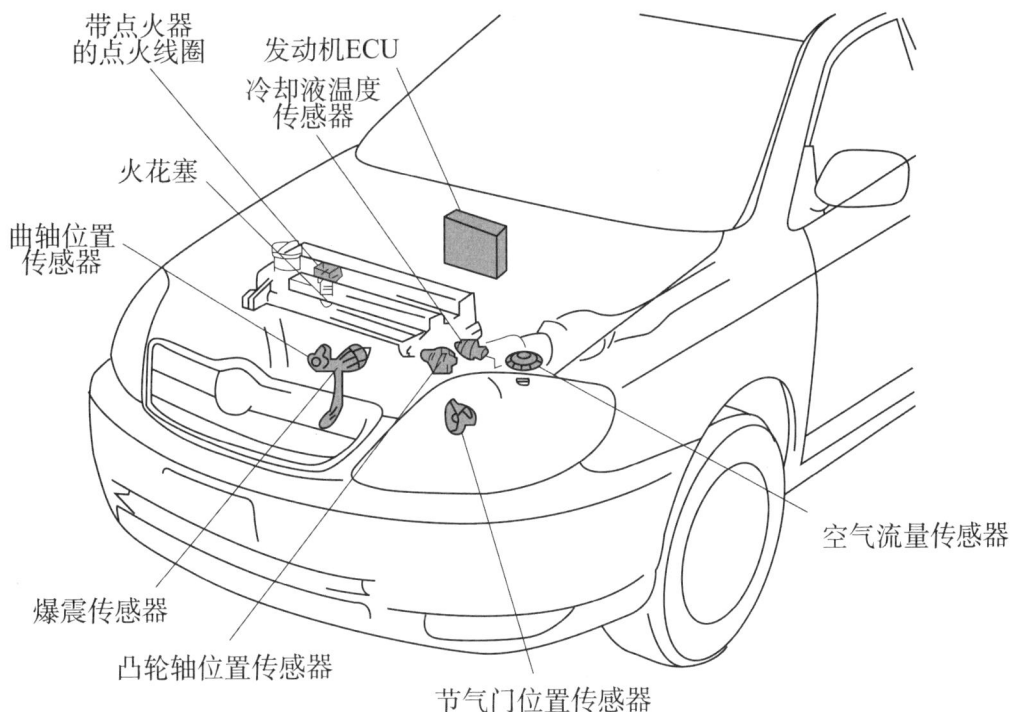

图 2-71　各缸独立点火式系统各元件在汽车上的布置

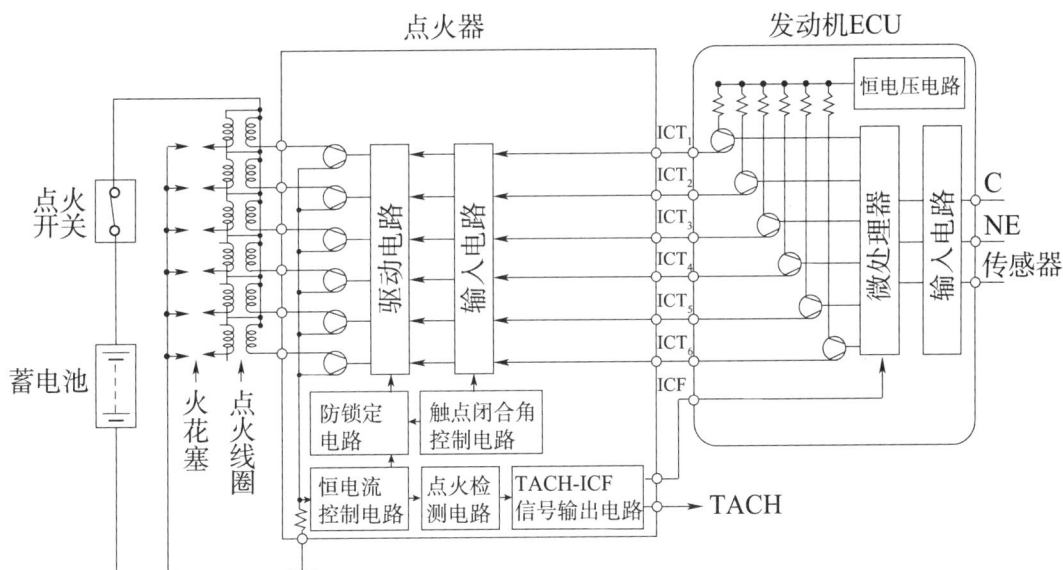

图 2-72　各缸独立式点火系统电路(点火器单独设置)

（2）双缸同时点火式

双缸同时点火是指对同时到达上止点的两个汽缸实施同时点火。其中,必然有一个缸为压缩上止点,其点火为有效火,另一个缸为排气上止点,其点火为无效火(或称废火)。该点火系统有点火线圈配电和二极管配电两种方式。

图 2-73 所示为丰田公司直列六缸发动机点火线圈配电双缸同时点火系统。其同时点火的汽缸分别为:1 缸和 6 缸、2 缸和 5 缸、3 缸和 4 缸,其控制电路如图 2-74 所示。高压电路中一般串联有高压二极管,目的是防止初级电路接通时次级线圈所产生的感应电动势(1000 ~ 2000V)引起误点火。三菱汽车四缸发动机专用的双缸同时点火式点火器—点火线圈组件如图 2-75 所示。

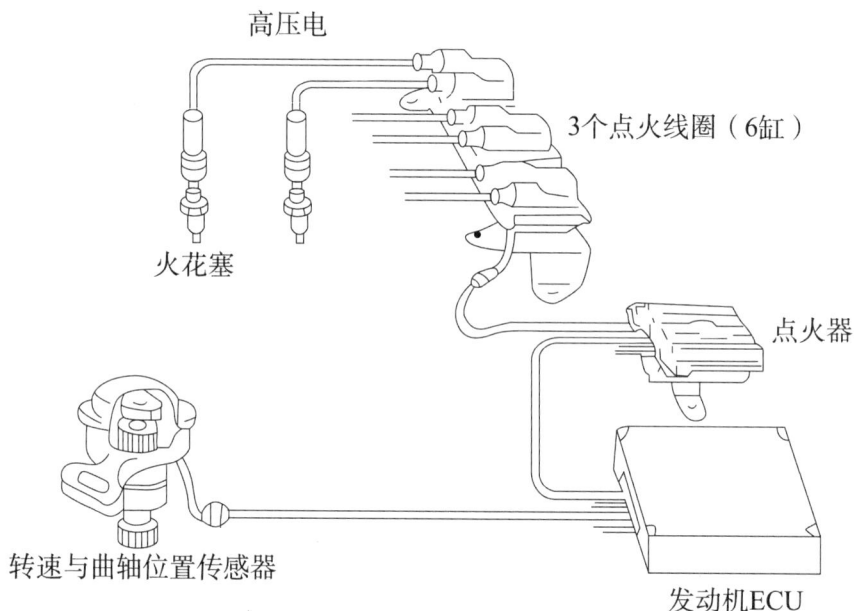

图 2-73　丰田公司直列六缸发动机点火线圈配电双缸同时点火系统

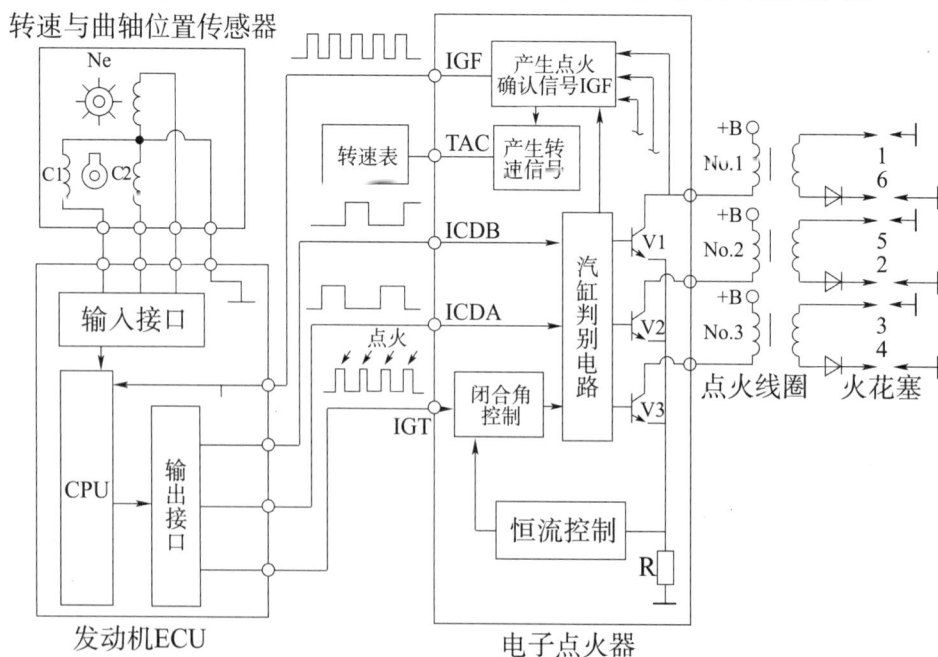

图 2-74　丰田公司直列六缸发动机点火线圈配电双缸同时点火系统电路图

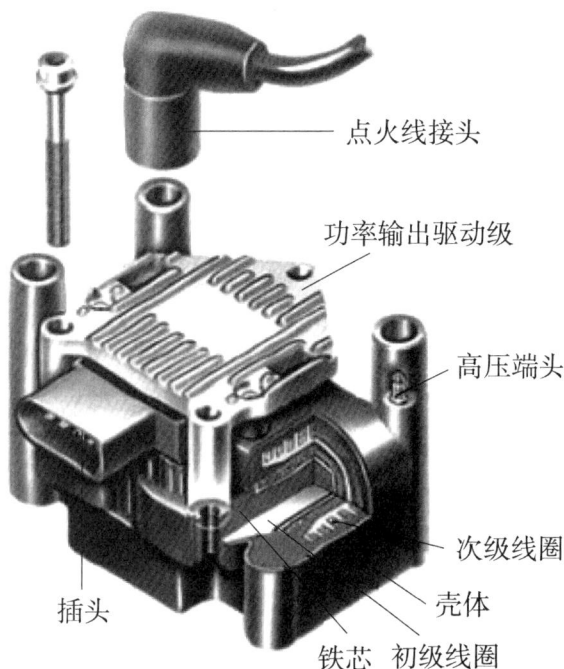

点火线接头

功率输出驱动级

高压端头

次级线圈

壳体

插头

铁芯 初级线圈

图 2-75 双缸同时点火式点火器—点火线圈组件

二极管配电所用点火线圈外形及基本电路如图 2-76 所示。

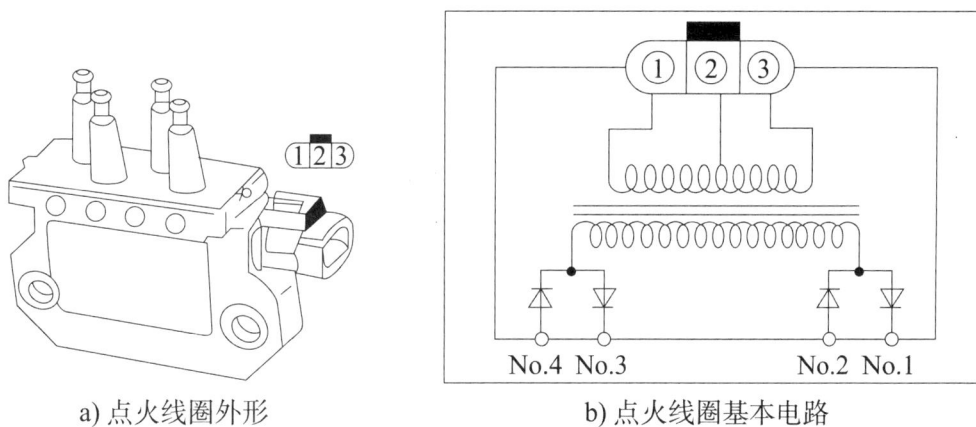

a) 点火线圈外形

b) 点火线圈基本电路

图 2-76 二极管配电用点火线圈及基本电路

二、点火系统故障诊断

点火系统常见的故障有点火中断、点火缺失等,出现这些故障,往往会造成发动机不能运转或运转不良。

以下以丰田卡罗拉 1ZR—FE 发动机为例,说明各缸独立点火式点火系统的故障诊断步骤。其系统构成如图 2-77 所示,控制电路如图 2-78 所示。

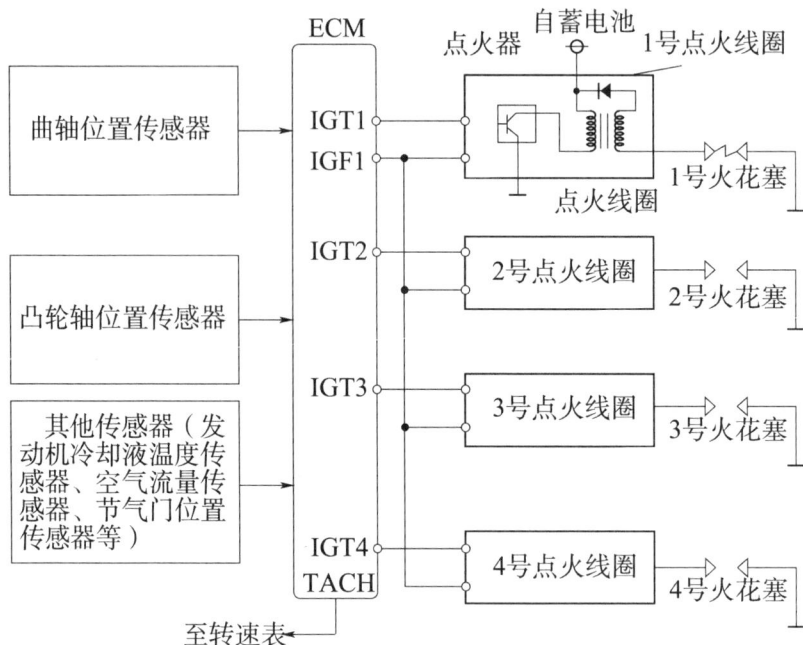

图 2-77　丰田卡罗拉 1ZR—FE 发动机点火系统构成

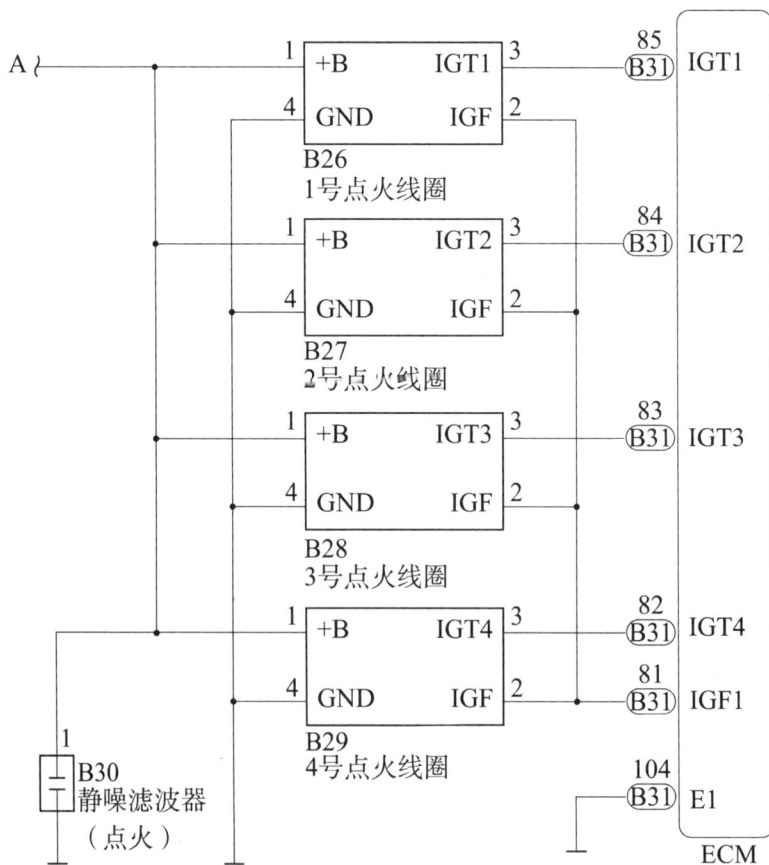

图 2-78　丰田卡罗拉 1ZR—FE 发动机点火系统控制电路

1.步骤一：检查点火线圈总成的供电电压

断开某点火线圈总成连接器，线束侧连接器各端子如图 2-79 所示，接通点火开关，用万用表测端子 1(+B)—端子 4(GND)之间电压，应为 9~14V，否则进入步骤四。

2.步骤二：检查点火线圈总成 IGF 信号线路

断开 ECU 连接器，ECU 线束侧连接器如图 2-80 所示。参见图 2-78，用万用表测点火线圈线束侧连接器端子 2 与 ECU 端子 81 之间的电阻，应小于 1Ω；测端子 2 或 ECU 端子 81—车身搭铁之间的电阻，应大于 10kΩ。不符合要求，则维修或更换线束或连接器。

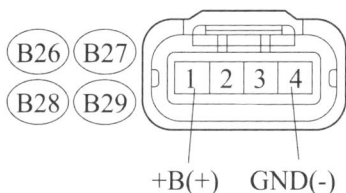

图 2-79　点火线圈总成线束侧连接器

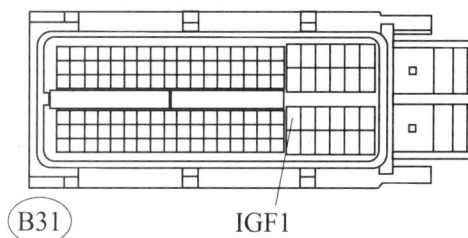

图 2-80　ECU 线束侧连接器

3.步骤三：检查点火线圈总成 IGT 信号线路

参见图 2-78，用万用表测点火线圈线束侧连接器端子 3 与 ECU 端子 82(或 83、84、85)之间的电阻，应小于 1Ω；测端子 2 或 ECU 端子 82(或 83、84、85)—车身搭铁之间的电阻，应大于 10kΩ。不符合要求，则维修或更换线束或连接器。

4.步骤四：检查点火线圈总成搭铁电路

用万用表测点火线圈线束侧连接器端子 4 与车身搭铁之间的电阻，应小于 1Ω，否则，维修或更换线束或连接器。

5.步骤五：检查点火线圈总成电源线路

点火线圈总成电源电路如图 2-81 所示。

从发动机舱继电器盒上拆下 IG2 继电器(集成继电器)(图 2-82)，断开继电器连接器。用万用表测点火线圈线束侧连接器端子 1 与 1A-4 之间的电阻，应小于 1Ω；测端子 1 或 1A-4—车身搭铁之间的电阻，应大于 10kΩ。不符合要求，则维修或更换线束或连接器。

6.步骤六：检查 ECU 电源及搭铁电路(略)

ECU 电源及搭铁电路不正常，则根据情况进行维修；电源及搭铁电路正常，则更换 ECU。

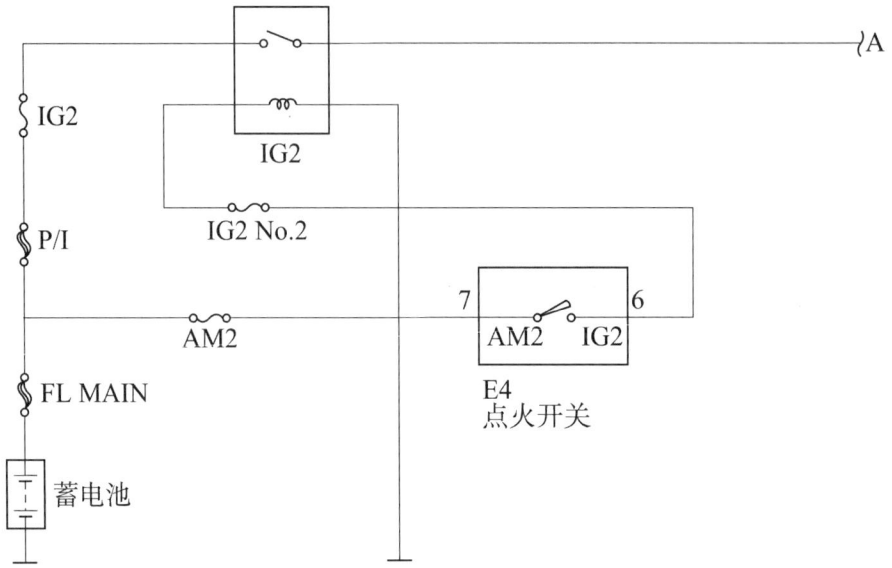

图 2-81　丰田卡罗拉 1ZR—FE 发动机点火线圈电源电路

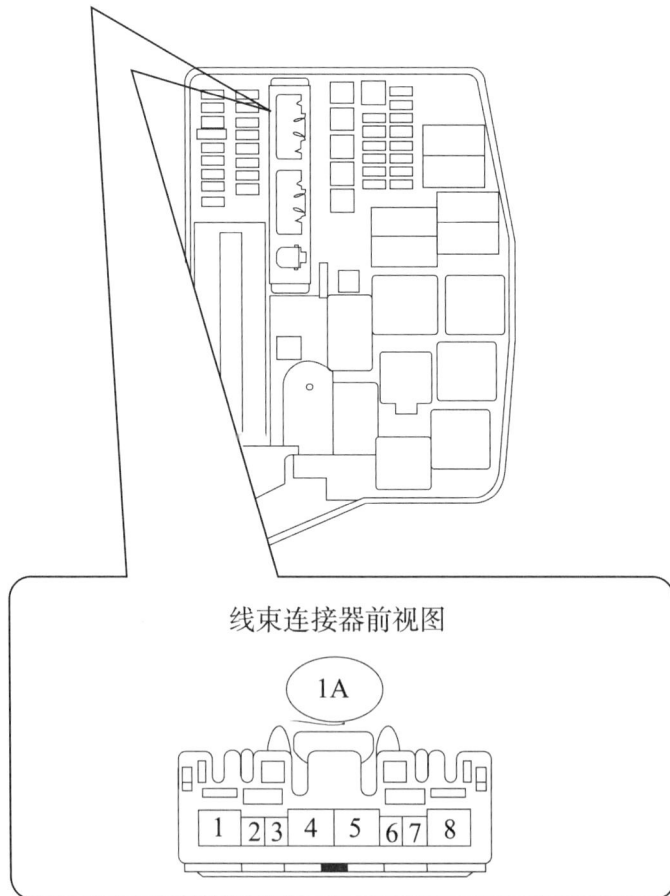

线束连接器前视图

1A

图 2-82　IG2 继电器(集成继电器)连接器

7.步骤七:检查火花塞

(1)检查火花塞是否存在裂纹、电极污染、电极受损等情况,如有,应予以清洁或更换。

(2)检查火花塞间隙:正常间隙应为 0.9～1.1mm。间隙不当,则进行调整(常规型火花塞)或更换(白金或铱金火花塞)。

注意:火花塞的型号应符合维修手册的规定。如果火花塞热值不适宜,可能会造成火花塞电极积炭或熔化。

课题七　柴油发动机燃油供给系统故障诊断与排除

柴油发动机故障主要与压缩终了时的汽缸压力、缸内温度、喷油量及雾化质量、喷油正时等有关。因燃油供给系统故障引起的常见故障,按其外部症状不同可分为难以起动、动力不足、怠速、转速不稳、飞车、工作粗暴等。因各种机型的结构特点不同,故障原因也有所差别。

柴油发动机常见的燃油供给系统有机械式和电控共轨式两大类。

一、机械式燃油供给系统故障诊断与排除

常见的机械式燃油供给系统有分配式喷油泵燃油供给系统和柱塞式喷油泵燃油供给系统两种,如图 2-83、图 2-84 所示。

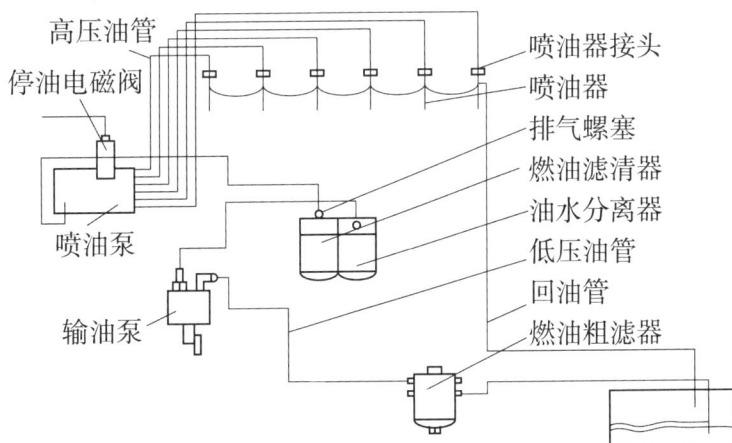

a)燃油供给系统油路图

图 2-83

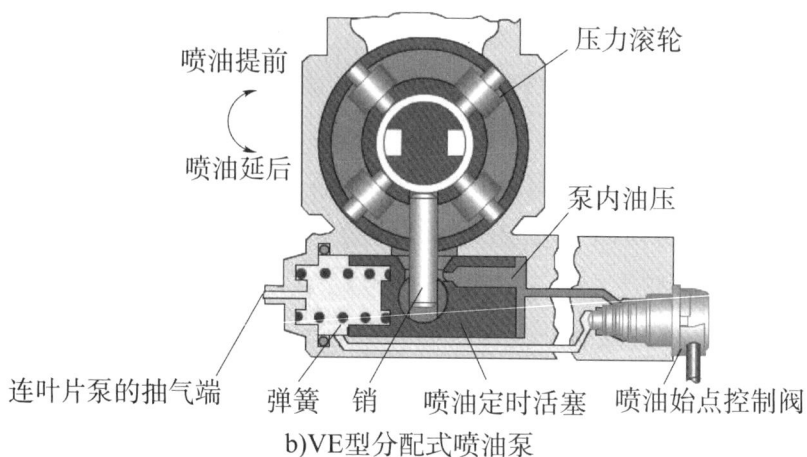

b)VE型分配式喷油泵

图 2-83　分配式喷油泵燃油供给系统

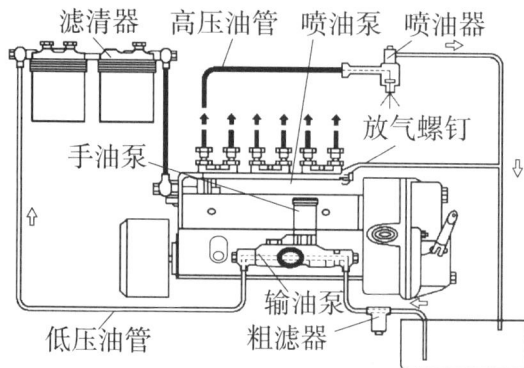

a)燃油供给系统油路图

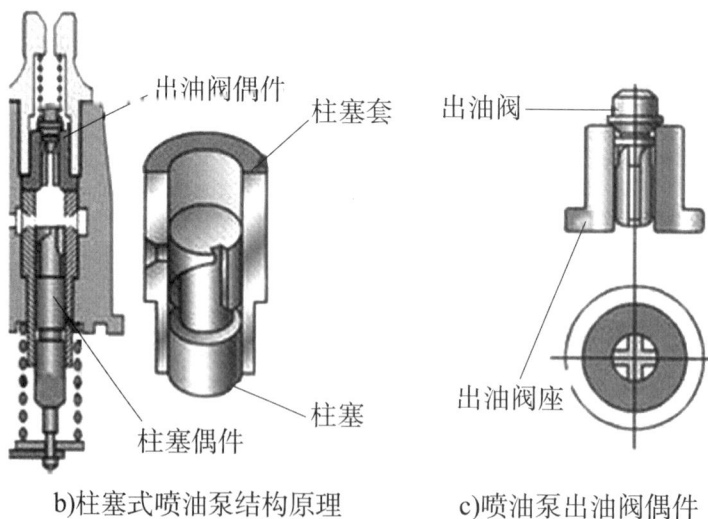

b)柱塞式喷油泵结构原理　　　　c)喷油泵出油阀偶件

图 2-84　柱塞式喷油泵燃油供给系统

(一)发动机难以起动

柴油发动机难以起动,其故障现象可分为起动时排气管不排烟、排白烟和排黑烟三种。

1.起动时排气管不排烟

1)故障现象

起动时,起动机能带动发动机正常转动,但不能着火,排气管不排烟。

2)故障原因

(1)油箱开关未打开或油箱盖通气阀失灵。

(2)油箱内存油量不足或无油。

(3)油箱至输油泵间油管破裂、漏油或堵塞。

(4)输油泵故障。

(5)燃油滤清器滤芯、输油泵滤网堵塞。

(6)油量调节齿杆卡死在停油位置。

(7)出油阀座与柱塞套大端面接合处密封不良。

(8)出油阀压紧座松动、密封垫损坏。

(9)溢流阀关闭不严(分配式喷油泵)。

(10)停油电磁阀关闭(分配式喷油泵)。

3)故障诊断与排除

(1)旋松放气螺钉,手动泵油,若放气螺钉处没有油溢出,说明故障在低压油路。

①检查油箱存油量是否充足。检查油箱开关是否已打开,燃油箱盖通气阀是否畅通。

②检查油箱至输油泵间油管有无破裂、漏油。

③手动泵油。

在泵油的过程中,若没有压、吸油感,则故障应为手动泵油装置损坏,应更换。

在泵油过程中,若有明显的压油感,但无油溢出,则故障为输油泵进油接头至油箱之间严重堵塞。

在泵油过程中,若有明显的吸油感,但只有空气溢出,或带有少许油泡,则故障为油箱中存油不足或油管严重漏气。

④拆下输油泵进油管接头,关闭油箱开关,往油箱方向吹气,依次用肥皂水

抹上各油管接头,若有气泡,说明油管接头漏气。

⑤拆下输油泵按图 2-85 所示检测油泵的吸油能力、供油压力、供油量、密封性等工作性能,若油泵性能较差,应更换。

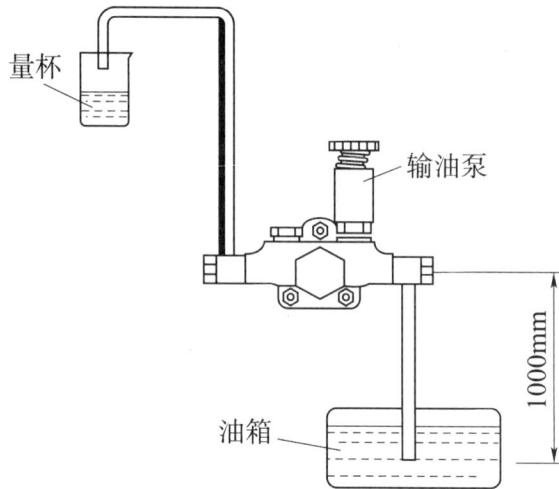

图 2-85 柱塞式输油泵测试方法

⑥对于分配式喷油泵燃油系统,应拆下燃油细滤器进油管接头,接上燃油压力表,接通起动开关使输油泵工作,检测油泵出油压力(大于 21kPa)及封闭压力(40~50kPa),如果压力过低或无压力,应更换输油泵。

(2)若放气螺钉处有大量燃油冒出,拧紧放气螺钉后将高压油管接头拧松,起动发动机,观察高压油管接头处是否有油喷出。若高压油管接头处无油喷出,说明故障在高压油路。

①检查喷油泵各连接机构工作是否可靠。

②拆下高压油管接头,手动泵油,检查出油阀密封性能是否良好。

③检查油量调节齿杆是否卡在停油位置。

④将齿杆置于最大供油位置,用螺丝刀撬动喷油泵柱塞弹簧座,做喷油动作,检查高压油路中是否有空气。当柴油从出油阀喷出不带有气泡时,旋紧高压油管,再撬动几次,使喷油器喷油。

⑤对于分配式喷油泵燃油供给系统高压油路,应检查停油电磁阀是否工作。打开点火开关,同时仔细倾听电磁阀是否发出“哒”的响声。如果听不到,拔下电磁阀导线,用万用表测量停油电磁阀电阻,如图 2-86 所示。如果电阻正常,将点火开关打开,测量电磁阀导线电压(标准值为 24V),或用电流表测量电磁阀导线过电电流,如图 2-87 所示。如果导线无电压或电流很小,说明电磁阀线路故障。

打开点火开关时观察燃油表是否正常,如燃油箱中有油而燃油表指示无油位置,则应检查点火继电器、点火开关是否正常。当确认电磁阀损坏后,应更换。应急时,可将电磁阀拆下,取出柱塞阀和弹簧,再装上电磁阀并使油道常通,但此时不能再接电磁阀的电源。

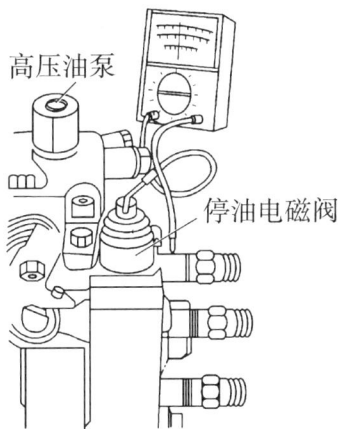

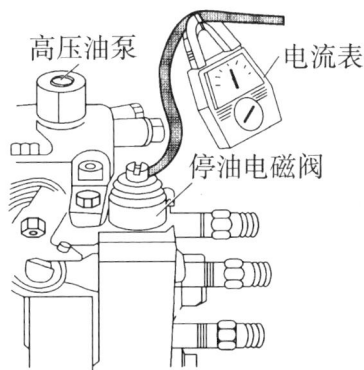

图2-86　用万用表检测停油电磁阀电阻　图2-87　用电流表检测电磁阀导线过电电流

2.起动时排气管排白烟

1)故障现象

起动时,起动机能带动发动机正常运转,但不能着火,排气管排白烟。

2)故障原因

(1)汽缸压缩压力太低。

(2)冷起动装置不工作或发动机起动温度过低。

(3)燃油中含有过多的水分或冷却液进入汽缸。

(4)喷油时刻太迟。

3)故障诊断与排除

(1)打开散热器盖,起动发动机,并观察是否有大量气泡从散热器上部冒出。若有,说明汽缸垫冲坏或缸体、缸盖有裂纹,进气行程时冷却液被吸入汽缸。

(2)若无气泡冒出,旋松低压油管接头,并用小托盘接油,手动泵油,检查放出的燃油中是否有水。如果燃油中有水珠,说明燃油箱内有水,应从燃油箱底部放油螺塞处将燃油箱内的水及杂物放尽,更换柴油滤清器滤芯。

(3)检查低温起动预热装置工作是否正常。若发现预热装置不能工作,应进行检修或更换新件。

(4)若在起动发动机时稍将加速踏板再踩下一点,发动机就能顺利起动,则故障为起动油量不足或怠速调整过低,应对喷油泵重新进行调整。

(5)将喷油正时稍稍提前,再起动发动机,若能起动且排气烟色有所好转,说明喷油时刻太迟,应调整喷油正时。若起动后仍然排出大量白烟,加速时白烟量更大,则应检查喷油泵出油压力是否过低、喷油雾化是否不良或汽缸压力过低。

(6)若汽缸压力不足,应检查增压器工作是否正常,增压器轴是否卡滞、气门间隙是否过小或过大等,必要时,加以调整或检修。

3.起动时排气管排黑烟

1)故障现象

起动时,起动机能带动发动机正常运转,但不能着火,排气管排黑烟。

2)故障原因

(1)喷油时间过早。

(2)燃油质量低劣或受污染。

(3)空气滤清器及进气道堵塞。

(4)喷油泵柱塞、挺杆、凸轮磨损过量。

(5)喷油泵联轴器固定螺栓松动。

(6)调速器调整不当。

(7)喷油器针阀黏滞不能关闭或针阀与阀座间有泄漏。

(8)喷油器压力弹簧调整螺钉松动,使喷油压力过低。

(9)个别缸不工作或工作不良。

(10)汽缸压力过低。

3)故障诊断与排除

(1)检查空气滤清器及进气管道是否畅通,视情况加以修复或更换。

(2)若柴油机伴有敲击声并排黑烟,表明喷油时间过早,则应检查喷油泵联轴器螺栓是否松动,键与键槽是否松旷、连接从动盘是否错位。

(3)拆下喷油器,在校验台上试验如图 2-88 所示。其喷油压力、喷雾锥角及射程等应符合标准。

(4)若以上检查均正常,应检测汽缸压力。若汽缸压力过低,应检修发动机。

(5)拆下喷油泵,检查柱塞、挺杆、凸轮是否磨损过量,必要时进行维修,并在油泵试验台上调整喷油泵。

(二)动力不足

动力不足是指柴油发动机达不到其额定功率和最高转速,其故障现象主要有发动机运转均匀,但转速提不高,排烟少;发动机运转不均匀,排白烟;发动机运转不均匀,排黑烟;发动机"游车"。

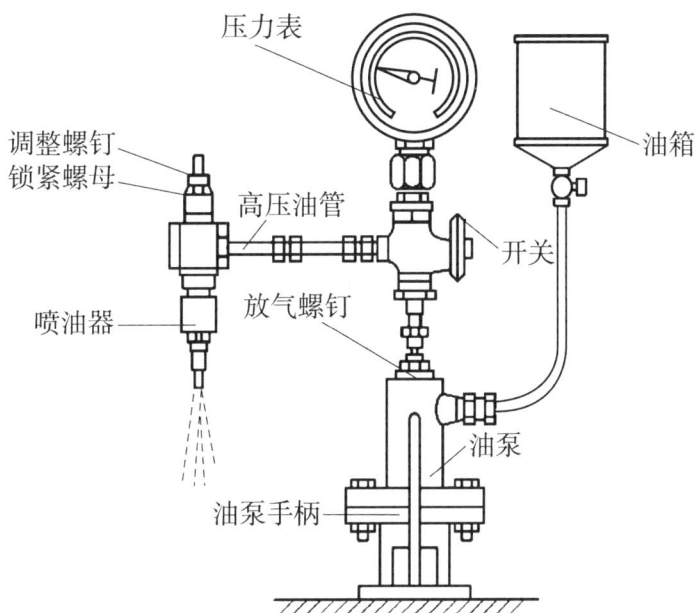

图2-88　喷油器试验

1.发动机运转均匀,但转速提不高,排烟少

1)故障现象

(1)发动机运转均匀,排烟量少,且无力。

(2)急加速时,转速不能迅速提高,且排黑烟。

2)故障原因

(1)调速杆系调整不当。

(2)喷油泵油量调节齿杆达不到最大供油位置。

(3)喷油泵扇形小齿轮松动。

(4)喷油泵出油阀密封不良。

(5)喷油泵柱塞磨损过量、黏滞或弹簧折断。

(6)喷油泵滚轮或凸轮磨损过量。

(7)喷油器供油品质不良,供油量不足。

(8)输油泵供油不足。

(9)汽缸压力不足。

3)故障诊断与排除

(1)拧松放气螺钉,若放气螺钉处有很多气泡排出,说明燃油系统中有空气,应检查输油泵进油管接头到燃油箱之间管路及各接头是否有漏气现象。若有漏气,应予以修复。

(2)将加速踏板踩到底,检查供油调速杆是否能达最大供油位置,若不能,应进行调整。

(3)检查油管是否有凹陷节流现象,若有,应更换。检查输油泵滤网、燃油滤清器是否堵塞。

(4)拆下输油泵后检测其工作性能。若油泵性能达不到技术要求,应更换。

(5)将限压阀拆下,在其弹簧后端面垫上一块垫片之后装复,起动发动机,若动力有所好转,则故障为限压阀弹簧过软,初级油压偏低。

(6)用压力表检测高压油泵出油压力,若出油压力不足,则故障为出油阀密封不良、柱塞、滚轮或凸轮磨损严重,应对高压油泵进行检修、调试。

(7)检查调速器弹簧弹力是否符合标准,若不符合标准,应拆下喷油泵检修调速器,并重新调试喷油泵。

(8)检查供油角提前装置是否缺油,各运动件运动是否灵活,弹簧是否变形。若有,应进行维修或更换。

(9)若以上检查均正常,应检测汽缸压力;若汽缸压力过低,应检修发动机。

2. 发动机运转不均匀,排白烟

1)故障现象

(1)发动机无力。

(2)发动机运转不均匀,且排出灰白色烟雾或白烟。

(3)发动机刚起动时排白烟,温度升高后排黑烟。

2)故障原因

(1)喷油时间过迟。

(2)汽缸进水。

(3)汽缸压力过低。

(4)柴油内含有水分。

3)故障诊断与排除

(1)若发动机无力,排灰白色烟雾,应检查联轴器固定螺钉是否松动、喷油时间是否过迟。

(2)用干净玻璃片挡住排气管口几秒后取出,观察玻璃片上是否有水珠。若有水珠,说明汽缸中进水。

(3)若发动机动力不足且冷却液温度过高,拆下散热器储液罐盖,起动发动机怠速运转,观察散热器储液罐内散热器储液罐盖处气泡涌出情况。若发动机在运行过程中有很多气泡不断涌到散热器储液罐盖处并排出,说明发动机个别汽缸的汽缸垫已被冲坏。

(4)逐缸进行人工断油试验,如图 2-89 所示。当某缸高压断油时发动机转速没有明显变化,表明该缸为故障缸。拆下故障缸的喷油器,如果喷油器上有水珠,说明此汽缸渗水,应更换汽缸垫。

(5)若散热器储液罐盖处无水泡涌出或起泡量很少,则故障为柴油中有水。

(6)若起动时排白烟,温度升高后排黑烟,表明汽缸压力不足。

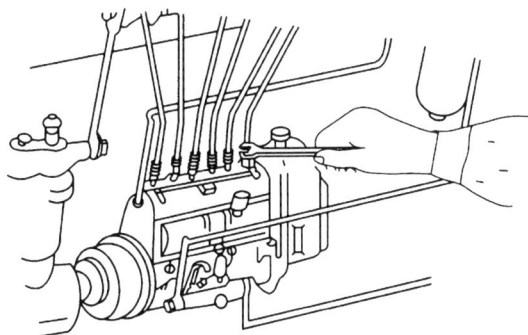

图 2-89　人工断油试验

3. 发动机运转不均匀,排黑烟

1)故障现象

(1)发动机运转不均匀。

(2)排气管排黑烟。

(3)加速无力并伴有敲击声。

2)故障原因

(1)空气滤清器堵塞。

(2)喷油泵出油阀磨损或弹簧折断。

(3)喷油泵个别柱塞黏住或扇形齿松动。

(4)喷油泵个别凸轮或挺杆滚轮磨损过量。

(5)喷油泵挺杆调整螺钉调整不当或松动。

(6)喷油器工作不良。

(7)增压器工作不良。

(8)汽缸压缩压力过低。

3)故障诊断与排除

(1)拆掉空气滤清器后,发动机烟色正常或黑烟量明显减少,表明滤清器堵塞,应予以清洁或更换。

(2)检查涡轮增压器进、排气口是否有漏气现象,若有应及时进行检修。检查进入涡轮增压器的空气流量是否正常。若涡轮增压器转速慢,进气不足,应检修或更换增压器。

(3)用逐缸断油法诊断。某缸断油后,若发动机转速明显降低、黑烟量少、敲击声减弱或消失,表明该缸供油过多。若发动机转速变化小且黑烟消失,表明该缸喷油器雾化品质差;若无变化,表明该缸不工作。

(4)检查故障缸的喷油泵柱塞副是否工作良好,扇形齿轮固定螺钉是否松动,柱塞弹簧是否断裂等。若均正常,应拆检喷油器。

(5)若上述各项均正常,应检测故障缸的汽缸压力是否过低。

4.发动机"游车"

1)故障现象

(1)发动机运转中,出现转速忽高忽低周期性的变化。

(2)转速提不高,加速无力。

2)故障原因

(1)调速器故障。

(2)调速器内润滑油过脏或过少。

(3)油量调节齿杆卡滞。

(4)油量调节齿杆与扇形齿轮齿隙过大(或柱塞调节臂与油量调节拨叉配合间隙过大)。

(5)喷油泵凸轮轴轴向间隙过大。

(6)油量调节齿杆(或拨叉)的拉杆销子松旷。

3)故障诊断与排除

(1)检查供油齿杆的松紧度,若不能前后自如移动或移动范围较小,应将齿杆与调速器连接处拆离做进一步检查。这时若齿杆移动灵活,表明故障在调速器;若仍只能在小范围内移动,表明有个别柱塞移动有阻滞、咬住、弹簧折断的现象,应逐个检查排除。

(2)若齿杆移动灵活,应检查调速器内润滑油有无过脏或过少,各连接处是否松旷、变形,飞块收张是否一致。若有,应予以维修。

(3)检查喷油泵凸轮轴轴向间隙是否过大,若间隙过大,应进行维修。

(4)若以上检查均正常,应进一步检查是否因挺杆上升或下降时的不正常摆动而造成"游车"。

(三)怠速转速不稳

1.故障现象

柴油发动机不论是在冷机或热机条件下,怠速转速都不稳定,机体严重抖动,转速时高时低,甚至不能维持正常运转而熄火。

2.故障原因

(1)怠速转速太低。

(2)燃油系统中有空气。

(3)喷油泵工作不正常。

(4)喷油不正时。

(5)喷油器堵塞或工作不正常。

(6)发动机支撑座胶垫松动、断裂。

3.故障诊断与排除

(1)检查发动机支撑座胶垫是否断裂、松动而引起发动机抖动。若有,则加以紧固或更换。

(2)起动发动机并观察发动机转速表。若转速表指示的转速值较低并伴有机体抖动现象,应检查怠速限位螺钉是否松动失调。若不是,稍加油使发动机转速提升到规定怠速转速,若发动机能稳定均匀运转,无抖动现象,说明故障为怠速调整不当。

(3)发动机怠速运转时,观察高压油管接头处是否有燃油泄漏现象。若有泄漏,则该缸工作不良导致怠速不稳,应修复或更换高压油管。

(4)发动机怠速运转时,松开放气螺钉,观察出油情况。如果有很多气泡自放气螺钉孔冒出,说明燃油中有空气。检查输油泵至油箱之间各接头是否有漏气现象,若有,则予以排除。

(5)若怠速仍然不稳,可在怠速时用手分别触摸各缸高压油管,感觉各缸喷油脉冲强弱。如果个别汽缸喷油脉冲很弱,应进一步对该缸做人工断油。若断油时发动机转速无多大变化,说明该缸工作不良,应将该缸喷油器拆下校验。

(6)急加速时,若发动机有明显的金属敲击声,说明喷油时刻可能过早;若发动机转速迟滞一下后才缓慢提高,说明喷油过迟。喷油不正时,均应重新调整。

(7)以上检查均正常,检测发动机各缸的汽缸压力,各缸压力差不应大于规定值。

(四)飞车

飞车是指柴油发动机在运转过程中转速失去控制,突然超过允许的最高转速的故障现象。若汽车在运行中出现飞车现象,应立即紧急制动直至发动机熄火。若汽车静止,发动机空转时出现飞车现象,应及时采取断油或断气的措施使发动机熄火,否则会造成毁机事故。

1.故障现象

发动机转速失控突然升高,急转不止,同时伴有极大的异响。

2.故障原因

(1)调速器失灵。

(2)齿杆卡死在最大油量位置。

(3)油量调节齿圈紧固螺钉松动。

(4)油量调节齿杆和调速器拉杆脱开。

(5)燃烧室进入额外燃料。

3.故障诊断与排除

发动机飞车故障的诊断与排除应在发动机熄火后进行。在飞车故障未排除之前,不允许再起动发动机。

(1)松开加速踏板时,加速踏板应能迅速复位,并能拉动调速拉杆回到怠速位置。若发现调速拉杆有卡滞现象或不能自然复位,应加以修复。

(2)拆下喷油泵侧盖,检查调节齿圈紧固螺钉有无松动、齿杆是否卡在最大供油位置。若有松动或卡死,应予以修复,并重新调试油泵。

(3)拆调速器后盖(柱塞泵),检查调速器调速弹簧是否变形或断裂。若已变形、断裂,应更换。

(4)若总油量调节螺钉已松动,应将油泵拆下重新调整。

(5)检查支撑杆、销、拨杆等调速器杆系是否有卡滞、松旷、脱节现象。若有,应予以修复,并重新调试喷油泵。

(6)若喷油泵及调速器工作良好,则应检查是否有额外的燃油或机油进入汽缸。如多次起动不着火,汽缸内存留燃油过多;增压器油封严重漏油,汽缸磨损窜油等。

(五)工作粗暴

1.故障现象

发动机在运转时有振抖现象,并且振抖随转速的升高而增强,同时发出清脆的敲击声,急加速时声响增大,排气管排黑烟。

2.故障原因

(1)发动机支撑支架螺栓松动、支架断裂、胶垫老化、破损脱落。

（2）喷油泵喷油不正时。

（3）喷油器雾化不良。

（4）喷油器严重漏滴。

（5）柴油机各缸工作不均匀。

（6）缸内积炭过多。

（7）空气滤清器堵塞。

3. 故障诊断与排除

（1）检查发动机支架、支架螺栓、胶垫是否有松动或断裂损坏现象，再检查其安装位置是否正确。发现问题应予以修复。

（2）发动机在运转时，有均匀的敲击声，急加速时响声增大，且排黑烟，拆下空气滤清器后，若故障消失或响声减弱，则故障为滤清器堵塞。若无变化，调整喷油泵供油提前角。

（3）若敲击声不均匀，表明各缸工作不一致，应对发动机进行人工断油试验。若断油后响声消失，说明该汽缸供油量过多，应将喷油器拆下进行校验。

（4）若以上检查均正常，应使用工业用内窥镜检查汽缸内是否积炭过多，使混合气早燃。

（5）拆下喷油泵，在油泵试验台上检查喷油泵各缸供油均匀度。若不符合技术要求，应予以调整。

二、电控共轨式燃油供给系统故障诊断与排除

电控共轨式燃油供给系统如图 2-90 所示。系统所用传感器及功能见表 2-12。

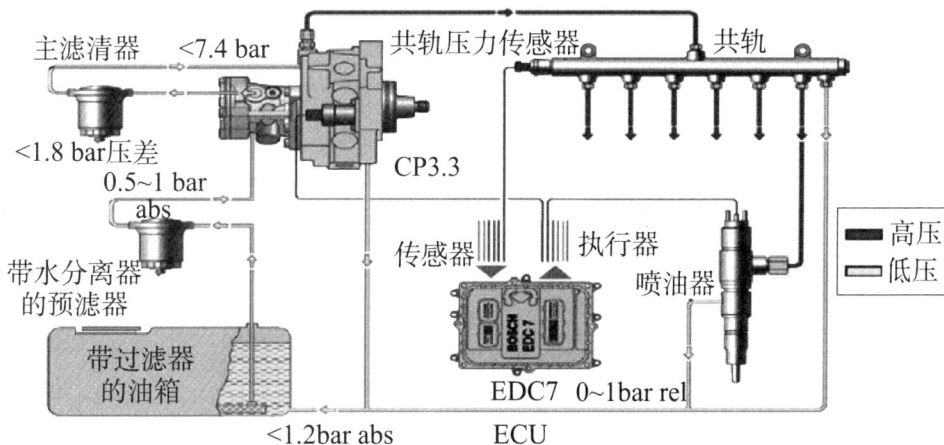

图 2-90　电控共轨式燃油供给系统

电控共轨式燃油供给系统所用传感器及功能　　　　表 2-12

序号	名称	功能
1	曲轴位置与转速传感器	检测曲轴位置与转速,用于喷油时刻喷油量计算
2	凸轮轴位置传感器	判缸;曲轴位置与转速传感器失效时用于跛行回家
3	进气温度传感器	测量进气温度,修正喷油量和喷油正时,过热保护
3	增压压力传感器	监测进气压力,和进气温度传感器一起计算进气量,与进气温度传感器集成在一起
4	冷却液温度传感器	测量冷却液温度,用于冷起动、目标怠速计算等,同时还用于修正喷油正时、过热保护等
5	共轨压力传感器	测量共轨中的燃油压力,用于油压稳定控制
6	加速踏板位置传感器	将驾驶员的意图传送给 ECU
7	车速传感器	提供车速信号给 ECU,用于整车驱动控制
8	大气压力传感器	根据不同海拔高度校正喷油控制参数,集成在 ECU 中

(一)故障诊断说明

电控发动机的故障并不一定是电控系统的问题,大多数情况下,故障仍然在机械和燃油管路方面。如果故障指示灯不点亮,则应该主要检查机械方面的故障;如果故障指示灯点亮,则说明出现了电控系统方面的问题。此时,可先读取故障码,并按照故障码的内容进行相应的诊断维修工作。

(二)常见电控系统故障诊断与排除(表 2-13)

电控共轨柴油机常见电控系统故障诊断与排除　　　　表 2-13

序号	故障现象	故障可能原因及常见表现	故障诊断与排除
1	无法起动 难以起动 运行熄火	电控系统电源电路不通: 1.通电自检时故障指示灯不亮; 2.诊断仪无法连通; 3.加速踏板连接器没有 5V 参考电压; 4.接通点火开关时故障灯不会自检(即不会亮几秒钟)	检查电控系统线束及保险,特别是点火开关方面(包括熔断丝,改装车还应看点火钥匙那条线是不是接在钥匙开关 ON 挡上)

续上表

序号	故障现象	故障可能原因及常见表现	故障诊断与排除
1	无法起动 难以起动 运行熄火	蓄电池电压不足： 1.万用表或诊断仪显示电压偏低； 2.起动机运转无力； 3.前照灯昏暗	更换蓄电池或给蓄电池充电
		无法建立工作时序： 1.诊断仪显示同步信号故障； 2.示波器显示曲轴/凸轮轴工作相位错误	1.检查曲轴/凸轮轴信号传感器是否完好无损； 2.检查其连接器和导线是否完好无损； 3.曲轴传感器上是否有异物或者划痕
		预热不足： 1.高寒工况下,没有等到冷起动指示灯熄灭就起动； 2.万用表或诊断仪显示预热过程蓄电池电压变动不正常	1.检查预热线路是否接线良好； 2.检查预热塞电阻水平是否正常； 3.检查蓄电池电容量是否足够
		ECU 软/硬件或高压系统故障： 1.诊断仪显示模数转换模块故障； 2.存在共轨油压过低故障	1.确认后,更换 ECU； 2.检查油路及高低压油泵
		喷油器不喷油： 1.怠速时,发动机抖动较大； 2.高压油管无脉动； 3.诊断仪显示怠速油量增高； 4.诊断仪显示喷油驱动线路故障	1.检查喷油驱动线路(含连接器)是否损坏/开路/短路； 2.检查高压油管是否泄漏； 3.检查喷油器是否损坏/积炭

续上表

序号	故障现象	故障可能原因及常见表现	故障诊断与排除
1	无法起动 难以起动 运行熄火	高压泵供油能力不足： 诊断仪显示共轨油压偏小	1. 检查高压油泵是否能够提供足够的油轨压力； 2. 检查燃油计量阀是否损坏； 3. 检查低压油路是否供油畅通、喷油器是否卡死、高压油管是否破裂等
		轨压持续超高： 诊断仪显示共轨油压持续 2s 高于 1600bar	1. 检查燃油计量阀是否损坏； 2. 燃油压力泄放阀卡滞
		轨压传感器损坏： 艰难起动后存在敲缸、冒白烟等现象	拔掉共轨油压传感器能顺利起动
		机械组件故障： 1. 参照机械维修经验，如油路不畅/油路有空气、输油泵进口压力不足;起动电机损坏； 2. 阻力过大，缺机油或者未置空挡； 3. 进排气门调整错误等	1. 检查燃油/机油油路； 2. 检查进/排气路； 3. 检查燃油/机油滤清器是否阻塞等
2	跛行回家 模式(故障指示灯亮)	仅靠曲轴信号运行： 1. 诊断仪显示凸轮信号丢失； 2. 对起动时间的影响不明显	1. 检查凸轮传感器信号线路； 2. 检查凸轮传感器是否损坏
		仅靠凸轮信号运行： 1. 诊断仪显示曲轴信号丢失； 2. 起动时间较长(例如4s左右)，或者难以起动	1. 检查曲轴传感器信号线路； 2. 检查曲轴传感器是否损坏

续上表

序号	故障现象	故障可能原因及常见表现	故障诊断与排除
3	加速踏板失效,且发动机无怠速(转速维持在1100r/min左右)	加速踏板故障: 1.怠速升高至1100r/min,加速踏板失效; 2.诊断仪显示第一/二路加速踏板信号故障; 3.诊断仪显示两路加速踏板信号不一致; 4.诊断仪显示加速踏板卡滞	1.检查加速踏板线路(含连接器)是否损坏/开路/短路; 2.检查加速踏板电阻特性; 3.加速踏板是否进水
4	热保护引起功率/转矩不足,转速不受限	1.冷却液温度过高导致热保护; 2.进气温度过高导致热保护; 3.燃油温度传感器/驱动线路故障; 4.进气温度传感器/驱动线路故障; 5.冷却液温度传感器/驱动线路故障	1.检查发动机冷却系统; 2.检查发动机供油系统; 3.检查发动机气路; 4.检查冷却液温度传感器或信号线路是否损坏; 5.检查进气温度传感器或信号线路是否损坏
5	电控系统进入失效模式后导致功率/转矩不足	共轨压力传感器/燃油计量阀故障: 1.共轨压力传感器损坏或线路故障; 2.燃油计量阀(MeUN)驱动故障,阀损坏或线路故障; 3.诊断仪显示加速踏板无法达到全开等; 4.高原修正导致; 5.共轨压力传感器信号飘移; 6.高压油泵闭环控制类故障; 7.增压压力传感器损坏或线路故障	对于共轨油压传感器/MeUN故障: 1.诊断仪显示共轨油压位于700～760bar,随转速升高而升高,则可能是燃油计量阀/驱动线路损坏; 2.诊断仪显示共轨油压固定于777bar,可能为共轨油压传感器或线路损坏; 3.发动机最高转速被限制在1600～1700r/min; 4.回油管温度明显升高; 5.检查油轨压力传感器物理特性,更换; 6.检查高压油路是否异常,否则更换高压泵; 7.1、2、5、6以上四种情况导致转速受限

续上表

序号	故障现象	故障可能原因及常见表现	故障诊断与排除
6	机械系统原因导致功率/转矩不足	机械方面故障： 1. 进排气路阻塞,冒烟限制起作用; 2. 增压后管路泄漏,冒烟限制起作用; 3. 增压器损坏(例如旁通阀常开); 4. 进排气门调整错误; 5. 油路阻塞/泄漏; 6. 低压油路:有空气或压力不足; 7. 机械阻力过大; 8. 喷油器雾化不良,卡滞等; 9. 其他机械原因	1. 检查高压/低压燃油管路; 2. 检查进排气系统; 3. 检查喷油器; 4. 参照机械维修经验进行检修
7	运行不稳,怠速不稳	信号同步间歇错误： 诊断仪显示同步信号出现偶发故障	1. 检查曲轴/凸轮轴信号线路; 2. 检查曲轴/凸轮传感器间隙; 3. 检查曲轴/凸轮信号盘
		喷油器驱动故障： 诊断仪显示喷油器驱动线路出现偶发故障(开路/短路等)	检查喷油器驱动线路
		加速踏板信号波动： 1. 诊断仪显示松开加速踏板后仍有开度信号; 2. 诊断仪显示固定加速踏板位置后加速踏板信号波动	1. 检查加速踏板信号线路是否进水或磨损导致加速踏板开度信号飘移; 2. 更换加速踏板
		机械方面故障： 1. 进气管路/进排气门泄漏; 2. 低压油路阻塞/油路进气; 3. 缺机油等导致阻力过大; 4. 喷油器积炭、磨损等	参照机械维修经验进行检修

续上表

序号	故障现象	故障可能原因及常见表现	故障诊断与排除
8	冒黑烟	喷油器雾化不良、滴油等： 1.诊断仪显示怠速油量增大； 2.诊断仪显示怠速转速波动	1.根据机械经验进行判断，例如断缸法等； 2.确认后拆检
		油轨压力信号飘移（实际值＞检测值）： 诊断仪显示相关故障码	更换传感器/共轨
		机械方面故障： 1.气门漏气,进排气门调整错误等； 2.诊断仪显示压缩测试结果不好	参照机械维修经验进行检修
9	加速性能差	前述各种电喷系统故障原因导致转矩受到限制： 诊断仪显示相关故障码	按故障码提示进行维修
		负载过大： 1.各种附件的损坏导致阻力增大； 2.缺机油/机油变质/组件磨损严重； 3.排气制动系统故障导致排气受阻	1.检查风扇等附件的转动是否受阻； 2.检查机油情况； 3.检查排气制动
		喷油器机械故障： 积炭/针阀卡滞/喷油器体开裂/安装不当导致变形	拆检并更换喷油器
		管路故障： 1.进气管路漏气； 2.油路进空气	1.拧紧松脱管路； 2.排除油路中空气
		加速踏板信号错误： 诊断仪显示加速踏板踩到底时开度达不到100%	1.检查线路； 2.更换加速踏板

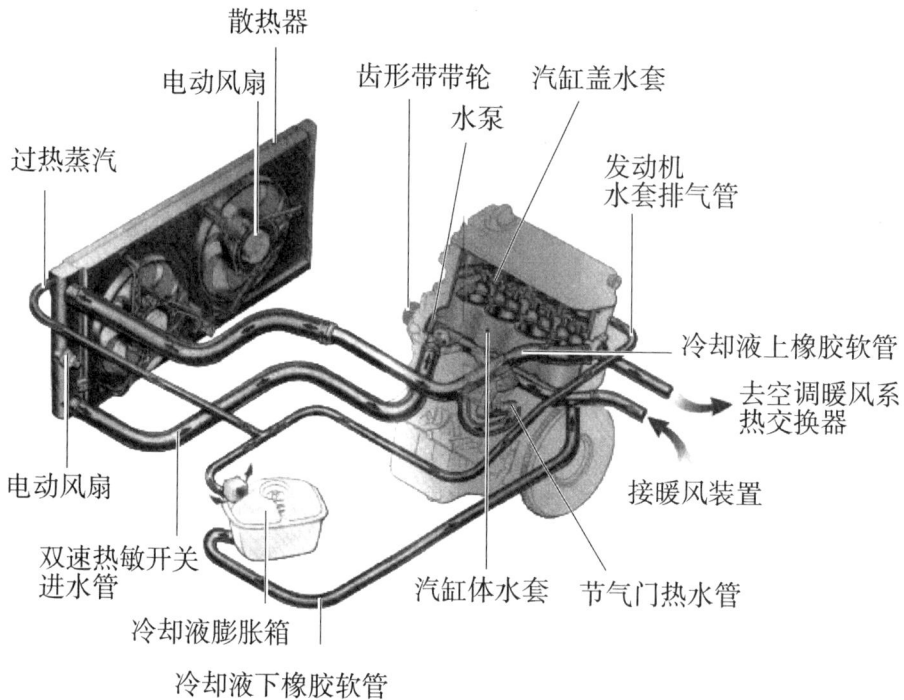

课题八 冷却系统故障诊断与排除

发动机冷却系统是维持发动机正常工作温度,保证发动机能长时间连续正常运行的重要系统,其常见故障有冷却系统温度过高、冷却系统温度过低、冷却液消耗异常等。冷却系统基本构成如图 2-91 所示。

图 2-91 发动机冷却系统基本构成

一、冷却系统故障诊断一般方法

(一)冷却系统温度过高

1. 故障现象

(1)汽车在行驶中冷却液温度超过 90℃,冷却液温度表针指向红线(轿车超过 105℃,冷却液温度警示灯闪亮),直到沸腾(俗称"开锅")。

(2)运行中冷却液温度在 90℃ 以上,一旦停车,冷却液立即沸腾。

(3)发动机在加速时伴随有明显的金属敲击声,同时动力不足,冷却液温度警示灯闪亮,难以熄火。

2.故障原因

(1)冷却系统堵塞或水道中有水垢。

(2)水泵损坏。

(3)节温器失灵。

(4)风扇电机损坏或硅油风扇离合器损坏。

(5)百叶窗关闭或开度不足。

(6)风扇皮带打滑或断裂。

(7)散热器散热片倾倒过多或泥沙堵塞。

(8)汽缸垫冲坏或缸体、缸盖出现裂缝,高温气体进入冷却系统。

(9)点火时间过迟或配气相位不对。

(10)发动机燃烧室积炭过多。

(11)空调冷凝器的冷却风扇不转。

(12)长时间大负荷、低速度运行。

(13)冷却液泄漏严重。

(14)风扇温控开关高速挡失灵或全部失灵。

(15)机油油量不足或黏度太大。

(16)混合气太浓或过稀。

3.故障诊断与排除

(1)检查百叶窗是否关闭或开度不足(有百叶窗的车型)。

(2)检查风扇。

①水泵(风扇)皮带是否过松、打滑或断裂。

②使用硅油离合器的风扇,热机后将发动机熄火,用手转动风扇叶片,若无阻力或阻力很小,说明硅油离合器有故障,应进行检修或更换。

③装用电动风扇的发动机,发动机冷却液温度高于规定数值时风扇不转,应检查熔断丝是否良好。若熔断丝正常,拔下热敏开关插头,将两插片直接接通,若风扇仍不转,表明风扇损坏或电扇到温控开关的电路有故障;若风扇转动,表明温控开关有故障。

(3)若发动机冷却液温度过高,应打开散热器储液罐盖检查冷却液量。若不足,往冷却液中加入少许水溶性荧光检漏剂,起动发动机怠速运行几分钟,用荧光检漏仪检查冷却系统有无泄漏或渗漏现象。若有泄漏,应进行维修。拔出机油尺观察机油颜色,若机油呈乳白色,说明发动机机体内有冷却液渗漏。

(4)检查机油油量及黏度。若油量过少,应及时添加;若机油黏度过大,应更换机油。

(5)由怠速开始加速,同时用手握住水管,感觉水管中冷却液的流动速度是否能随转速的提高而迅速加快。若不是,说明冷却系统有堵塞或水垢过多影响流速,应对冷却水道进行除垢。

(6)分别在怠速、中速、高速条件下观察排气烟色。若排出的是黑烟,说明混合气过浓,应进行调整或维修。怠速时急加速,如果发动机转速有短时失速或回火现象,说明发动机混合气过稀。

(7)检查喷油正时(柴油机)或点火正时(汽油机)。若不正时,应予以调整。

(8)拆下节温器,如图 2-92 所示。将节温器浸入冷却液中加热,检查节温器阀门开启温度。当冷却液温度达到规定数值时,节温器应开始打开;冷却液沸腾时,节温器阀门升程应达到要求的高度。若不正常,应更换新件。

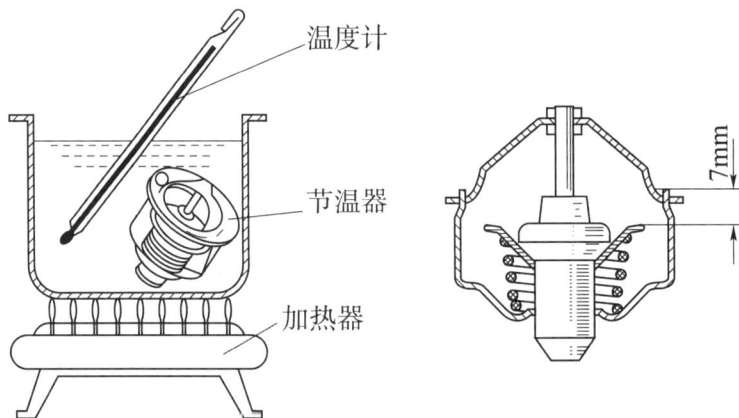

图 2-92　节温器的检测试验

(9)拆下散热器储液罐盖并加满冷却液,让发动机运行几分钟后,观察散热器储液罐盖处是否有很多水泡冒出甚至喷水。若有,说明发动机汽缸垫已被冲坏。

(10)拆下火花塞(汽油机)或喷油器(柴油机),用工业用内窥镜观察发动机燃烧室内积炭情况。若积炭过多,应加以清除,防止发动机早燃或爆燃。

(11)以上检查均正常,则应检查发动机排气门间隙。若间隙过大,应进行调整;若间隙正常,检查发动机排气系统是否畅通,再对发动机配气相位进行检查和调整。

(二)冷却系统温度过低

1. 故障现象

(1)发动机运转一定时间后温度仍低于正常工作温度。

(2)冷却液温度表指示值低于发动机正常工作温度。

(3)发动机乏力、排气管时有放炮声。

2. 故障原因

(1)节温器阀门常开。

(2)百叶窗不能关闭。

(3)温控开关、风扇电机线路故障(风扇常开)。

(4)冷却液温度表及其线路故障。

(5)冷却液温度传感器损坏。

(6)硅油离合器故障(装用硅油离合器风扇的车辆)。

3. 故障诊断与排除

(1)检查百叶窗是否关闭自如或未装保温罩(在冬季环境温度较低时)。

(2)冷车起动后打开散热器储液罐盖,使发动机加速,观察冷却液流速及流量。若冷却液流速很快、流量大,说明节温器常开或未装节温器,应更换或加装节温器。

(3)若冷却液温度表指示温度偏低,而用手触试散热器时感觉很烫,用温度计测量冷却液温度却正常,说明冷却液温度传感器或冷却液温度表有故障。

(4)冷车起动发动机,此时电动风扇不应运转(装用电动风扇的车辆)。若此时电动风扇运转,说明温控开关失灵,应予以更换。

(5)冷车起动发动机,硅油离合器风扇应低速转动(装用硅油离合器的发动机)。若硅油离合器风扇在冷车时高速旋转,说明硅油离合器有故障,应予以更换。

(三)冷却液消耗异常

1. 故障现象

冷却液消耗过快。

2. 故障原因

(1)水管破裂。

（2）水泵水封磨损过甚或损坏而漏水。

（3）汽缸垫渗漏。

（4）汽缸体或汽缸盖有裂纹。

（5）散热器泄漏。

（6）散热器盖进、排气阀失灵使冷却液泄漏。

（7）膨胀散热器储液罐盖泄漏。

3. 故障诊断与排除

（1）直观检查机体、水泵、散热器及各水管连接处有无冷却液渗出，必要时可对冷却系统进行加压检查，或用荧光检漏仪检测；若有渗漏，应进行维修。

（2）拔出机油尺，观察是否有冷却液泄漏到机油中。若有，应对发动机进行检修。

（3）如果发动机行驶无力且排气管排白烟，则应检查发动机汽缸垫是否已被冲坏。若有，应检修发动机。

二、丰田 8ZR—FXE 发动机电动风扇控制电路的检查、诊断与维修

混动版丰田卡罗拉 8ZR—FXE 发动机电动风扇控制电路如图 2-93 所示，电路中共有 2 个风扇电动机、3 个风扇继电器。相关元件的位置如图 2-94 所示。

（1）风扇不运转状态。

发动机冷却液温度低于 94℃ 时，ECM 的 FANL 脚和 FANH 脚均不搭铁，3 个风扇继电器均没有被激励，2 个风扇电动机均没有接通电源，因而均不能运转。

（2）风扇低速运转状态。

发动机冷却液温度高于 96℃ 时，ECM 的 FANL 脚被 ECM 搭铁，3 号风扇继电器被激励，其触点闭合，来自辅助蓄电池的电流经 3 号风扇继电器—2 号风扇电动机—2 号风扇继电器常闭触点—1 号风扇电动机—搭铁，2 个风扇电动机串联通电，各获得一半电源电压，因而均低速运转。

（3）风扇高速运转状态。

发动机冷却液温度高于 98℃ 时，ECM 的 FANH 脚被 ECM 搭铁，1 号和 2 号风扇继电器被激励，造成以下两个结果：

①1 号风扇继电器常开触点闭合，致使 1 号风扇电动机直接与辅助蓄电池正极接通，电流经 1 号风扇继电器触点—1 号风扇电动机—搭铁。

②2 号风扇继电器常闭触点断开，常开触点闭合，电流经 3 号风扇继电器—2 号风扇电动机—2 号风扇继电器触点—搭铁。

此时,2 个风扇电动机处于并联通电状态,均得到全部电源电压,因而均高速运转。

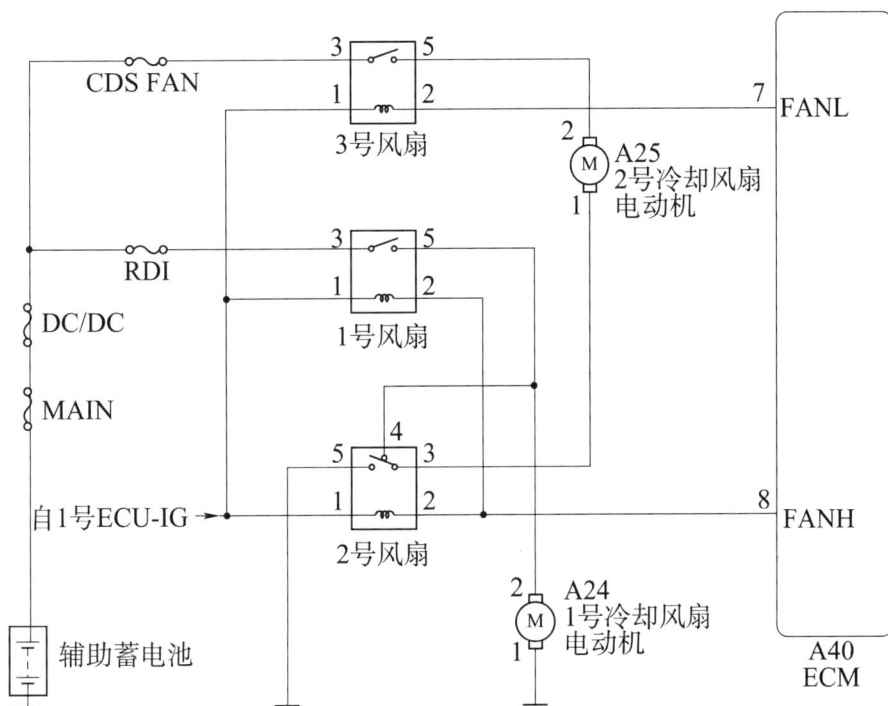

图 2-93 丰田 8ZR—FXE 发动机电动风扇控制电路

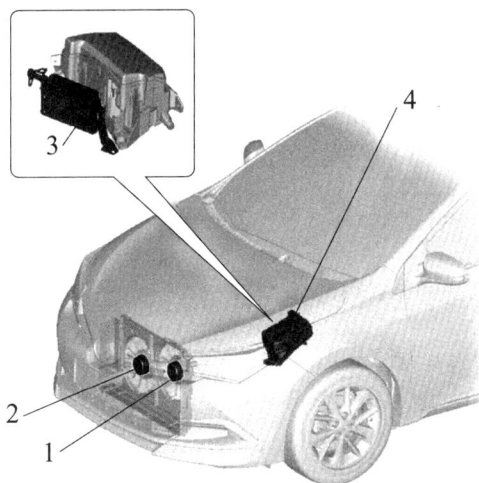

图 2-94 丰田 8ZR—FXE 发动机电动风扇相关元件的位置

1-1 号冷却风扇电动机;2- 2 号冷却风扇电动机;3-ECM;4-发动机舱 1 号继电器盒和 1 号接线盒总成(1 号风扇继电器、2 号风扇继电器、3 号风扇继电器)

(一)冷却系统就车检查

1. 检查冷却液是否泄漏

拆下储液罐盖,向散热器总成和散热器储液罐总成中加注发动机冷却液,然后安装散热器盖检测仪,如图2-95所示。

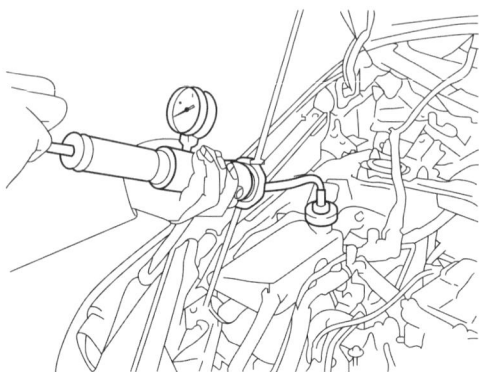

图2-95 安装散热器盖检测仪

注意:发动机和散热器总成很热时,不要拆下储液罐盖。高压高温的冷却液和蒸汽可能会喷出导致严重烫伤。

起动发动机并暖机,用散热器盖检测仪将冷却系统加压至108kPa,然后检查并确认压力是否下降。如果压力下降,则检查软管、散热器总成和水泵总成是否泄漏;如果没有发现冷却液外部泄漏的迹象,则检查加热器芯、汽缸体分总成和汽缸盖分总成。拆下散热器盖检测仪,安装储液罐盖。

2. 检查散热器储液罐冷却液液位

发动机冷机时,检查并确认冷却液液位位于LOW刻度线和FULL刻度线之间如图2-96所示。如果冷却液液位低于LOW刻度线,则检查是否泄漏并加注发动机冷却液至FULL刻度线。

注意:不要用普通的水代替发动机冷却液。

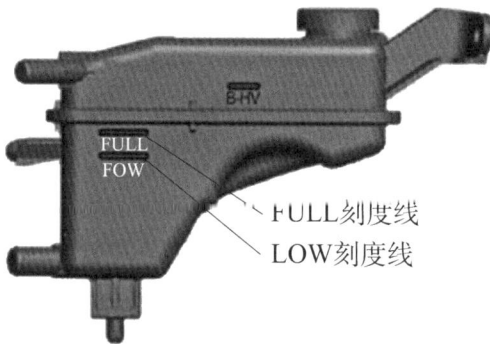

图2-96 检查散热器储液罐冷却液液位

3. 检查冷却液质量

拆下储液罐盖,检查储液罐盖和散热器储液罐加注口周围是否有过多铁锈或水垢。此外,发动机冷却液中应没有机油。如果冷却液过脏,则应清洁发动机冷却液管道,并更换发动机冷却液,安装储液罐盖。

(二)冷却风扇系统故障

冷却风扇系统常见故障现象及可能故障部位见表2-14。

冷却风扇系统故障现象及可能故障部位　　　　　　表 2-14

序号	故障现象	可能故障部位
1	冷却风扇不工作	冷却液温度传感器
		1 号冷却风扇电动机
		2 号冷却风扇电动机
		1 号风扇继电器
		2 号风扇继电器
		3 号风扇继电器
		冷却风扇电路
		ECM
2	冷却风扇不停止 （继续工作）	冷却液温度传感器
		冷却风扇电路
		1 号风扇继电器
		2 号风扇继电器
		3 号风扇继电器
		1 号冷却风扇电动机
		2 号冷却风扇电动机
		ECM
3	冷却风扇转速不改变	2 号风扇继电器
		冷却风扇电路
		ECM

(三)冷却风扇系统就车检查

1. 低温时,检查冷却风扇系统工作情况

(1)检查前确保电源开关置于 OFF 位置,发动机冷却液温度低于 94℃,空调开关关闭。

(2)将电源开关置于 ON (IG)位置并等待约 10s,检查并确认风扇不工作;冷却液温度传感器连接器断开时,检查并确认各风扇工作。

2. 高温时,检查冷却风扇系统工作情况

(1)检查前确保发动机暖机,发动机冷却液温度低于 94℃,空调开关关闭。

(2)起动发动机,检查并确认风扇不工作;发动机冷却液温度达到约 96°C 时,检查并确认风扇开始工作。

(四)冷却风扇系统电路检查

1.使用丰田故障诊断仪(GTS)进行主动测试(控制电动冷却风扇)

(1)将 GTS 连接到 DLC3,将电源开关置于 ON (IG)位置,打开 GTS,进入菜单 Powertrain / Engine / Active Test / Control the Electric Cooling Fan,按下"执行"按钮。

(2)根据 GTS 上的显示,进行主动测试:GTS 操作为 ON 时,冷却风扇工作;GTS 操作为 OFF 时,冷却风扇停止。

如果正常,则按照表 2-13 检查下一个可能发生故障部位;如果异常,则进行下一步。

2.检查线束和连接器(FANL、FANH 电源)

断开 ECM 连接器 A40,如图 2-97 所示,将电源开关置于 ON (IG)位置,用万用表测量相关插脚的电压,相关数据如下。

(1)A40-8 (FANH)—车身搭铁,11 ~ 14V。

(2)A40-7 (FANL)—车身搭铁,11 ~ 14V。

如果异常,则检查风扇继电器;如果正常,则进行下一步。

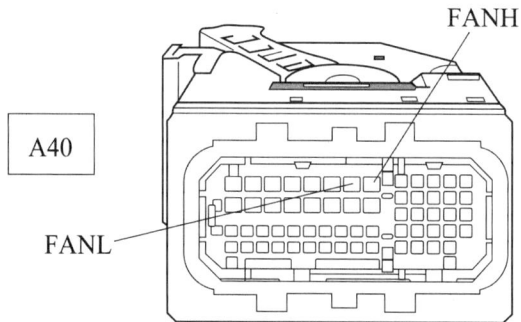

图 2-97　ECM 线束连接器 A40 前视图

3.检查线束和连接器(1 号风扇继电器和 3 号风扇继电器电源电路)

从发动机舱继电器盒和接线盒总成上拆下 1 号风扇继电器和 3 号风扇继电器,如图 2-98 所示。用万用表测量相关插脚的电压,相关数据如下。

(1)3(1 号风扇继电器)—车身搭铁,11 ~ 14V。

(2)3(3 号风扇继电器)—车身搭铁,11 ~ 14V。

如果异常,则维修或更换线束或连接器(1 号风扇继电器和 3 号风扇继电器电源电路);如果正常,则进行下一步。

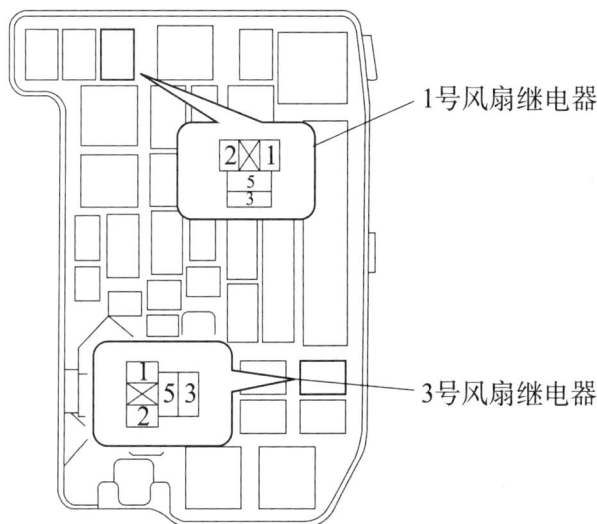

图 2-98　1 号风扇继电器和 3 号风扇继电器位置

4. 检查风扇继电器(1 号、2 号、3 号)

(1)检查 1 号风扇继电器。

1 号风扇继电器插脚如图 2-99 所示。用万用表测量 1 号风扇继电器 3-5 脚之间的电阻,相关数据如下。

①未在 1 脚和 2 脚之间施加辅助蓄电池电压,电阻 $\geqslant 10k\Omega$;

②在 1 脚和 2 脚之间施加辅助蓄电池电压,电阻 $<1\Omega$。

如果结果不符合规定,则更换 1 号风扇继电器。

(2)检查 2 号风扇继电器。

2 号风扇继电器插脚如图 2-100 所示。用万用表测量 2 号风扇继电器相关脚之间的电阻,相关数据如下。

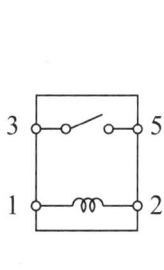

图 2-99　1 号风扇继电器插脚示意图　　图 2-100　2 号风扇继电器插脚示意图

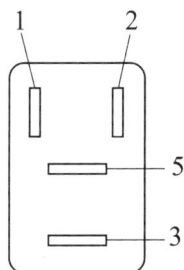

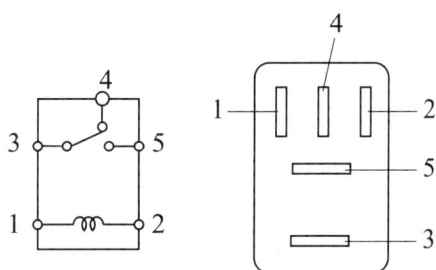

① 3-4 脚,未在 1 脚和 2 脚之间施加辅助蓄电池电压,电阻 $<1\Omega$;在 1 脚和 2 脚之间施加辅助蓄电池电压,电阻 $\geqslant 10k\Omega$。

② 3-5 脚,未在 1 脚和 2 脚之间施加辅助蓄电池电压,电阻≥10kΩ;在 1 脚和 2 脚之间施加辅助蓄电池电压,电阻 <1 Ω。

如果结果不符合规定,则更换 2 号风扇继电器。

(3)检查 3 号风扇继电器。

3 号风扇继电器插脚如图 2-101 所示,用万用表测量 3 号风扇继电器 3-5 脚之间的电阻,相关数据如下。

①未在 1 脚和 2 脚之间施加辅助蓄电池电压,电阻≥10 kΩ;

②在 1 脚和 2 脚之间施加辅助蓄电池电压,电阻 <1 Ω。

如果结果不符合规定,则更换 3 号风扇继电器。

如果以上所有继电器都正常,则进行下一步。

5. 检查线束和连接器(2 号风扇继电器-车身搭铁)

从发动机舱继电器盒和接线盒总成上拆下 2 号风扇继电器,如图 2-102 所示。用万用表测量 2 号风扇继电器 5 脚和车身搭铁脚之间的电阻,应该小于 1 Ω。

如果异常,则维修或更换线束或连接器(2 号风扇继电器-车身搭铁);如果正常,则进行下一步。

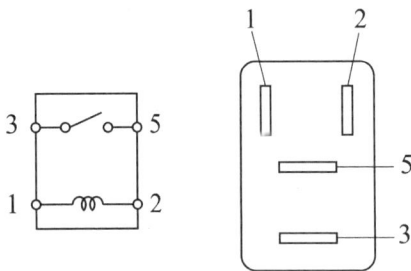

图 2-101　3 号风扇继电器插脚示意图

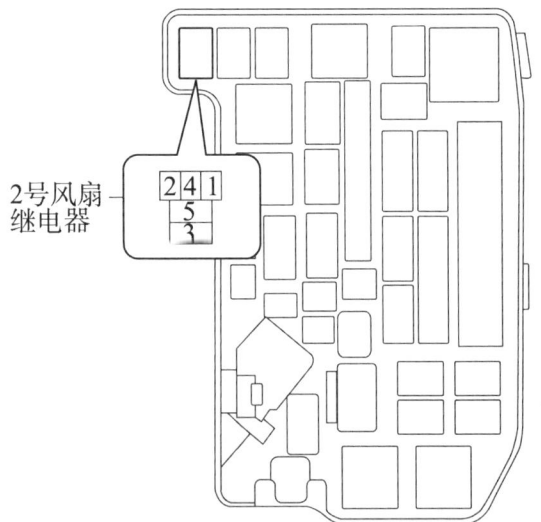

图 2-102　2 号风扇继电器位置

6. 检查 1 号冷却风扇电动机

(1)断开 1 号冷却风扇电动机连接器,如图 2-103 所示。将辅助蓄电池连接到 1 号冷却风扇电动机连接器时,检查并确认冷却风扇电动机运转平稳。

（2）用万用表电流挡测量 1 号冷却风扇电动机工作时的电流,在 20℃时施加辅助蓄电池电压,电流应该为 4.7～8.7A。

如果结果不符合规定,则更换 1 号冷却风扇电动机。连接 1 号冷却风扇电动机连接器。

7. 检查线束和连接器(1 号冷却风扇电动机-车身搭铁)

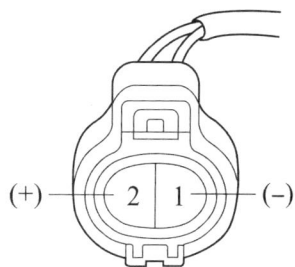

图 2-103　1 号冷却风扇电动机连接器 A24

断开 1 号冷却风扇电动机连接器 A24,用万用表测量 A24-1—车身搭铁之间的电阻,应该小于 1Ω。

如果异常,则维修或更换线束或连接器(1 号冷却风扇电动机-车身搭铁);如果正常,则进行下一步。

8. 检查线束和连接器(1 号冷却风扇电动机-发动机舱继电器盒和接线盒总成)

断开冷却风扇电动机连接器 A24,从发动机舱继电器盒和接线盒总成上拆下 1 号风扇继电器和 2 号风扇继电器,用万用表测量相关插孔之间的电阻,相关数据如下。

（1）A24-2—5(1 号风扇继电器),电阻 <1Ω;

（2）A24-2—4(2 号风扇继电器),电阻 <1Ω;

（3）A24-2、5(1 号风扇继电器)、4(2 号风扇继电器)—车身搭铁,电阻 ≥10kΩ。

如果异常,则维修或更换线束或连接器(1 号冷却风扇电动机-发动机舱继电器盒和接线盒总成);如果正常,则进行下一步。

9. 检查 2 号冷却风扇电动机

（1）断开 2 号冷却风扇电动机连接器,如图 2-104 所示。辅助蓄电池连接到 2 号冷却风扇电动机连接器时,检查并确认 2 号冷却风扇电动机运转平稳。

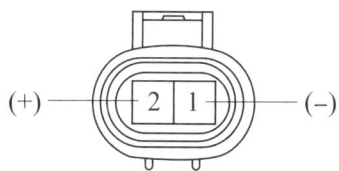

图 2-104　2 号冷却风扇电动机连接器 A25

（2）用万用表电流挡测量 2 号冷却风扇电动机工作时的电流,在 20℃时施加辅助蓄电池电压,电流应该为 4.7～8.7A。

如果结果不符合规定,则更换 2 号冷却风扇电动机。连接 2 号冷却风扇电动机连接器。

10. 检查线束和连接器(2 号冷却风扇电动机-发动机舱继电器盒和接线盒总成)

断开 2 号冷却风扇电动机连接器 A25,从发动机舱继电器盒和接线盒总成上拆下 2 号风扇继电器和 3 号风扇继电器,用万用表测量相关插孔之间的电阻,相关数据如下。

(1) A25-1—3(2 号风扇继电器),电阻 <1Ω;

(2) A25-2—5(3 号风扇继电器),电阻 <1Ω;

(3) A25-1、3(2 号风扇继电器)、5(3 号风扇继电器)—车身搭铁,电阻≥10kΩ。

如果异常,则维修或更换线束或连接器(2 号冷却风扇电动机-发动机舱继电器盒和接线盒总成);如果正常,则进行下一步。

11. 检查线束和连接器(1 号风扇继电器-2 号风扇继电器)

从发动机舱继电器盒和接线盒总成上拆下 1 号风扇继电器和 2 号风扇继电器,用万用表测量相关插孔之间的电阻,相关数据如下。

(1) 1(1 号风扇继电器)—1(2 号风扇继电器),电阻 <1Ω;

(2) 2(1 号风扇继电器)—2(2 号风扇继电器),电阻 <1Ω;

(3) 1(1 号风扇继电器)或 1(2 号风扇继电器)—车身搭铁,电阻≥10kΩ;

(4) 2(1 号风扇继电器)或 2(2 号风扇继电器)—车身搭铁,电阻≥10kΩ。

如果异常,则维修或更换发动机舱继电器盒和接线盒总成;如果正常,则维修或更换 ECM。

12. 检查风扇继电器(1 号、2 号、3 号风扇)

如果 3 个风扇继电器均正常,则进行下一步。

13. 检查线束和连接器(发动机舱继电器盒和接线盒总成-ECM)

从发动机舱继电器盒和接线盒总成上拆下 1 号、2 号、3 号风扇继电器,用万用表测量相关插孔之间的电阻,相关数据如下。

(1) 2(1 号风扇继电器)— A40-8(FANH),电阻 <1Ω;

(2) 2(2 号风扇继电器)—A40-8(FANH),电阻 <1Ω;

(3) 2(3 号风扇继电器)—A40-7(FANL),电阻 <1Ω;

(4) 2(1 号风扇继电器)、2(2 号风扇继电器)、A40-8(FANH)—车身搭铁,电阻≥10kΩ;

(5) 2(3 号风扇继电器)或 A40-7(FANL)—车身搭铁,电阻≥10kΩ。

如果异常,则维修或更换线束或连接器(发动机舱继电器盒和接线盒总成-

ECM）；如果正常，则维修或更换线束或连接器（电源电路）。

课题九 润滑系统故障诊断与排除

发动机运行时，部分动配合零件处于高温、高压、高速和小间隙配合条件下运动。若润滑系统出现故障，各摩擦表面将得不到良好的润滑、散热和清洗，必然会加速零件的磨损，影响发动机的正常工作，降低发动机使用寿命。发动机润滑系统常见故障有机油压力过低、机油压力过高、机油消耗异常、机油变质等。润滑系统基本构成如图 2-105 所示。

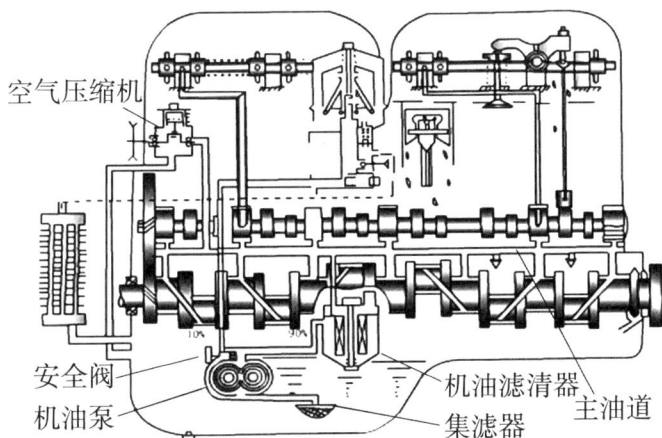

图 2-105　润滑系统基本构成

一、机油压力过低故障诊断

（一）故障现象

（1）发动机怠速运转时，机油压力表指示压力过低或机油警示灯亮。

（2）发动机转速高达一定程度时，报警灯闪亮，蜂鸣器报警。

（二）故障原因

（1）使用机油型号不当，机油黏度过低。

（2）机油变质劣化（混有水或燃油）。

（3）机油温度过高。

（4）机油量过少。

（5）集滤器堵塞。

（6）机油泵工作不良。

（7）机油泵限压阀关闭不严或限压阀弹簧损坏。

（8）发动机曲轴轴承、连杆轴承间隙过大或机油油路、油管泄漏严重。

（9）机油压力表或传感器失效。

(三)故障诊断与排除

（1）将车辆停放在平坦地面上,拔出油尺,检查润滑油油面高度,如图2-106所示。若油面过低,应加足润滑油。

（2）观察油尺上润滑油颜色。若呈现乳白色,说明润滑油渗入水分,已变质,黏度下降使油压偏低,应更换。

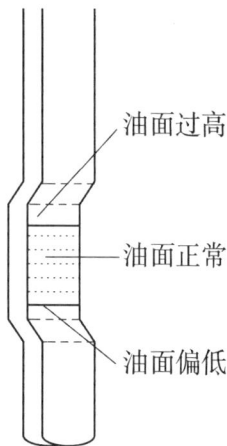

图2-106　检查润滑油油面高度

（油面过高　油面正常　油面偏低）

（3）拆下机油压力传感器,装上机油压力检测表。若机油压力达到规定值,而机油压力表指示的油压过低(或机油警示灯不灭),说明机油压力传感器或机油压力表故障,换上新的机油压力传感器,起动发动机怠速运行。若机油压力表指示正常(或机油警示灯灭),则机油压力传感器故障;若故障现象依旧,表明机油压力表故障。

（4）若机油压力表指示的机油压力在怠速、2000r/min时均低于规定值,应将检测表安装在汽缸体主油道机油压力传感器位置上,起动发动机,检测机油压力。若压力仍高于规定值,说明滤清器至主油道间有堵塞或限压阀故障;若压力无多大变化且较低,拆下限压阀清洗,在弹簧后端面加装垫片后重新进行压力检测。若机油压力明显提高,说明限压阀故障。

（5）加垫片后压力仍偏低,应拆下油底壳,检查集滤器是否堵塞、曲轴轴承和连杆轴承间隙是否过大。若是,应予以修复。

（6）上述检查均正常,说明故障为机油泵磨损过多。

二、机油压力过高故障诊断

(一)故障现象

发动机运行中机油将机油滤清器等密封圈冲裂,或发动机起动后机油压力增至0.49MPa以上。

（二）故障原因

（1）机油滤清器堵塞且旁通阀开启困难。

（2）曲轴箱通风阀（PCV 阀）堵塞。

（3）汽缸体主油道堵塞。

（4）新装配的发动机曲轴轴承或连杆轴承间隙过小。

（5）机油黏度过高。

（6）限压阀调整不当。

（7）机油压力表或传感器失效。

（三）故障诊断与排除

（1）拔出油尺检查润滑油黏度。若黏度过大，应予以更换。

（2）拆下曲轴箱通风管检查 PCV 阀是否堵塞。若堵塞，说明机油压力偏高是因曲轴箱通风不良引起，应更换 PCV 阀。

（3）在机油滤清器支架的机油压力传感器位置安装机油压力检测表，起动发动机，怠速运转，观察机油压力检测表读数。

①若机油压力达到规定值，说明机油压力传感器或机油压力表故障。换上新的机油压力传感器，起动发动机并怠速运行。若机油压力表指示正常，则机油压力传感器故障；若故障现象依旧，表明机油压力表故障。

②若机油压力高于规定值，拆下旁通阀取出旁通阀弹簧，起动发动机怠速运行。若此时机油压力正常，说明机油滤清器堵塞，旁通阀开启困难引起压力过高；若故障现象依旧，将限压阀调整螺栓退出少许。若机油压力降低，说明故障为限压阀调整不当。

（4）在缸盖主油道上安装压力表检测机油压力。如果机油压力过低，说明缸体主油道到缸盖间有堵塞，应予以修复。

（5）对于刚大修好或新装配的发动机，转动曲轴，感觉其旋转灵活性。若转动曲轴时感觉很重，说明曲轴装配过紧，引起机油压力偏高。

三、发动机润滑油消耗异常故障诊断

（一）故障现象

（1）发动机工作时，排气管排蓝烟。

(2)发动机机油消耗量超过0.1L/100Km(柴油发动机0.5L/100Km)以上。

(3)发动机机体上有机油泄漏痕迹,停车位置地上有油污。

(二)故障原因

(1)活塞环弹力不足或活塞环口重叠。

(2)活塞环侧隙、端隙过大。

(3)发动机曲轴前后油封漏油。

(4)气门室罩盖工作面不平或密封垫损伤导致机油泄漏。

(5)机油滤清器松动或密封圈损坏使机油泄漏。

(6)机油压力传感器密封圈处泄漏。

(7)废气涡轮增压器轴磨损过多(装有废气涡轮增压器的发动机)。

(8)发动机气门油封漏油。

(9)发动机活塞与汽缸壁间隙过大。

(10)发动机油底壳衬垫漏油。

(三)故障诊断与排除

(1)检查发动机上是否有机油泄漏的痕迹。若有,在清洁好发动机外部油污之后,起动发动机,观察泄漏情况;或往发动机润滑油中加入荧光检漏剂,起动发动机后用荧光检漏仪检查机油泄漏部位。如有泄漏,应予以修复。

(2)使发动机中速运转,观察发动机排气烟色。若排气管排出的是蓝烟,则应检测发动机汽缸压力;若汽缸压力过低,同时出现发动机动力不足、起动困难、急加速敲缸,则说明发动机活塞环磨损过多或活塞与汽缸壁间隙过大,应对发动机进行维修。

(3)若发动机汽缸压力正常,则故障应为气门油封漏油,或废气涡轮增压器轴磨损过多,润滑油进入气管内(装有废气涡轮增压器的发动机)。

单元三　汽车底盘故障诊断与排除

⬦课⬦题⬦一⬦　传动系统故障诊断与排除

一、离合器故障

常见的离合器故障现象有离合器打滑、离合器分离不彻底、起步发抖和离合器异响等。

（一）离合器打滑

1. 故障现象

（1）汽车起步时，完全放松离合器踏板，汽车仍不能行驶。

（2）汽车在行驶中踏下加速踏板时，发动机转速升高，但车速不能同步提高。

（3）汽车重载、上坡时打滑较明显，严重时产生焦糊味或冒烟等现象。

2. 故障原因

（1）离合器踏板没有自由行程，使分离轴承压在分离杠杆上。

（2）从动盘摩擦片、压盘或飞轮工作面磨损严重，离合器盖与飞轮的连接松动，使压紧力减弱。

（3）从动盘摩擦片油污、烧蚀、表面硬化、铆钉外露、表面不平，使摩擦因数下降。

（4）压力弹簧疲劳或折断，膜片弹簧疲劳或开裂，使压紧力下降。

（5）离合器操纵杆系卡滞，分离轴承套筒与导管间油污、尘腻严重，甚至造成卡滞，使分离轴承不能回位。

（6）分离杠杆弯曲变形，出现运动干涉，不能回位。

3. 故障诊断与排除

（1）检查离合器踏板自由行程，如图 3-1 所示。如不符合要求，应予以调整。

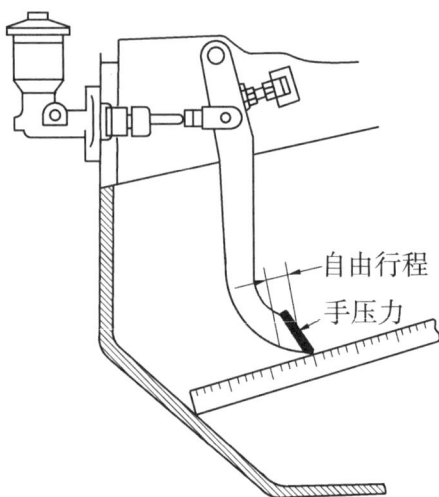

图 3-1　检查离合器自由行程

（2）若自由行程符合要求，应拆下离合器壳底盖，检查离合器盖与飞轮的连接螺钉是否松动，如图 3-2 所示。如有松动，应予以紧固。

（3）离合器盖与飞轮的连接无松动，再检查离合器分离杠杆内端高低，如图 3-3 所示。如不符合要求，应调整分离杠杆的高度。

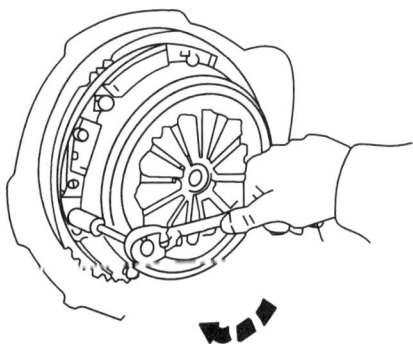

图 3-2　检查离合器盖与飞轮连接螺钉　　　　图 3-3　测量分离杠杆高度

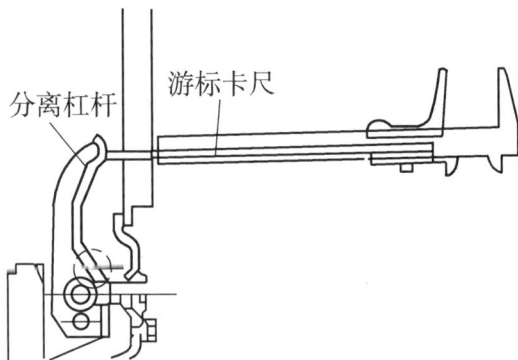

（4）经上述检查后离合器仍然打滑，应拆下离合器总成，检查离合器摩擦片，如图 3-4 所示。若摩擦片磨损过多变薄或铆钉头外露，应予以更换。若摩擦片有油污，应用汽油清洗并烘干。然后找出油污来源，予以排除。

（5）若摩擦片良好，则应分解离合器，检查压紧弹簧（或膜片弹簧），如图 3-5 所示。若离合器压紧弹簧变形或弹力过弱，应予以更换。

（6）检查离合器压盘或发动机飞轮表面的变形和磨损情况，如图 3-6 所示。若变形量过大，应予以修理或更换。

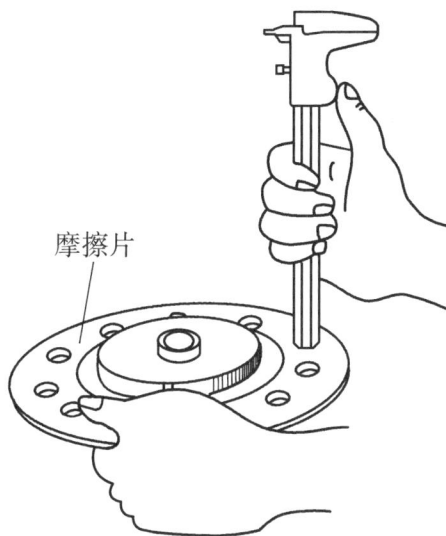

图 3-4　检查离合器摩擦片

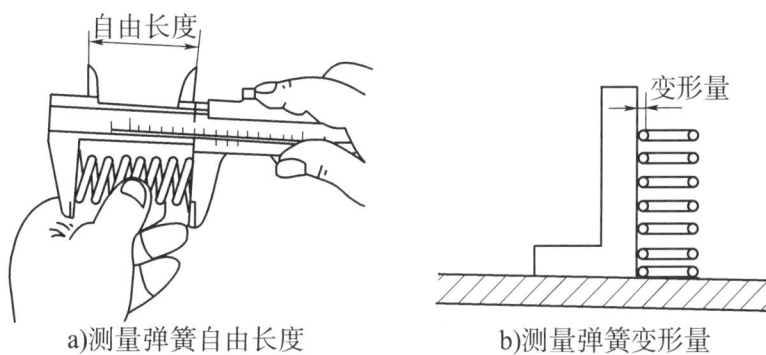

a)测量弹簧自由长度　　　　b)测量弹簧变形量

图 3-5　检查离合器压紧弹簧

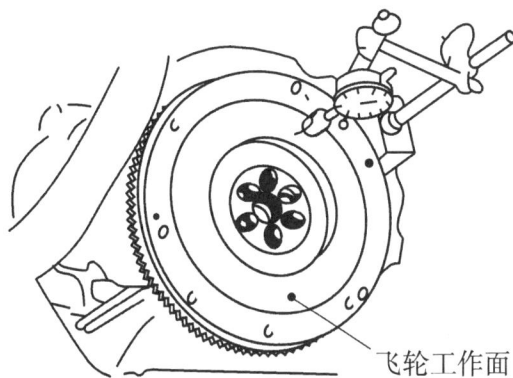

图 3-6　检查飞轮表面磨损情况

(二)离合器分离不彻底

1. 故障现象

(1)汽车起步时,将离合器踏板踏到底,仍感到挂挡困难,强行挂入挡后,未放松踏板,汽车就向前移动或造成发动机自行熄火。

(2)变速时挂挡困难或挂不进挡位,同时变速器内发出齿轮撞击声。

2. 故障原因

(1)离合器踏板自由行程过大。

(2)分离杠杆(或膜片弹簧)内端不在同一平面上。

(3)双片离合器中间压盘限位螺钉调整不当。

(4)从动盘翘曲变形、铆钉松脱或新换的摩擦片过厚。

(5)从动盘方向装反。

(6)飞轮或压盘端面挠曲变形。

(7)压紧弹簧弹性不一、个别折断或膜片弹簧变形、裂损。

(8)从动盘花键孔与变速器输入轴花键齿锈蚀或有油污,使从动盘移动困难。

(9)液压操纵式离合器操纵系统液体漏油或混入空气。

(10)发动机支承磨损或损坏,发动机与变速器不同心。

3. 故障诊断与排除

(1)检查离合器踏板自由行程(图3-1)。若自由行程过大,应予以调整。

(2)若自由行程符合要求,应拆下离合器壳底盖,检查分离杠杆内端高低是否一致(图3-3)。若不一致,应予以调整。

(3)对于双片式离合器,应检查限位螺钉与中间压盘的间隙,如图3-7所示。若不符合要求,应予以调整。

(4)对于膜片式离合器,应检查膜片弹簧内端是否过软、磨损过多或折断,如图3-8所示。若过软或有折断,应予以更换。

(5)若属于新换摩擦片过厚,可在离合器盖与飞轮间增加适当厚度的垫片予以调整,但各垫片厚度及内、外径应一致。

(6)经上述检查调整后仍然无效,应将离合器拆下,检查从动盘是否装反,如图3-9所示。若装反,应重新组装。

(7)检查从动盘在变速器输入轴花键齿上移动是否灵活。如发涩,应清除锈蚀和油污。检查从动盘有无铆钉松脱和翘曲变形,如图3-10所示。若不符合要求,应予以更换。

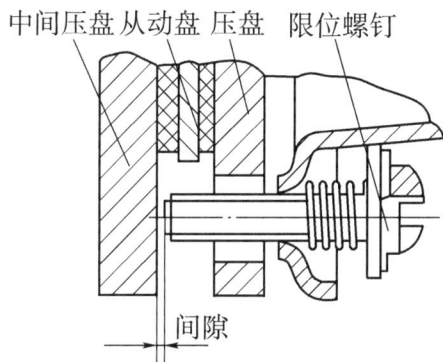

图 3-7 中间压盘限位螺钉的调整

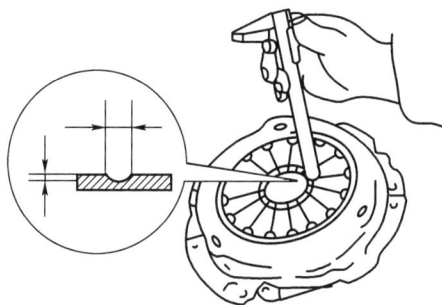

图 3-8 检查膜片弹簧内端

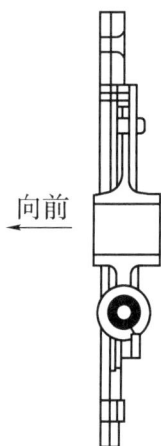

图 3-9 检查从动盘安装方向

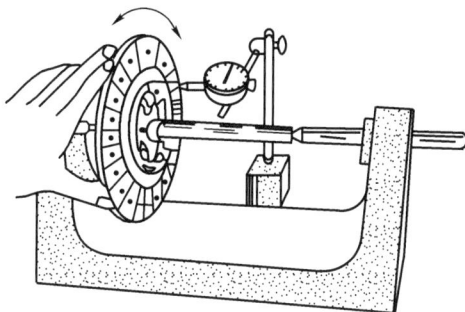

图 3-10 检查从动盘变形量

(8)若经上述检查调整仍然无效,应分解检查离合器总成,分别检查压紧弹簧(或膜片弹簧)、离合器压盘和发动机飞轮表面以及其他有关零件,视情况予以修理或更换。

(9)对于液压操纵式离合器,离合器总成经检查调整后仍分离不彻底,应检查操纵系统有无漏油现象,并对液压操纵系统进行空气排除,如图 3-11 所示。

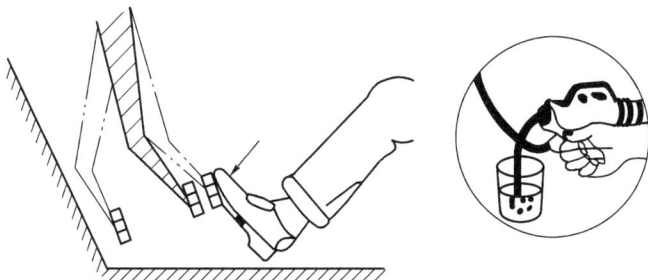

图 3-11 排除离合器液压操纵系统中的空气

(三)起步发抖

1.故障现象

汽车用低速挡起步时,按操作规程逐渐放松离合器踏板并徐徐踩下加速踏板,离合器不能平稳接合且出现振抖,严重时甚至整车出现振抖现象。

2.故障原因

(1)离合器分离轴承与导管之间锈蚀或有油污,使分离轴承移动困难。

(2)分离杠杆(或膜片弹簧)内端不在同一平面上。

(3)离合器从动盘破裂、变形、有油污或铆钉外露。

(4)从动盘花键孔与变速器输入轴花键齿之间磨损松旷,从动盘摇摆。

(5)压盘弹簧弹力不均,个别弹簧变软或折断。

(6)膜片式离合器膜片弹簧弹力不均。

(7)扭转减振器弹簧弹力下降或失效。

(8)飞轮或压盘端面翘曲不平或磨损起槽。

(9)离合器盖与飞轮的连接螺钉松动。

(10)变速器与飞轮壳固定螺钉(或螺栓)松动,或发动机支承固定螺栓松动。

3.故障诊断与排除

(1)检查变速器与飞轮壳的固定螺钉(或螺栓)以及发动机支承的固定螺栓是否松动。如有松动应加以紧固。

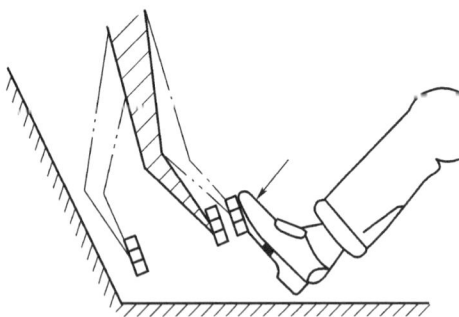

图 3-12 踩、抬离合器踏板

(2)连续踩、抬离合器踏板,如图 3-12 所示。检查分离轴承移动是否灵活。若发涩,表明分离轴承与导管间锈蚀或有油污,应进行清洁。

(3)若分离轴承移动灵活,应拆下离合器壳底盖,检查离合器盖与飞轮的连接螺钉是否松动(图 3-2)。如有松动,应加以紧固。

(4)若故障仍未排除,应检查分离杠杆(或膜片弹簧)内端高低是否一致(图 3-3)。如不一致,应予以调整。

(5)经上述检查调整后如果起步仍然发抖,应将离合器拆下,检查离合器从动盘摩擦片是否破裂、变形、沾有油污或铆钉外露,以及从动盘花键孔与变速器输入轴花键齿的配合情况,如图3-13所示,视情况予以修理或更换。

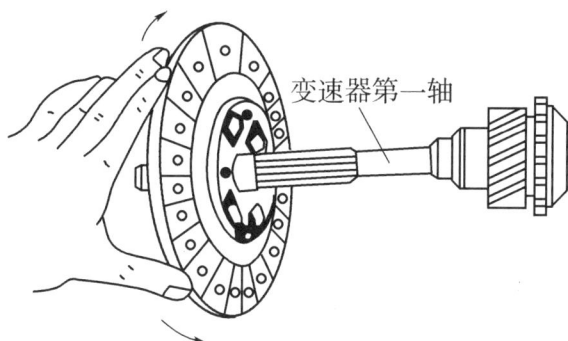

图3-13　检查从动盘花键孔与变速器第一轴花键齿的配合间隙

(6)若离合器从动盘良好,则应分解离合器,分别检查压盘弹簧(或膜片弹簧)和扭转减振器弹簧的弹力、飞轮表面和压盘表面是否翘曲变形。如不符合要求,应予以修理或更换。

(四)离合器异响

1.故障现象

发动机运转时,踩下离合器踏板有不正常响声,放松踏板异响声消失。或者无论踩下或放松离合器踏板,均有不正常响声发出。

2.故障原因

(1)离合器操纵机构连接部位松动。

(2)分离拨叉或传动部分有卡滞现象。

(3)离合器踏板无自由行程。

(4)离合器分离轴承润滑不良、脏污、磨损松旷或烧毁卡滞。

(5)从动盘摩擦衬片破裂、铆钉松动或从动盘花键齿磨损松旷、花键毂铆钉松动、钢片破裂。

(6)变速器第一轴前轴承或衬套磨损松旷。

(7)双片离合器传动销与中间压盘和压盘的销孔磨损松旷。

3.故障诊断与排除

(1)检查离合器操纵机构各连接部位的紧固件有无松动。如有松动,应予以紧固。

(2)如无松动,连续踩、抬离合器踏板(图3-12),检查分离拨叉和传动部分有

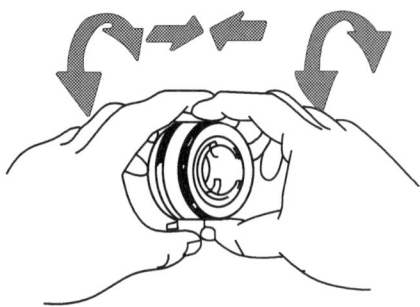

图 3-14　检查离合器分离轴承

无卡滞现象。如有卡滞现象,应予以排除。

(3)检查离合器踏板的自由行程(图 3-1)。如无自由行程,应按要求进行调整。

(4)若自由行程符合要求,应将离合器拆下,检查分离轴承的技术状况,如图 3-14 所示。如转动不灵活或磨损松旷,应更换。

(5)如分离轴承完好,应检查离合器摩擦片的技术状况(图 3-4)。若摩擦衬片破裂、铆钉松动或花键毂铆钉松动、花键齿磨损松旷、钢片破裂,应重新铆合或更换从动盘。

(6)若从动盘完好,应分解离合器总成,检查压盘弹簧、减振弹簧(图 3-5)、传动片等有无折断。如有折断,应予以更换。

(7)检查变速器第一轴前轴承或衬套是否磨损松旷,视情况加以更换。

二、手动变速器故障

手动变速器常见故障现象有变速器跳挡、变速器乱挡、变速器异响、变速器漏油等。

(一)变速器跳挡

1.故障现象

汽车在正常行驶中,变速器自动跳至空挡或滑动齿轮脱离啮合位置,同时发动机转速升高但车速减慢,动力不能按要求传递给驱动车轮。一般在中、高速行驶时,如果负荷突然变化或车辆剧烈振动,则容易产生跳挡。

2.故障原因

(1)变速器与飞轮壳的固定螺钉(或螺栓)松动。

(2)变速器拨叉轴自锁装置失效。

(3)换挡杆下端变形或球头松动。

(4)变速器换挡拨叉弯曲变形、严重磨损或紧固螺钉松动,致使齿轮换挡不到位。

(5)锁销式惯性同步器的锁销松动、散架或定位弹簧弹力减弱。锁环式同步器的锁环齿或锁环内锥面螺纹槽磨损过甚。

(6)变速器齿轮、齿套磨损过量,沿齿长方向磨成锥形。

(7)变速器第二轴花键齿与滑动齿轮或接合套花键齿槽磨损松旷。

（8）轴承磨损过甚、松旷，使齿轮不能正确啮合而上下摆动。

（9）变速器中间轴轴向间隙过大。

（10）远距离操纵的变速操纵机构调整不当。

3.故障诊断与排除

（1）检查远距离操纵的变速操纵机构是否松动或失调。如有松动或失调，予以修理或调整。

（2）检查变速器与离合器壳的固定螺钉（或螺栓）是否松动。如松动，应予以紧固。

（3）若固定螺钉（或螺栓）不松动，应拆下变速器盖，检查齿轮轮齿、齿套是否磨损成锥形，并检视滑动齿轮和第二轴花键的配合情况，如图 3-15 所示。若磨损严重或配合松动，应更换磨损严重的零部件。

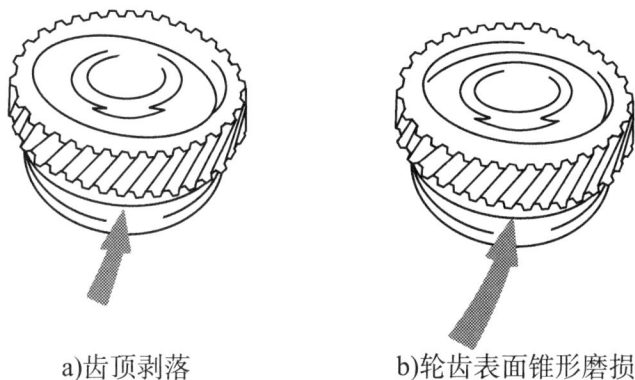

a)齿顶剥落　　　　　　b)轮齿表面锥形磨损

图 3-15　检查变速器齿轮磨损情况

（4）上述检查正常，再检查换挡杆、拨叉是否磨损、变形，拨叉紧固螺钉是否松动，如图 3-16 所示。如有严重磨损、变形或松动，应修复或更换。

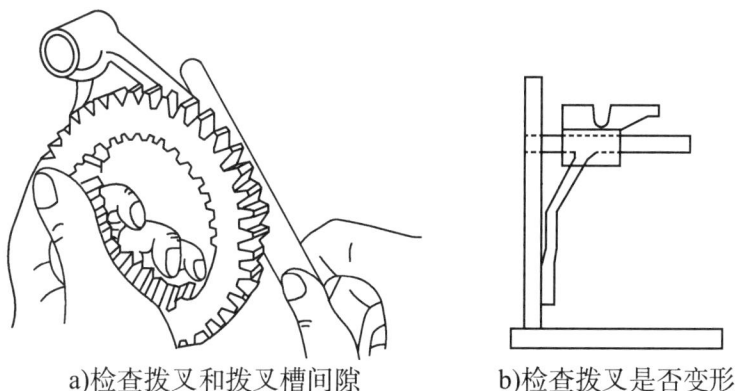

a)检查拨叉和拨叉槽间隙　　　　b)检查拨叉是否变形

图 3-16　检查变速器拨叉

(5)经检查,拨叉和换挡杆正常,则应检查拨叉轴自锁装置,其凹槽和自锁钢球是否磨损严重,弹簧有无变形、折断或疲劳变软,如图 3-17 所示。如凹槽和钢球磨损严重,弹簧不合要求,则应予以更换。

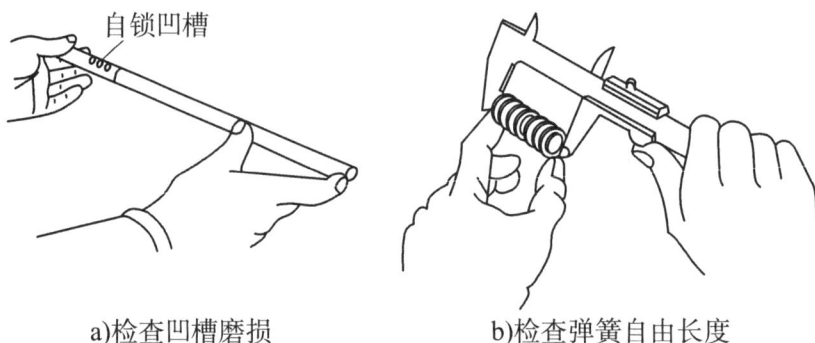

自锁凹槽

a)检查凹槽磨损　　　　　　b)检查弹簧自由长度

图 3-17　检查变速器自锁装置

(6)若上述检查均正常,应将变速器拆下解体,检查轴承是否严重磨损、松旷,如图 3-18 所示。如轴承磨损严重、松旷,应予以更换。

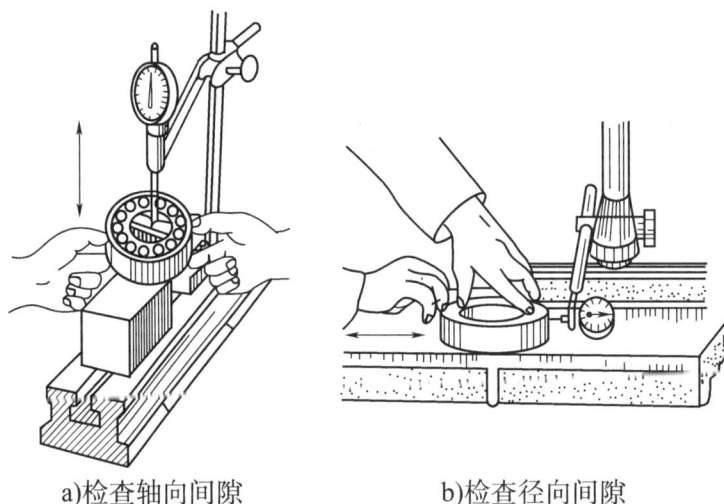

a)检查轴向间隙　　　　　　b)检查径向间隙

图 3-18　检查轴承

(7)检查齿轮与轴配合的轴向间隙和径向间隙,如图 3-19 所示。如超过规定限度,应予以更换。

(8)若齿轮与轴的配合不松旷,应检查同步器是否松动、散架,衬套和锥环是否磨损、破裂,如图 3-20 所示。如有损坏,应更换同步器。

(9)若仍未发现故障,则应检查变速器第一轴与发动机曲轴的同轴度是否超限。检查时,旋松变速器固定螺钉(或螺栓),挂上直接挡,松开驻车制动器,用手摇柄摇转发动机,观察变速器与离合器壳的接触面是否一致。若接触面间隙一边大一边小,则说明变速器第一轴与曲轴不同轴。如同轴度超限,应拆卸检查飞轮壳承孔和变速器第一轴轴承盖、第一轴前轴承的磨损情况。若磨损过甚,视情况加以修复或更换。

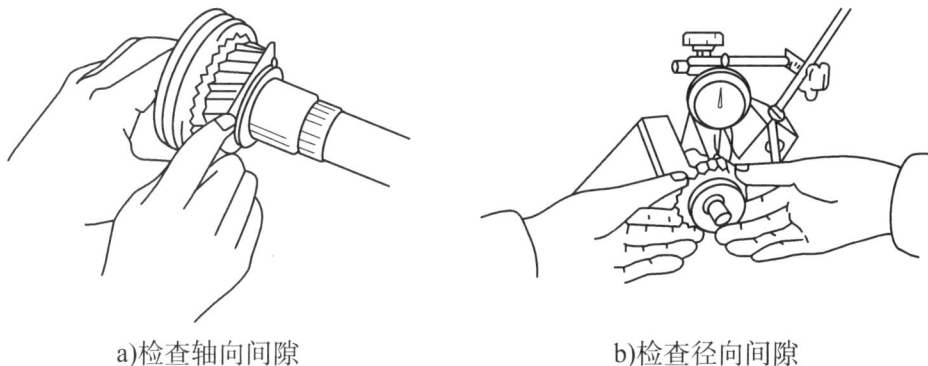

a)检查轴向间隙   b)检查径向间隙

图 3-19　检查齿轮与轴配合的轴向和径向间隙

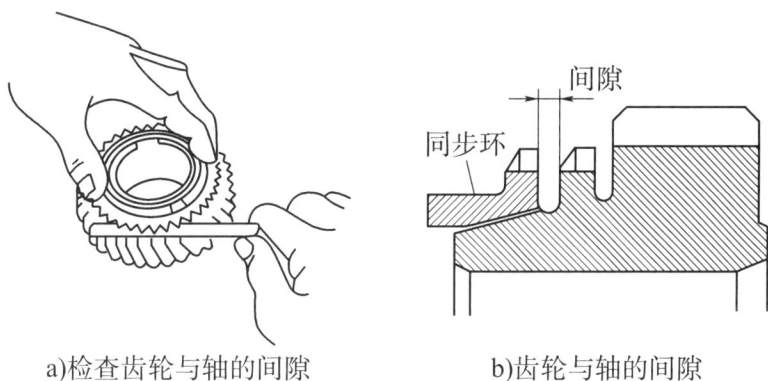

a)检查齿轮与轴的间隙   b)齿轮与轴的间隙

图 3-20　检查同步器

(二)变速器乱挡

1.故障现象

(1)在换挡时,挂不上所需要的挡位或挂上挡后不能退回空挡。

(2)挂入的挡位与应该挂入的挡位不相符,汽车不能正常行驶。

(3)同时挂入两个挡位,无法传递发动机的动力。

2.故障原因

(1)变速操纵机构互锁装置损坏,不起作用。

（2）换挡杆弯曲变形，换挡杆球头磨损过大，限位销松旷或折断。

（3）变速叉与变速叉轴固定螺钉松动或松脱。

（4）拨叉导块凹槽和换挡杆下端的工作面磨损严重，使换挡杆从两个导块之间滑出。

（5）第二轴前端滚针轴承烧结，使第一轴和第二轴连成一体。

（6）变速器同步器损坏，同步器锁环卡在锥面上。

3.故障诊断与排除

（1）若换挡杆能任意转动，表明其球头限位销磨短或脱落，或球面严重磨损，应予以修理或更换。检查换挡杆球面与球头限位销如图3-21所示。

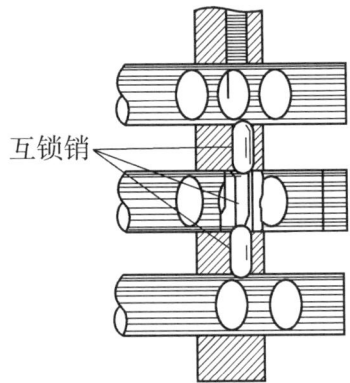

（2）若变速器同时能挂入两个挡，第二轴卡住不转，应拆下变速器盖，检查和修理变速器互锁装置。图3-22所示为检查互锁销凹槽的磨损量。

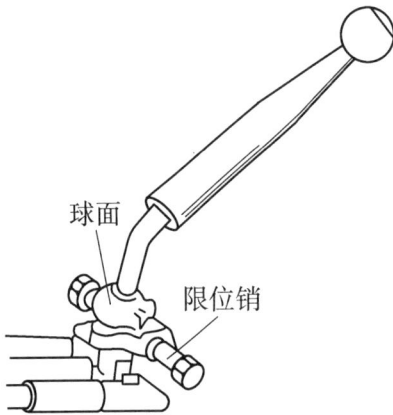

图3-21　检查换挡杆球面与球头限位销　　图3-22　检查互锁销凹槽的磨损量

（3）如果变速器不能挂入所需要的挡位，挂挡后不能退回空挡，应拆下换挡杆，检查换挡杆下端弧形工作面和拨叉导块凹槽磨损是否过大，如图3-23所示。若磨损过大，应予以修理。

（4）若只有直接挡和空挡能行驶，而其他挡均不能行驶，则应拆下变速器，检查第二轴前端滚针轴承是否烧结，如图3-24所示。如已烧结，应更换滚针轴承，并对支承的轴颈和轴孔作相应的修整。

（5）若只有挂直接挡才能行驶，其他挡均不能行驶，说明变速器中间轴前端常啮合齿轮的半圆键被切断，应更换新件。

（6）拆检变速器同步器，如图3-25所示。必要时，更换同步器磨损严重的零部件。

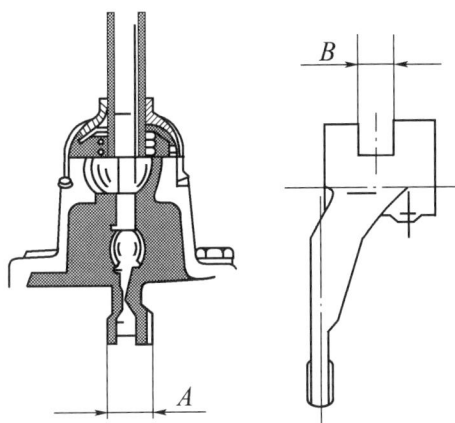

图 3-23　检查换挡杆下端弧形工作面
与拨叉导块凹槽配合间隙

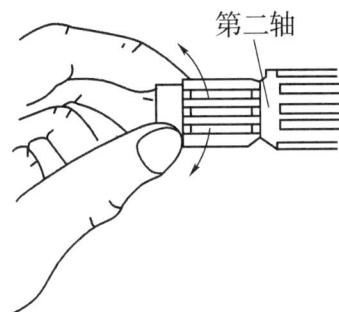

图 3-24　检查第二轴前轴承

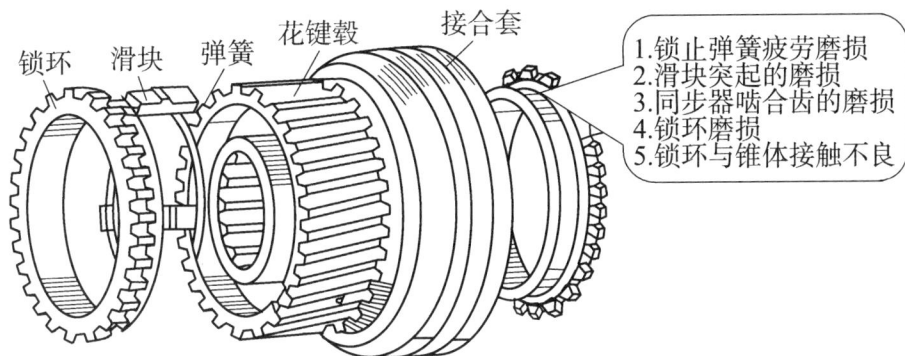

1.锁止弹簧疲劳磨损
2.滑块突起的磨损
3.同步器啮合齿的磨损
4.锁环磨损
5.锁环与锥体接触不良

图 3-25　拆检同步器

(三)变速器异响

1.故障现象

变速器异响是指变速器内发生不正常的响声,主要是轴承磨损松旷和齿轮间不正常啮合而引起的噪声。

变速器异响,一般在空挡位置或挂上某一挡位行驶的两种情况下发生。

2.故障原因

(1)变速器缺油或油质变坏。

(2)轴承磨损松旷或损坏。

(3)齿轮啮合间隙过小或齿轮磨损过度,啮合间隙过大。

(4)齿轮齿面金属剥落、轮齿断裂或修理后装配错位。

(5)花键孔与花键槽磨损严重,配合松旷。

(6)输入轴、输出轴扭曲变形。

(7)同步器弹簧失效、锁块脱落。

(8)换挡杆下端面与拨叉导块凹槽之间磨损松旷。

(9)变速叉变形或变速叉固定螺钉松动。

(10)变速器安装定位不准、装配松动或操纵机构连接部位松动。

3. 故障诊断与排除

(1)若汽车以任何挡位、任何速度行驶,变速器均有金属干摩擦声,用手摸变速器外壳有烫手的感觉,应检查润滑油油质和油量,视情况添加或更换润滑油。

(2)发动机怠速运转时,若变速器空挡有异响,而踩下离合器踏板后响声消失,则应拆下变速器,检查第一轴后轴承(图3-26)和常啮合齿轮。对严重磨损或损坏的零部件,应予以修理或更换。

(3)汽车在起步或在换挡过程踩离合器踏板的瞬间,变速器发出强烈的金属摩擦声,而在离合器完全接合后响声消失,应检查变速器第一轴前轴承是否磨损松旷或损坏,如图3-27所示。如磨损松旷或损坏,应予以更换。

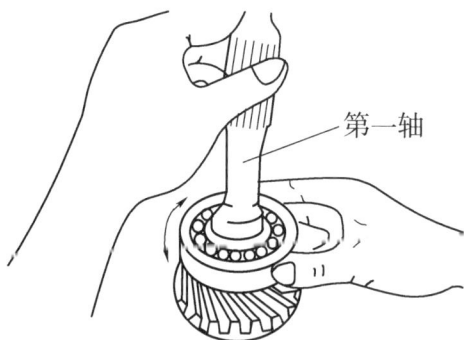

图 3-26　检查第一轴后轴承　　　　图 3-27　检查变速器第一轴前轴承

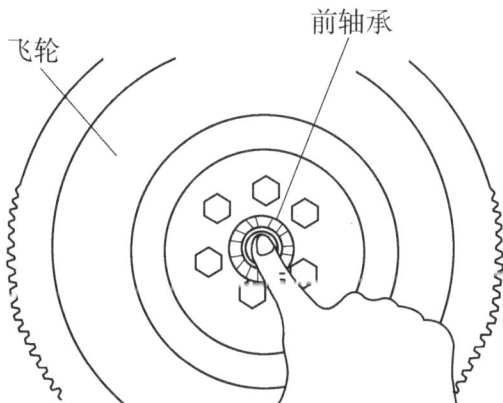

(4)若空挡滑行时无异响,当挂入某一挡位起步,或在某一挡位变速或匀速行驶时产生异响,应检查该挡位齿轮或花键的啮合是否磨损、松旷甚至损坏,或存在啮合间隙过小的情况。必要时,进行修理或更换。

(5)若变速器在低速挡行驶时有异响,但高速挡行驶时声响减弱或消失,空挡滑行时可听到"哗哗"的异响声,应检查变速器第二轴后轴承的松旷程度(图3-18)。如过于松旷或损坏,应予以更换。

(6)若用直接挡行驶时无异响,而其他挡均有异响,应检查变速器中间轴轴承和第二轴前端轴承(图 3-24)。如磨损松旷或损坏,应予以更换。

(7)汽车行驶在不平路面时,换挡杆摆动且出现无节奏的响声,用手把住换挡杆手柄时,响声即可消失,应检查变速叉是否变形或固定螺钉松动,变速叉、拨叉导块凹槽或换挡杆下端工作面是否磨损严重(图 3-23)。如有松动或磨损过大,应修复或更换。

(8)若在挂挡或换挡时,发出"嘎嘎"声并伴有换挡困难的现象,应检查同步器锥环是否磨损严重(图 3-20)。若磨损过大,应予以更换。

(9)变速器在各挡位行驶均有异响,且加速时声响更为明显,则应分解变速器,检查变速器壳体、轴、齿轮、花键和轴承等是否严重磨损或变形,如图 3-28 所示。必要时,进行修理或更换。

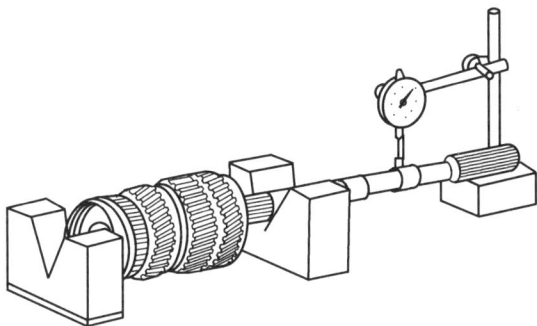

图 3-28　检查第二轴变形量

(四)变速器漏油

1. 故障现象

变速器内的润滑油从变速器盖,前、后轴承盖或其他部位渗漏出来。

2. 故障原因

(1)润滑油加注过多。

(2)壳体破裂。

(3)密封衬垫变形或损坏。

(4)放油螺塞松动、滑扣。

(5)加油孔螺塞松动、滑扣。

(6)变速器的通气孔堵塞,使变速器内压力增加、温度升高,造成各密封部位渗漏。

(7)变速器盖、轴承盖固定螺钉松动。

3.故障诊断与排除

(1)检查各紧固螺钉是否松动。若松动,予以紧固。

(2)检查变速器润滑油量是否过多。若过多,应按规定放出多余的润滑油。

(3)检查通气塞是否堵塞,如图3-29所示。若堵塞,要加以疏通。

(4)检查加油螺塞、放油螺塞是否松动、滑扣,如图3-29所示。若松动,加以紧固;若滑扣,视情进行修理或更换。

(5)观察变速器漏油处并检查漏油处纸垫、油封的完好情况。如有损坏,应予以更换。

(6)若经上述检查后仍漏油,应将变速器拆下,检查变速器壳体有无裂纹、砂眼、气孔等,如图3-30所示。若破裂或有砂眼孔,应予以修理或更换。

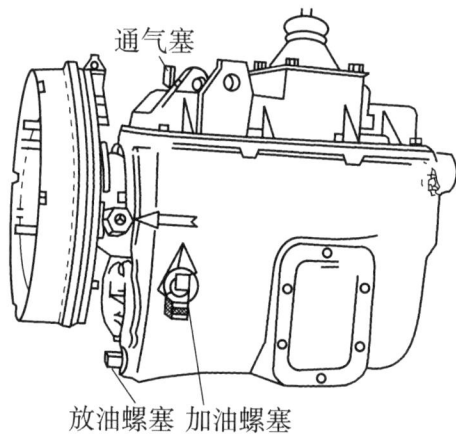

图3-29　检查通气塞、放油螺塞及加油螺塞

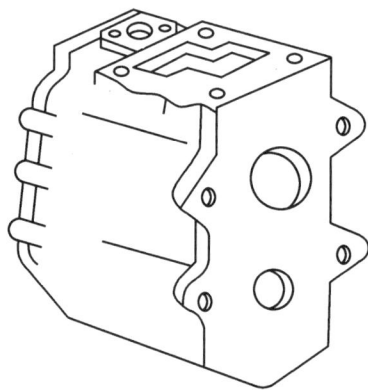

图3-30　检查变速器壳体

三、自动变速器故障

自动变速器故障的诊断与排除,是运用各种检测仪器和故障诊断方法,按照规定的程序和步骤,对故障进行分析,确定故障原因及部位,然后对故障部位进行相应的调整、修理或更换。自动变速器故障诊断流程如图3-31所示。

(一)各种测试

1.道路测试

道路试验是诊断、分析自动变速器故障的有效手段之一。此外,自动变速器在修复之后,也应进行道路试验,以检查其工作性能、检验其修理质量。自动变速器的道路试验内容主要有:检查换挡速度、换挡质量以及检查换挡执行元件有无打滑等。在道路试验之前,应先让汽车以中低速行驶 5~10min,让发动机和自动变速器都达到正常工作温度。在试验中,通常应将 OD 开关置于 ON 的位置(即 OD-OFF 熄灭),并将模式选择开关置于常规模式或经济模式。道路试验的方法如下。

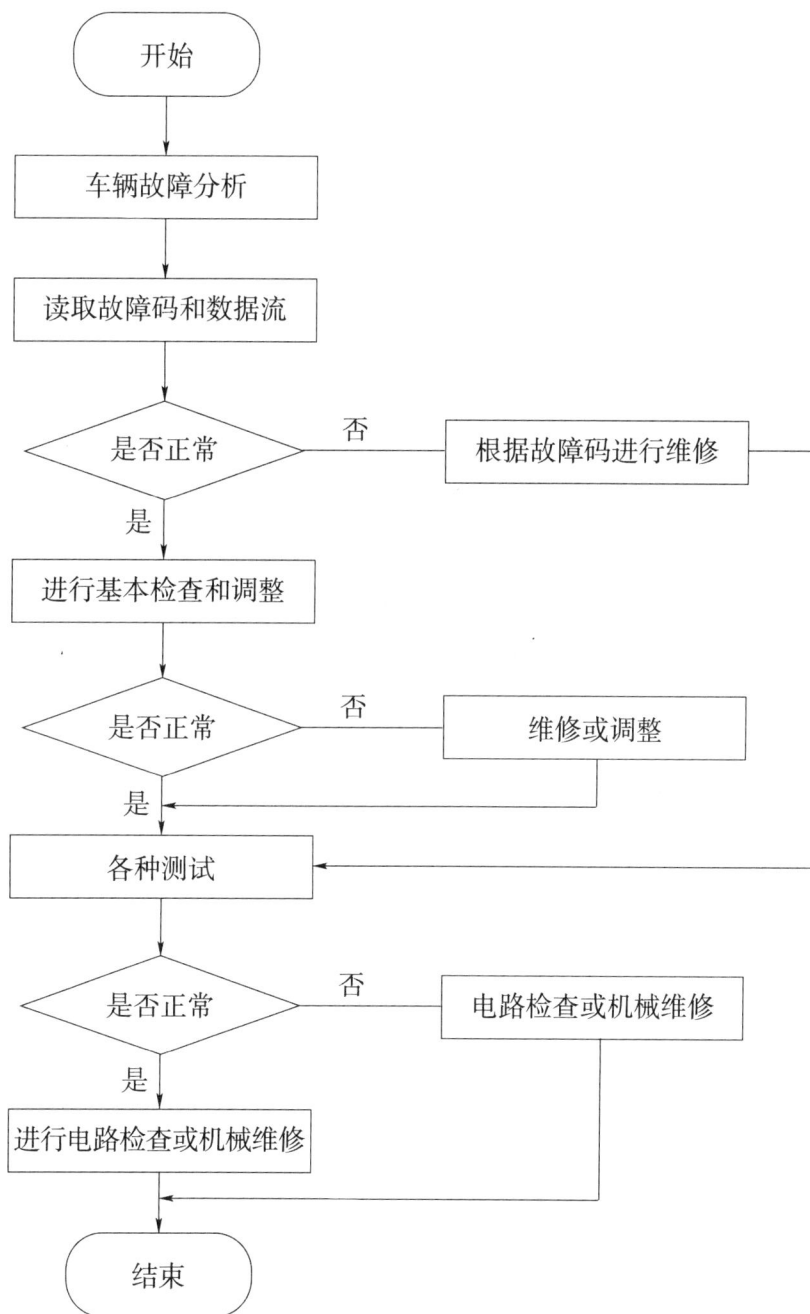

图 3-31　自动变速器故障诊断流程

（1）升挡检查。

将换挡杆置于D位,踩下加速踏板,使节气门保持在50%开度左右,让汽车起步加速,检查自动变速器的升挡情况。自动变速器在升挡时发动机会有瞬时的转速下降,同时车身有轻微的闯动感。正常情况下,汽车起步后随着速度的升高,试车者应能感觉到自动变速器顺利地由1挡升入2挡,随后再由2挡升入3挡,最后升入超速挡。若自动变速器不能升入高速挡(3挡或超速挡),说明控制系统或换挡执行元件有故障。

（2）升挡速度检查。

在上述升挡检查的过程中,当察觉到自动变速器升挡时,记下升挡速度。一般4挡自动变速器在节气门开度50%时由1挡升至2挡的速度为25～35km/h,由2挡升至3挡的速度为55～70km/h,由3挡升至4挡(超速挡)的速度为90～120km/h。由于升挡速度和节气门开度有很大的关系,即节气门开度不同时,升挡速度也不同,而且,不同车型的自动变速器各挡位传动比的大小都不相同,其升挡速度也不完全一样。因此,只要升挡速度基本保持在上述范围内,而且汽车行驶中加速良好,无明显的换挡冲击,都可认为其升挡速度基本正常。若汽车行驶中加速无力,升挡速度明显低于上述范围,说明升挡速度过低(即升挡提前);若汽车行驶中有明显的换挡冲击,升挡速度明显高于上述范围,说明升挡速度过高(即升挡滞后)。自动变速器的换挡图如图3-32所示。图中实线为升挡曲线,虚线为降挡曲线。电子控制自动变速器的升挡车速和节气门开度的变化关系呈阶梯状折线。

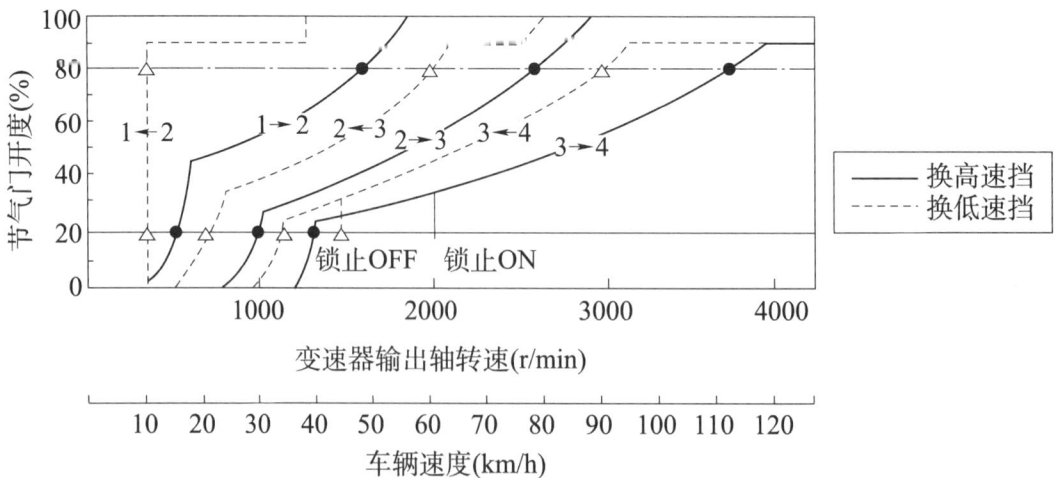

图3-32 自动变速器换挡图

升挡速度太低,一般是控制系统的故障所致;升挡速度太高,则可能是控制系统的故障所致,也可能是换挡执行元件的故障所致。

（3）换挡质量检查。

换挡质量检查的主要内容是检查有无换挡冲击。正常的自动变速器只有不太明显的换挡冲击,特别是电控自动变速器的换挡冲击应十分微弱。若换挡冲击太大,说明自动变速器的控制系统或换挡执行元件有故障,其原因可能是主油压高或换挡执行元件打滑,应做进一步的检查。

（4）锁止离合器工作状况检查。

自动变速器液力变矩器中锁止离合器的工作是否正常,也可以采用道路试验的方法进行检查。试验中,让汽车加速至超速挡,以高于80km/h的速度行驶,并让节气门开度保持在低于50%的位置,使变矩器进入锁止状态。此时,快速将加速踏板踩下,使节气门开度超过85%,同时检查发动机转速的变化情况。若发动机转速没有太大的变化,说明锁止离合器处于接合状态;反之,若发动机转速升高很多,则表明锁止离合器没有接合,其原因通常是锁止控制系统有故障。锁止离合器工作状况的检查如图3-33所示。

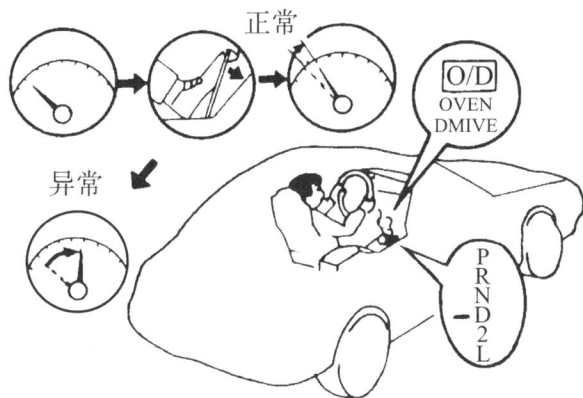

图3-33　锁止离合器工作状况的检查

（5）发动机制动作用检查。

检查自动变速器有无发动机制动作用时,应将换挡杆置于2或L位。在汽车以2挡或1挡行驶时,突然松开加速踏板,检查是否有发动机制动作用。若松开加速踏板后速度立即随之下降,说明有发动机制动作用;否则,说明控制系统或换挡执行元件有故障。

（6）强制降挡功能检查。

检查自动变速器强制降挡功能时,应将换挡杆置于D位,保持节气门开度为

30%左右,在以2挡、3挡或超速挡行驶时突然将加速踏板踩到底,检查自动变速器是否被强制降低一个挡位,如图3-34所示。在强制降挡时,发动机转速会突然升至4000r/min左右,并随着加速升挡,转速逐渐下降。若踩下加速踏板后没有出现强制降挡,说明强制降挡功能失效。若在强制降挡时发动机转速升高反常,达到5000r/min,并在升挡时出现换挡冲击,则说明换挡执行元件打滑,应拆修自动变速器。

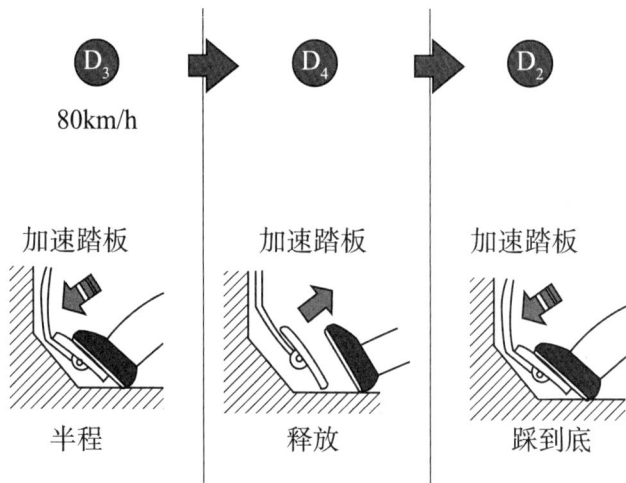

图3-34 强制降挡功能的检查

2. 机械系统测试

下面以丰田卡罗拉U341E自动变速器为例,介绍自动变速器的有关机械系统测试。

1)失速转速测试

失速转速测试是通过测量换挡杆在D、R位时的失速转速来检查发动机及变速器的总体性能。

(1)注意事项。

失速试验需要注意以下事项。

①在正常工作温度下进行该试验(50~80℃)。

②该试验连续进行不得超过5s。

③为保证安全,请在宽阔水平地面上进行试验,并确保试验用车前后无人。

④失速试验应两人共同完成。一人观察车轮情况或车轮塞木情况,另一人进行试验。

(2)试验方法步骤。

失速试验方法、步骤如图 3-35 所示。

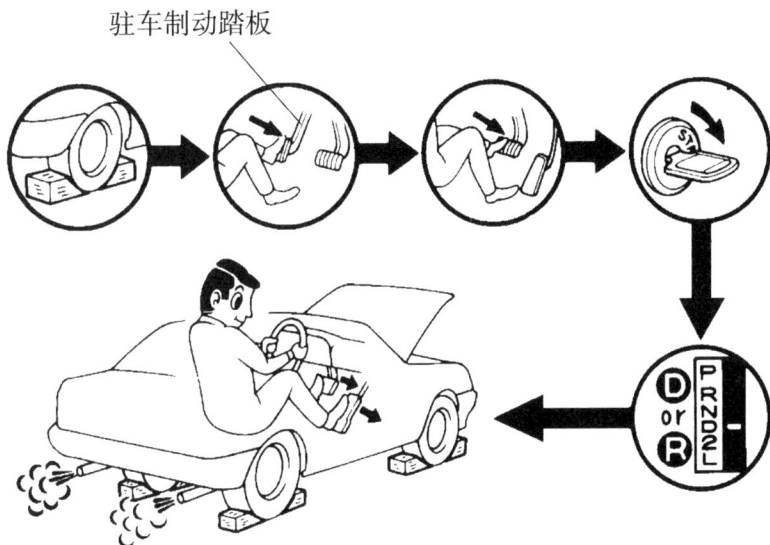

图 3-35　失速试验

①塞住前后车轮,将智能检测仪连接到 DLC3。

②拉紧驻车制动手柄或踩下驻车制动踏板。

③左脚踩下制动踏板。

④起动发动机。

⑤将换挡杆置于 D 位。用右脚把加速踏板踩到底,同时迅速读发动机转速,此转速即为失速转速。在 R 位重复试验。

注意:如果在发动机转速未达到规定失速转速之前,后轮开始转动,应放松加速踏板停止试验。

装有 U341E 的卡罗拉轿车的失速转速为(2400±300)r/min。

(3)结果分析。

失速试验结果分析如下。

①如果 D 位、R 位的失速转速相同,但均低于规定值:发动机可能功率不足、导轮(变矩器)单向离合器工作不正常;如果其低于规定值 600r/min,液力变矩器可能损坏。

②在 D 位失速转速高于规定值:主油压太低、前进挡离合器工作不良、O/D 单向离合器工作不良。

③在 R 位失速转速高于规定值:主油压太低、直接挡离合器打滑、一挡(C 挡)及倒挡(R 挡)离合器打滑、O/D 单向离合器工作不良。

④在 D 位和 R 位失速转速均高于规定值:主油压太低、油液液面位置不正常、O/D 单向离合器工作不良。

2)换挡时滞试验

发动机怠速转动时拨动换挡杆,在感觉振动前会有一段短暂时间的迟滞或延迟。换挡时滞试验是指通过测量该迟滞时间来检查离合器、制动器的工作情况。

(1)注意事项。

换挡时滞试验注意事项如下。

①在正常工作油温下进行该试验(50~80℃)。

②在各试验中保证有 1min 间隔。

③进行三次试验并取平均值。

(2)试验方法、步骤。

换挡时滞试验方法、步骤如图 3-36 所示。

图 3-36 换挡时滞试验

①将智能检测仪连接到 DLC3。

②拉紧驻车手柄或踩下驻车制动踏板。

③起动发动机暖机并检查怠速。怠速转速大约为 700r/min(在 N 位并且空调关闭)。

④将换挡杆从 N 位拨向 D 位。用秒表测量拨动选挡杆到感觉振动的时间。延迟时间应小于 1.2s。

⑤从 N→R 用同样方法测量。延迟时间应小于 1.5s。

（3）结果分析。

换挡时滞试验结果分析：

①N→D 延迟时间大于规定值：主油压太低、前进挡离合器磨损、2 号单向离合器工作不良。

②N→R 延迟时间大于规定值：主油压太低、倒挡离合器磨损、一挡和倒挡制动器磨损。

3. 油压测试

油压测试一般是做主油压测试。

（1）注意事项。

油压试验注意事项如下。

①在自动变速器油（ATF）的正常工作温度（50～80℃）下执行测试。

②务必由两人一起完成。一人进行测试时，另一人应在车外观察车轮或车轮挡块的状况。

③注意不要使 SST 软管妨碍排气管。

④本检测必须在检查和调整发动机之后进行。

⑤检测应在空调关闭的情况下进行。

⑥失速测试时，测试的持续时间不得超过 5s。

（2）试验方法、步骤。

主油压测试的方法、步骤如图 3-37 所示。

图 3-37　油压试验

①预热 ATF，使 ATF 达到正常工作温度。

②拆下传动桥壳左前侧的检测螺塞并连接 SST，如图 3-38 所示。

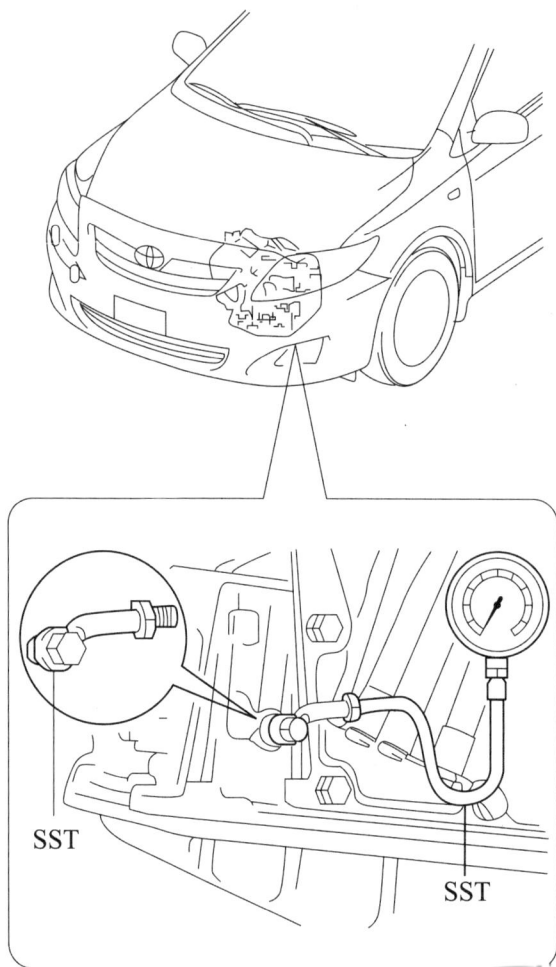

图 3-38　连接 SST

③完全拉紧驻车制动器并塞住 4 个车轮。

④将智能检测仪连接到 DLC3。

⑤起动发动机并检查怠速。

⑥左脚踩住制动踏板并将换挡杆换至 D 位。

⑦在发动机怠速运转时测量主油压。

⑧将加速踏板踩到底。发动机转速达到失速转速时，迅速读取最高主油压。

⑨换挡杆在 R 位时，用同样的方法进行测试。

（3）结果分析。

规定的主油压见表 3-1。

规定的主油压　　　　　　　　　　　　　　表 3-1

条　　件	D 位置 kPa（kgf/cm² ,psi）	R 位置 kPa（kgf/cm² ,psi）
怠速运转时	372 ~ 412kPa （3.8 ~ 4.2kgf/cm² ,54 ~ 60psi）	553 ~ 623kPa （5.6 ~ 6.4kgf/cm² ,80 ~ 100psi）
失速测试	1120 ~ 1230kPa （11.4 ~ 12.5kgf/cm² ,162 ~ 178psi）	1660 ~ 1870kPa （16.9 ~ 19.1kgf/cm² ,241 ~ 271psi）

主油压不正常的故障原因见表 3-2。

主油压不正常的故障原因　　　　　　　　　表 3-2

测 试 结 果	故 障 原 因
在所有挡位测量值都偏高	（1）换挡电磁阀 SLT 故障 （2）调压器阀故障
在所有挡位测量值都偏低	（1）换挡电磁阀 SLT 故障 （2）调压器阀故障 （3）机油泵故障
仅在 D 位压力偏低	（1）D 位油路漏油 （2）前进挡离合器故障
仅在 R 位压力偏低	（1）R 位油路漏油 （2）倒挡离合器故障 （3）一挡和倒挡制动器故障

4.手动换挡测试

手动换挡测试的目的是为了确定故障原因是机械故障还是电气故障。断开变速器线束连接器,以禁止电子控制自动换挡。在此情况下,只能通过操作换挡杆进行机械换挡改变挡位。如果通过操作换挡杆未能换挡,可假定存在机械故障。

手动换挡测试方法和步骤如下。

（1）将点火开关置于 OFF 位置。

（2）断开自动变速器线束连接器,如图 3-39 所示。

变速器线束

图 3-39　断开自动变速器线束连接器

（3）使发动机暖机。

（4）行驶车辆。

（5）当换挡杆移至 L、2、3 和 D 位置时，检查挡位是否与表 3-3 所列情况相同。如果出现异常，说明可能存在机械故障。

手动换挡测试　　　　　　　　　　　　　　　　　　表 3-3

换挡杆位置	P	R	N	D	3	2	L
挡位	驻车挡	倒挡	空挡	三挡	三挡	三挡	三挡

（6）将点火开关置于 OFF 位置。

（7）连接变速器线束连接器。

（8）清除故障码。

（二）自动变速器电子控制系统自诊断

1.诊断方式

当点火开关转到 ON 位置，发动机不运转时，警告灯点亮；当发动机起动时，故障警告灯应熄灭。如果故障警告灯继续点亮，则说明自动变速器电子控制系统可能存在故障。其诊断方式有人工读取故障码和专用故障诊断仪读取故障码。

（1）人工读取故障码。使用跨接线，短接诊断接头的端子，通过仪表上故障指示灯不同频率的闪烁（闪烁时间长短和次数）来读取故障码。目前很少采用人工方法读取故障码。

（2）专用故障诊断仪读取故障码。故障诊断仪通常配有多种车型的诊断接头和诊断卡，具体使用请参考仪器的操作说明和车型维修手册。

2. 应用实例

图 3-40 所示为 Tran2000 故障诊断仪，是一种手持式电子控制自动变速器故障诊断仪，它能检测多种电子控制自动变速器，主要功能包括：

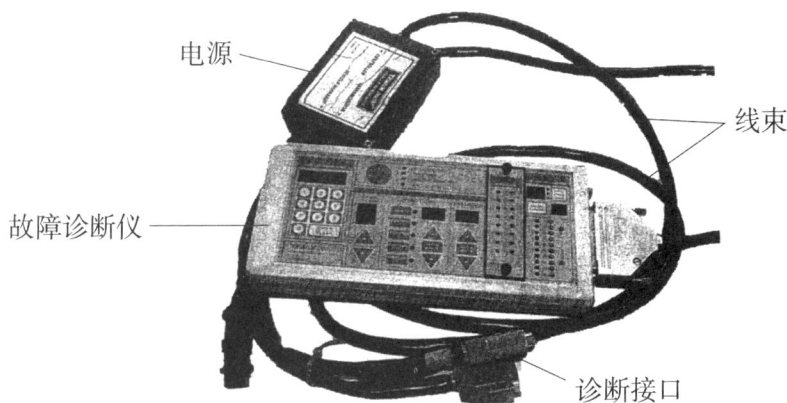

电源
线束
故障诊断仪
诊断接口

图 3-40　Tran2000 故障诊断仪

（1）可模拟控制计算机的信号控制电磁阀（多达 8 个以上）；

（2）可读取相关的数据和参数，方便数据的对照；

（3）能测试脉冲式的油压控制电磁阀和检测油压；

（4）可监控和替代计算机的指令、换挡顺序、变矩器锁止操作和油压控制。

Tran2000 故障诊断仪与车辆的连接如图 3-41 所示。

(三)常见故障诊断与排除

1. 汽车不能行驶

1)故障现象

（1）换挡杆置于任何动力挡（D 位、R 位、2 位、L 位），汽车都不能行驶；

（2）冷车起动后汽车能行驶一小段路程，但热车状态下汽车不能行驶。

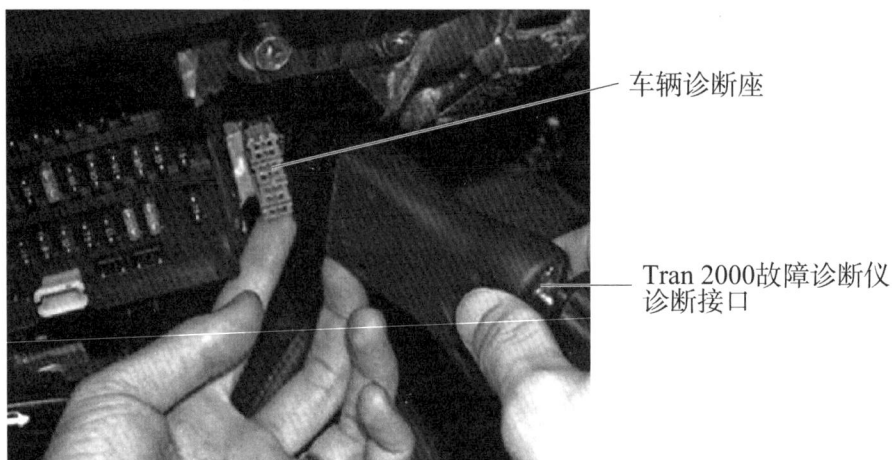

车辆诊断座

Tran 2000故障诊断仪
诊断接口

图3-41　Tran2000 故障诊断仪与车辆的连接

2）故障原因

（1）自动变速器油底壳漏油,ATF 全部漏光。

（2）换挡杆和手动阀之间的连接松脱,手动阀保持在空挡位置。

（3）油泵进油滤网堵塞。

（4）主油路严重泄露。

（5）油泵损坏。

3）故障诊断与排除

（1）检查自动变速器内有无 ATF。其方法是:拔出自动变速器的油尺,观察油尺上有无 ATF。如果油尺上没有 ATF,说明自动变速器内的 ATF 已漏光。此时应进行自动变速器的漏油检查。

（2）检查自动变速器换挡杆与手动阀之间是否松脱。如果松脱,应予以装复,并重新调整好换挡杆的位置。

（3）拆下主油路测试孔上的螺塞,起动发动机,将换挡杆置于 D 位或 R 位,检查测试孔内有无 ATF 流出。

（4）如果主油路测试孔内没有 ATF 流出,应打开油底壳,检查手动阀是否工作正常。如果手动阀工作正常,则说明油泵损坏。此时应拆卸分解自动变速器,更换油泵总成。

（5）如果主油路测压孔内只有少量 ATF 流出,油压很低或基本上没有油压,应打开油底壳,检查油泵进油滤网是否堵塞。如无堵塞,说明油泵损坏或主油路严重泄漏。此时应拆卸分解自动变速器,予以修理。

（6）如果冷车起动时主油路有一定的油压,但热车后油压明显下降,说明油泵磨损严重。此时应更换油泵总成。

（7）如果测试孔内有大量 ATF 喷出，说明主油路油压正常，故障出在自动变速器中的输入轴、行星排或输出轴。此时应拆检自动变速器。

汽车不能行驶的故障诊断与排除步骤如图 3-42 所示。

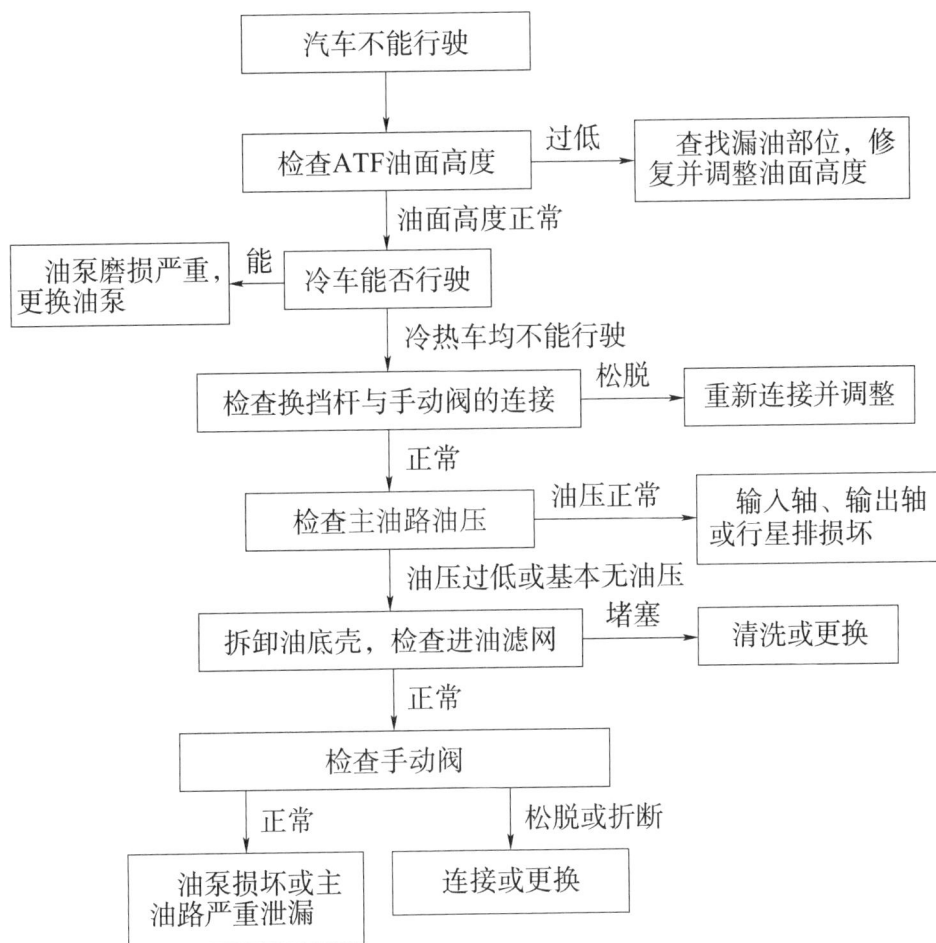

```
                    ┌──────────────┐
                    │  汽车不能行驶  │
                    └──────┬───────┘
                           │
                    ┌──────┴───────┐   过低   ┌──────────────────┐
                    │ 检查ATF油面高度 ├───────→│ 查找漏油部位，修    │
                    └──────┬───────┘          │ 复并调整油面高度   │
                           │ 油面高度正常               └──────────────────┘
  ┌──────────────┐  能   ┌──────┴───────┐
  │ 油泵磨损严重，  │←─────┤ 冷车能否行驶   │
  │ 更换油泵       │       └──────┬───────┘
  └──────────────┘              │ 冷热车均不能行驶
                    ┌──────────────┴────────┐  松脱   ┌──────────────┐
                    │ 检查换挡杆与手动阀的连接 ├───────→│ 重新连接并调整 │
                    └──────────────┬────────┘          └──────────────┘
                                   │ 正常
                    ┌──────────────┴──┐  油压正常   ┌──────────────┐
                    │ 检查主油路油压     ├──────────→│ 输入轴、输出轴 │
                    └──────────────┬──┘            │ 或行星排损坏   │
                                   │ 油压过低或基本无油压    └──────────────┘
                    ┌──────────────┴────────┐  堵塞   ┌──────────────┐
                    │ 拆卸油底壳，检查进油滤网 ├───────→│ 清洗或更换     │
                    └──────────────┬────────┘          └──────────────┘
                                   │ 正常
                    ┌──────────────┴──┐
                    │ 检查手动阀         │
                    └──┬───────────┬──┘
              正常 │           │ 松脱或折断
        ┌──────────┴──┐   ┌────┴──────┐
        │ 油泵损坏或主   │   │ 连接或更换 │
        │ 油路严重泄漏   │   └──────────┘
        └─────────────┘
```

图 3-42　汽车不能行驶的故障诊断与排除步骤

2. 自动变速器打滑

1）故障现象

（1）车辆起步时踩下加速踏板，发动机转速升高很快但速度升高缓慢。

（2）行驶中踩下加速踏板加速时，发动机转速升高但速度没有很快提高。

（3）平路行驶基本正常，但上坡无力，且发动机转速很高。

2）故障原因

（1）ATF 油面太低。

（2）ATF油面太高,运转中被行星排剧烈搅动后产生大量气泡。

（3）离合器或制动器摩擦片、制动带磨损严重或烧蚀。

（4）油泵磨损严重或主油路泄漏,造成油路油压过低。

（5）单向离合器打滑。

（6）离合器或制动器活塞密封圈损坏,导致漏油。

3）故障诊断与排除

打滑是自动变速器中常见的故障之一,虽然自动变速器打滑往往都伴有离合器或制动器摩擦片严重磨损甚至烧蚀等现象,但如果只是简单地更换磨损的摩擦片而没有找出打滑的真正原因,则会使维修的自动变速器使用一段时间后又出现打滑现象。因此,对于出现打滑的自动变速器,不要急于拆卸分解,应先做各种测试,以找出造成打滑的真正原因。

（1）对于出现打滑现象的自动变速器,应先检查其ATF油面高度和品质。若油面过低或过高,应先调整至正常后再做检查。如果油面调整正常后自动变速器不再打滑,可不必拆修自动变速器。

（2）检查ATF的品质。如果ATF呈棕黑色或有烧焦味,说明离合器或制动器的摩擦片或制动带烧蚀,应拆检自动变速器。

（3）做道路测试,以确定自动变速器是否打滑,并检查出现打滑的挡位和打滑的程度。将换挡杆置于不同的位置,让汽车行驶。如果自动变速器升至某一挡位时发动机转速突然升高,但速度没有相应地提高,即说明该挡位有打滑。打滑时发动机的转速越容易升高,说明打滑越严重。

根据出现打滑的规律,还可以判断产生打滑的是哪一个换挡执行元件。

（4）对于有打滑故障的自动变速器,在拆卸分解之前,应先检查自动变速器的主油路油压,以找出造成自动变速器打滑的原因。自动变速器不论前进挡或倒挡均打滑,其原因往往是主油路油压过低。若主油路油压正常,则只要更换磨损或烧蚀的摩擦元件即可。若主油路油压不正常,则在拆修自动变速器的过程中,应根据主油路油压,相应地对油泵或阀体进行检修,并更换自动变速器的所有密封圈和密封环。

自动变速器打滑的故障诊断与排除步骤如图3-43所示。

3．换挡冲击过大

1）故障现象

（1）在起步时,换挡杆由P位或N位置于D位或R位时,汽车振抖较严重。

（2）行驶中,在自动变速器升挡的瞬间汽车有较明显地闯动。

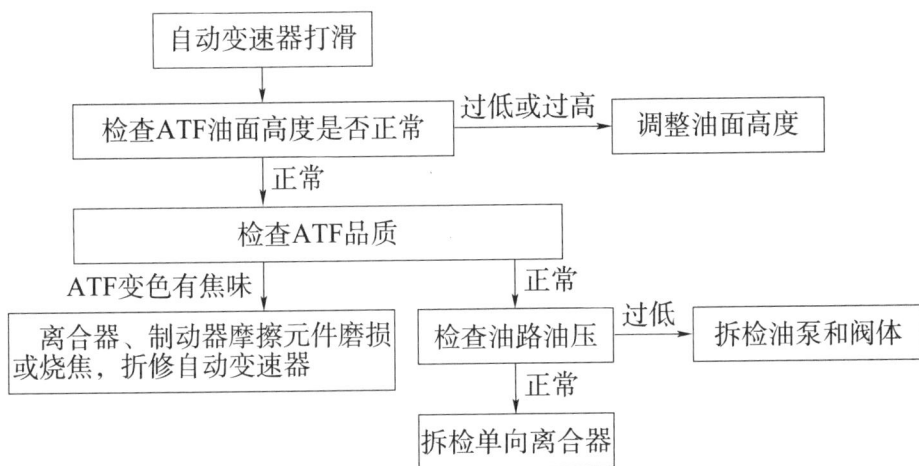

图 3-43　自动变速器打滑的故障诊断与排除步骤

2）故障原因

自动变速器换挡冲击大的主要原因有调整不当、机构元件性能下降或损坏和电子控制系统有故障。具体原因有以下几方面。

（1）发动机怠速转速过高。

（2）节气门拉索或节气门位置传感器调整不当。

（3）升挡过迟。

（4）真空式节气门阀的真空软管破裂或松脱。

（5）主调压阀有故障，使主油压过高。

（6）蓄能器活塞卡住，不起作用。

（7）止回阀钢球漏装，换挡执行元件接合过快。

（8）换挡执行元件打滑。

（9）油压电磁阀不工作。

（10）ECU 有故障。

3）故障诊断与排除

由于引起换挡冲击的原因较多，在故障诊断的过程中，必须循序渐进，对自动变速器的各个部分做认真地检查。一定要在全面检测的基础上，有针对性地进行分解修理，切不可盲目地拆修。总体而言，若故障是由于调整不当所造成的，只要稍做调整即可排除；若故障是因自动变速器内部控制阀、蓄能器或换挡执行元件有故障引起的，应分解自动变速器，予以修理；若故障是因电子控制系统有故障引起的，应对电子控制系统进行检测，找出具体原因，加以排除。具体检查诊断与排除步骤如下。

（1）检查发动机怠速转速。装用自动变速器汽车的发动机怠速转速一般为750r/min左右。如果怠速过高,应按标准予以调整。

（2）检查节气门拉索或节气门位置传感器的调整情况。如果不符合标准,应重新予以调整。

（3）检查真空式节气门阀的真空软管。如有破裂,应更换;如有松脱,应重新连接。

（4）如果在升挡之前发动机转速异常升高,导致在升挡的瞬间有较大的换挡冲击,则说明离合器或制动器打滑,应分解自动变速器,予以修理。

（5）检测主油压。如果怠速时的主油压高,则说明主调压阀或节气门阀有故障,可能是调压弹簧的预紧力过大或阀芯卡滞所致;如果怠速时主油压正常,但起步进挡时有较大的冲击,则说明前进挡离合器或倒挡及高速挡离合器的止回阀球阀损坏或漏装。此时应拆卸阀板,予以修理。

（6）检测换挡时的主油压。在正常情况下,换当时的主油压会有瞬时的下降。如果换挡时主油压没有下降,则说明蓄能器活塞卡滞。此时应拆检阀板和蓄能器。

（7）电控自动变速器如果出现换挡冲击过大的故障,应检查油压电磁阀的线路以及油压电磁阀工作是否正常、自动变速器ECU是否在换挡的瞬间向油压电磁阀发出控制信号。如果线路有故障,应予以修复;如果电磁阀损坏,应更换电磁阀;如果ECU在换挡的瞬间没有向油压电磁阀发出控制信号,说明ECU有故障,应更换ECU。

自动变速器换挡冲击大的故障诊断与排障步骤如图3-44所示。

4．升挡过迟

1）故障现象

（1）在汽车行驶中,升挡车速明显高于标准值,升挡前发动机转速偏高。

（2）须采用"松加速踏板"提前升挡的操作方法,才能使自动变速器升入高速挡或超速挡。

2）故障原因

（1）节气门拉索或节气门位置传感器调整不当。

（2）节气门位置传感器损坏。

（3）速控阀卡滞。

（4）速控阀弹簧预紧力过大。

（5）速控阀壳体螺栓松动或速控阀进出油孔处的密封环磨损,导致速控阀漏油。

（6）真空式节气门阀推杆调整不当。

（7）真空式节气门阀的真空软管破裂或真空膜片室漏气。

（8）主油压或节气门油压太高。

（9）强制降挡开关短路。

（10）ECU 或传感器有故障。

```
┌─────────────────────────┐
│        换挡冲击大         │
└───────────┬─────────────┘
            ↓
┌─────────────────────────┐   过高   ┌─────────────────────┐
│   检查发动机怠速是否正常   ├────────→│      调整怠速        │
└───────────┬─────────────┘          └─────────────────────┘
         正常│
            ↓
┌─────────────────────────┐   异常   ┌─────────────────────┐
│检查节气门拉索或节气门位置传感器├──────→│     调整或更换       │
└───────────┬─────────────┘          └─────────────────────┘
         正常│
            ↓
┌─────────────────────────┐    有    ┌─────────────────────┐
│  路试，检查换挡执行元件有无打滑├──────→│  分解检修自动变速器   │
└───────────┬─────────────┘          └─────────────────────┘
         正常│
            ↓
┌─────────────────────────┐   过高   ┌─────────────────────┐
│      检查升挡车速         ├────────→│      升挡过迟        │
└───────────┬─────────────┘          └─────────────────────┘
         正常│
            ↓
┌─────────────────────────┐   过高   ┌─────────────────────┐
│       检查主油压         ├────────→│      拆检阀板        │
└───────────┬─────────────┘          └─────────────────────┘
         正常│
            ↓
┌─────────────────────────┐ 有较大冲击 ┌─────────────────────┐
│   检查起步进挡时有无冲击   ├────────→│ 阀板中的单身阀损坏或漏装│
└───────────┬─────────────┘          └─────────────────────┘
        无冲击│
            ↓
┌─────────────────────────┐    有    ┌─────────────────────┐
│检查换挡瞬间的主油压有无瞬时下降├──────→│ 换挡执行元件自由间隙过小│
└───────────┬─────────────┘          └─────────────────────┘
          无│
            ↓
┌─────────────────────────────────┐
│ 蓄能器活塞卡滞、油压电磁阀损坏     │
│ 或线路断路、短路或ECU有故障       │
└─────────────────────────────────┘
```

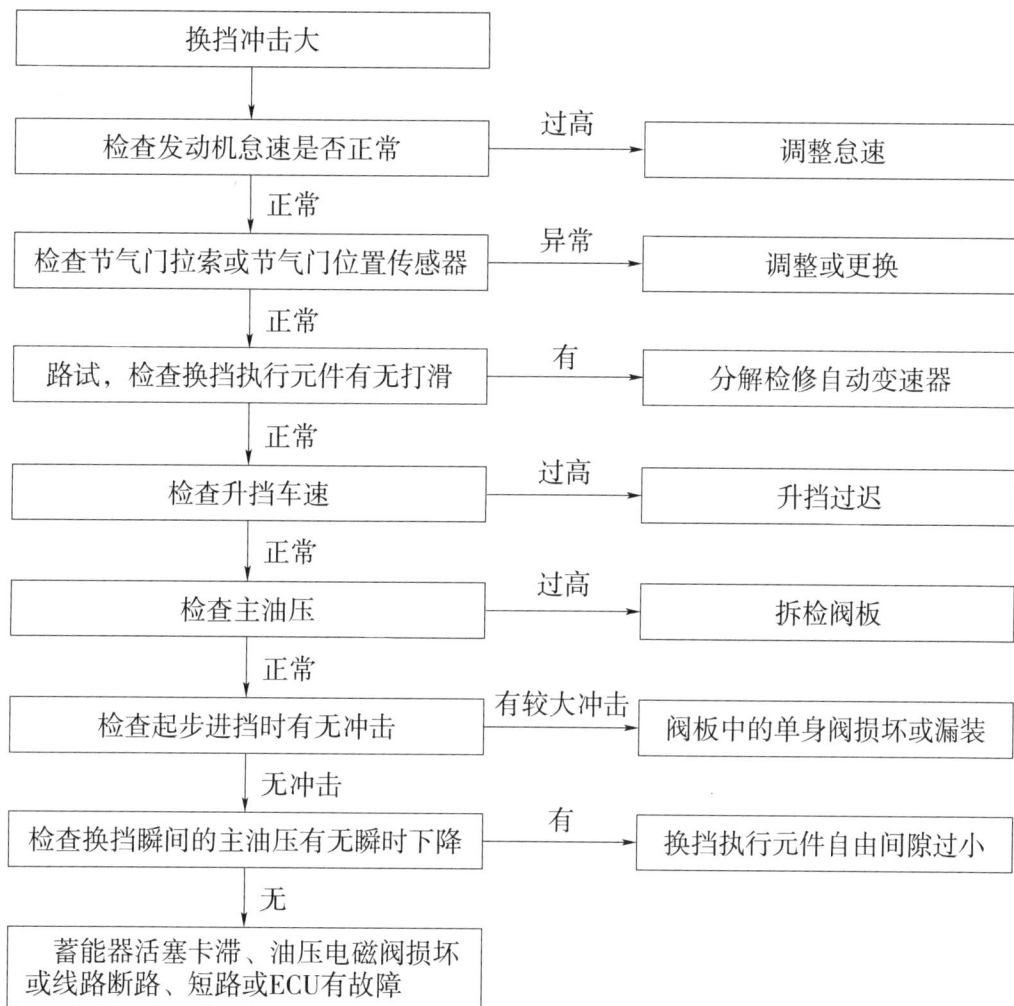

图 3-44　自动变速器换挡冲击大的故障诊断与排障步骤

3）故障诊断与排除

（1）对于电控自动变速器，应先进行故障自诊断，如果有故障码，则按故障码的提示查找故障原因。

（2）检查节气门拉索或节气门位置传感器的调整情况。如果不符合标准，应重新进行调整。

（3）测量节气门位置传感器的电阻。如果不符合标准，应予以更换。

（4）对于采用真空式节气门阀的自动变速器，应拔下真空式节气门阀上的真空软管，检查在发动机运转时真空软管内有无吸力。如果没有吸力，说明真空软管破裂、松脱或堵塞，应予以修复。

（5）检查强制降挡开关。如果短路，应予以修复或更换。

（6）测量怠速时的主油压，并与标准值进行比较。如果油压太高，应通过节气门拉索或节气门位置传感器予以调整。采用真空式节气门阀的自动变速器，应采用减小节气门阀推杆长度的方法，予以调整。如果调整无效，应拆检主调压阀或节气门阀。

（7）用举升器将汽车升起，让驱动轮悬空，然后起动发动机，挂上前进挡，让自动变速器运转，同时测量速控油压。速控油压应能随速度的升高而增大。如果油压值低于标准值，说明速控阀有故障或速控阀油路有泄漏。此时应拆卸自动变速器，检查速控阀固定螺栓有无松动、速控阀油路上的各处密封圈或密封环有无磨损漏油、速控阀阀芯有无卡滞或磨损严重、速控阀弹簧是否太硬。

（8）如果速控油压正常，则升挡过迟的故障原因为换挡阀工作不良。此时应拆检、更换阀板。

自动变速器升挡过迟的故障诊断与排除步骤如图 3-45 所示。

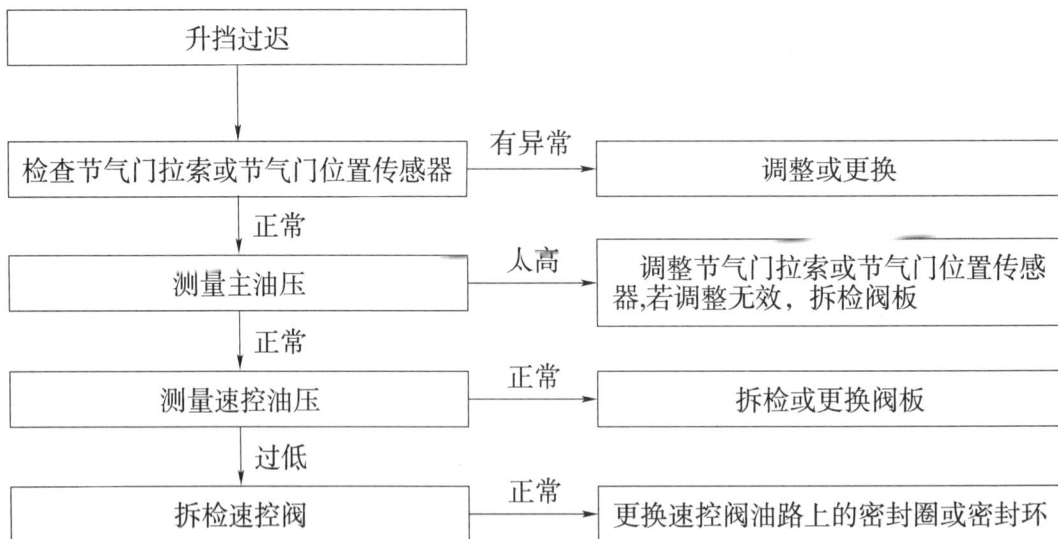

图 3-45　自动变速器升挡过迟的故障诊断与排除步骤

5.不能升挡

1)故障现象

（1）汽车行驶中自动变速器始终保持在 1 挡，不能升入 2 挡和高速挡。

（2）行驶中自动变速器可以升入 2 挡,但不能升入 3 挡和超速挡。

2）故障原因

（1）节气门拉索或节气门位置传感器调整不当。

（2）速控阀有故障。

（3）速控阀油路严重泄漏。

（4）车速传感器有故障。

（5） 2 挡制动器或高挡离合器有故障。

（6）换挡阀卡滞。

（7）空挡起动开关有故障。

3）故障诊断与排除

（1）对于电控自动变速器,应先进行故障自诊断。影响换挡控制的传感器有气门位置传感器、车速传感器等。按故障码的提示查找故障原因。

（2）按标准重新调整节气门拉索或节气门位置传感器。

（3）检查车速传感器。如有损坏,应予以更换。

（4）检查空挡起动开关。如有异常,应予以调整或更换。

（5）测量速控油压。如果速度升高后,速控油压仍为零或很低,说明速控阀有故障或速控阀油路严重泄漏。此时应拆检速控阀。

（6）用压缩空气检查速控阀油路有无泄漏。如有泄漏,应更换密封圈或密封环。

（7）如果速控油压正常,应拆卸阀板。检修各个换挡阀。

（8）如果控制系统无故障,应分解自动变速器,检查各换挡执行元件有无打滑现象,用压缩空气检查离合器、制动器油路或活塞有无泄漏。

自动变速器不能升挡的故障诊断与排除步骤如图 3-46 所示。

6. 无前进挡

1）故障现象

（1）汽车倒挡行驶正常,在前进挡时不能行驶。

（2）换挡杆在 D 位时不能起步,在 2 位、L 位时可以起步。

2）故障原因

（1）前进挡离合器严重打滑。

（2）前进挡单向离合器打滑或装反。

（3）前进挡离合器油路严重泄漏。

（4）换挡杆调整不当。

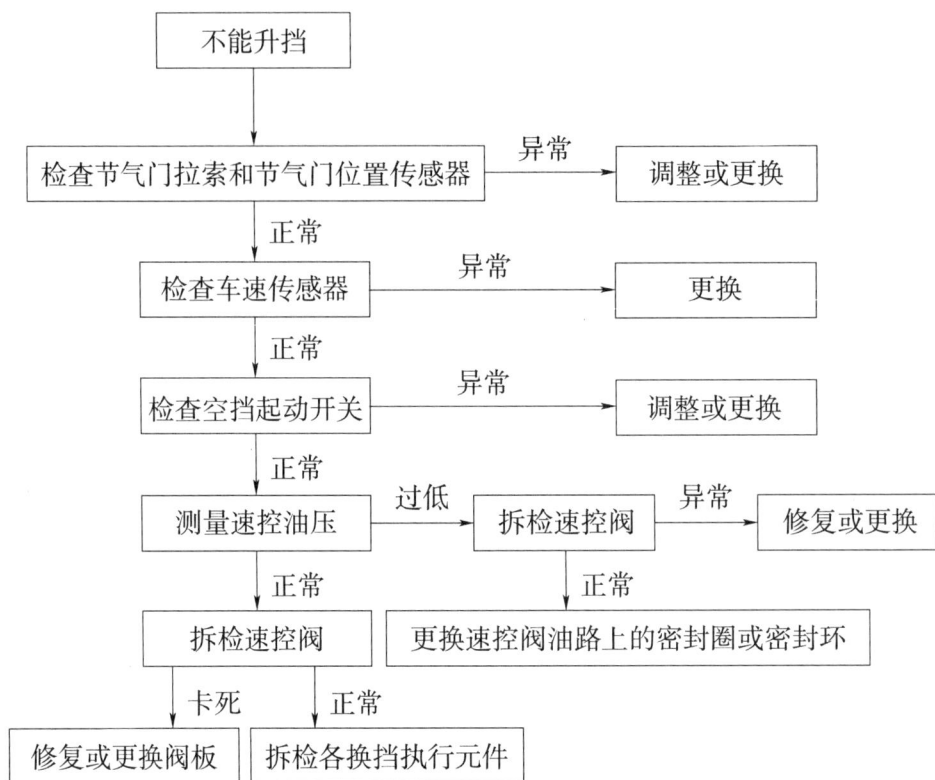

图 3-46 自动变速器不能升挡的故障诊断与排除步骤

3)故障诊断与排除

(1)检查换挡杆的调整情况。如果异常,应按规定程序重新调整。

(2)测量前进挡主油压。如果油压过低,说明主油路严重泄漏,应拆检自动变速器,更换前进挡油路上各处的密封圈和密封环。

(3)如果前进挡主油压正常,应拆检前进挡离合器。如果摩擦片磨损严重或烧蚀,应更换摩擦片。

(4)如果主油压和前进挡离合器都正常,应拆检前进挡单向离合器,检查是否装反或打滑。如果装反,应重新安装;如有打滑,应更换新件。

自动变速器无前进挡的故障诊断与排除步骤如图 3-47 所示。

7. 无倒挡

1)故障现象

汽车在前进挡能正常行驶,但在倒挡不能行驶。

2)故障原因

(1)换挡杆调整不当。

```
┌──────────────┐
│   无前进挡    │
└──────┬───────┘
       │
       ▼
┌──────────────┐  异常   ┌────────┐
│ 检查换挡杆位置 ├──────▶│  调整  │
└──────┬───────┘        └────────┘
       │ 正常
       ▼
┌──────────────┐  太低   ┌──────────────────────┐
│ 测量前进挡主油压├──────▶│   前进挡离合器油路泄漏   │
└──────┬───────┘        └──────────────────────┘
       │ 正常
       ▼
┌─────────────────────────────────────────┐
│ 前进挡离合器打滑、前进挡单向离合器装反或打滑  │
└─────────────────────────────────────────┘
```

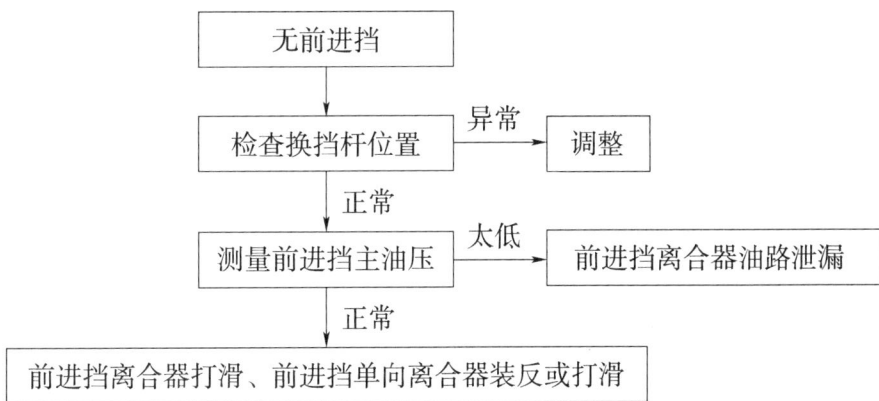

图 3-47　自动变速器无前进挡的故障诊断与排除步骤

（2）倒挡油路泄漏。

（3）倒挡及高速挡离合器或低速挡及倒挡制动器打滑。

3）故障诊断与排除

（1）检查换挡杆的位置。如有异常,应按规定程序重新调整。

（2）检查倒挡油路油压。如果油压过低,则说明倒挡油路泄漏。此时应拆检自动变速器,予以修复。

（3）如果倒挡油路油压正常,则应拆检自动变速器,更换损坏的离合器或制动器。

自动变速器无倒挡的故障诊断与排除步骤如图 3-48 所示。

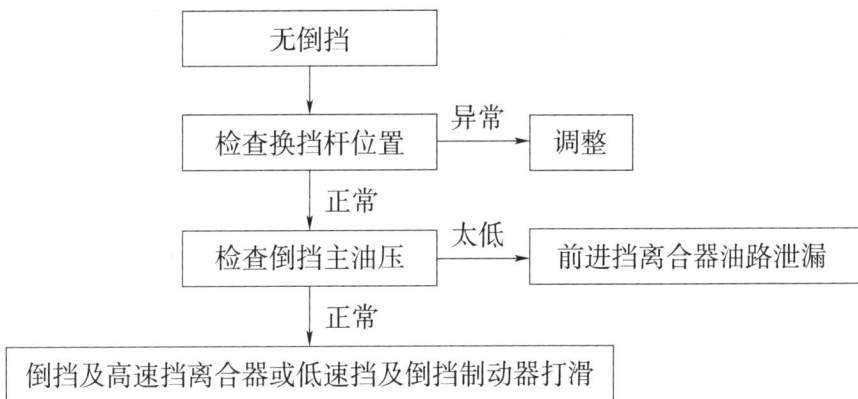

```
┌──────────────┐
│    无倒挡     │
└──────┬───────┘
       │
       ▼
┌──────────────┐  异常   ┌────────┐
│ 检查换挡杆位置 ├──────▶│  调整  │
└──────┬───────┘        └────────┘
       │ 正常
       ▼
┌──────────────┐  太低   ┌──────────────────────┐
│ 检查倒挡主油压 ├──────▶│   前进挡离合器油路泄漏   │
└──────┬───────┘        └──────────────────────┘
       │ 正常
       ▼
┌─────────────────────────────────────────┐
│ 倒挡及高速挡离合器或低速挡及倒挡制动器打滑   │
└─────────────────────────────────────────┘
```

图 3-48　自动变速器无倒挡的故障诊断与排除步骤

8.跳挡

1）故障现象

汽车以前进挡行驶时,即使加速踏板保持不动,变速器仍会经常出现突然降挡现象。降挡后发动机转速异常升高,并产生换挡冲击。

2)故障原因

(1)节气门位置传感器有故障。

(2)车速传感器有故障。

(3)控制系统电路搭铁不良。

(4)换挡电磁阀接触不良。

(5)ECU有故障。

3)故障诊断与排除

(1)对于电控自动变速器,应先进行故障自诊断。如果有故障码,则按故障码的提示查找故障原因。

(2)检查节气门位置传感器。如有异常,应更换。

(3)检查车速传感器。如有异常,应更换。

(4)检查控制系统电路各搭铁线。如有搭铁不良现象,应予以修复。

(5)拆下自动变速器油底壳,检查各换挡电磁阀线束连接器的连接情况。如有松动,应予以修复。

(6)检查控制系统电路各端子的工作电压。如有异常,应予以修复或更换。

(7)更换阀板或ECU。如果故障消失,说明原阀板或ECU损坏。

(8)更换控制系统所有线束。

自动变速器跳挡的故障诊断与排除步骤如图3-49所示。

9. 无锁止

1)故障现象

(1)汽车行驶中,速度、挡位等已满足锁止离合器起作用的条件,但锁止离合器仍没有产生锁止作用。

(2)汽车油耗较大。

2)故障原因

(1)ATF温度传感器有故障。

(2)节气门位置传感器有故障。

(3)锁止电磁阀有故障或线路短路。

(4)锁止控制阀有故障。

(5)变矩器中的锁止离合器损坏。

3)故障诊断与排除

(1)对于电控自动变速器,应先进行故障自诊断,检查有无故障码。如有故障码,则可按故障码的提示查找相应的故障原因。与锁止控制有关的部件包括ATF 温度传感器、节气门位置传感器、锁止离合器电磁阀等。

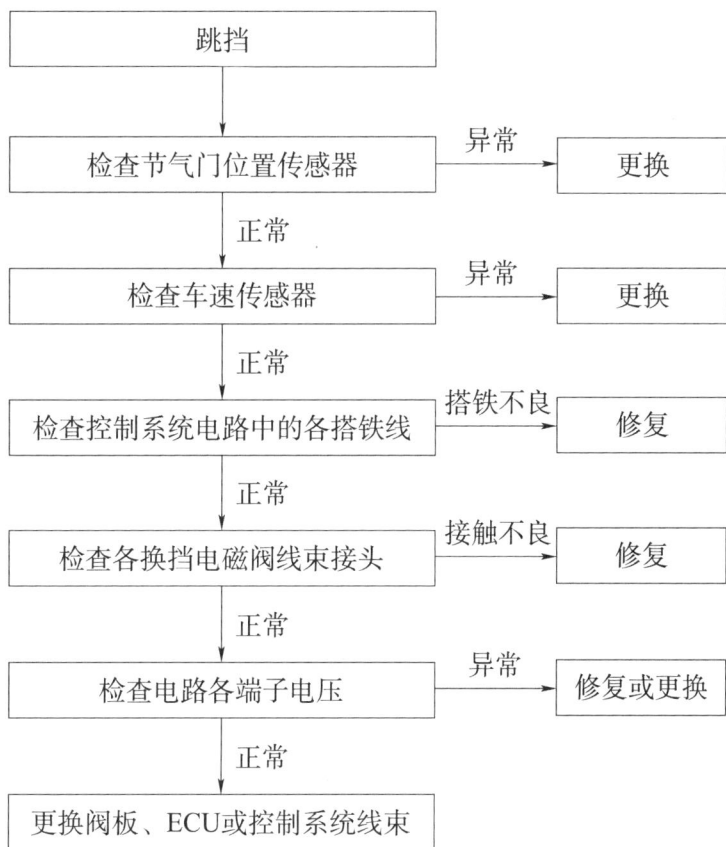

```
                    ┌──────────┐
                    │   跳挡    │
                    └─────┬────┘
                          ↓
          ┌──────────────────────┐   异常   ┌──────┐
          │ 检查节气门位置传感器   │────────→│ 更换  │
          └───────────┬──────────┘          └──────┘
                      │ 正常
                      ↓
          ┌──────────────────────┐   异常   ┌──────┐
          │    检查车速传感器      │────────→│ 更换  │
          └───────────┬──────────┘          └──────┘
                      │ 正常
                      ↓
          ┌──────────────────────┐  搭铁不良 ┌──────┐
          │ 检查控制系统电路中的各搭铁线│──────→│ 修复  │
          └───────────┬──────────┘          └──────┘
                      │ 正常
                      ↓
          ┌──────────────────────┐  接触不良 ┌──────┐
          │ 检查各换挡电磁阀线束接头 │──────→│ 修复  │
          └───────────┬──────────┘          └──────┘
                      │ 正常
                      ↓
          ┌──────────────────────┐   异常   ┌──────────┐
          │   检查电路各端子电压    │────────→│ 修复或更换 │
          └───────────┬──────────┘          └──────────┘
                      │ 正常
                      ↓
          ┌──────────────────────────┐
          │ 更换阀板、ECU或控制系统线束 │
          └──────────────────────────┘
```

图 3-49　自动变速器跳挡的故障诊断与排除步骤

（2）检查节气门位置传感器。如果在一定节气门开度下的节气门位置传感器输出电压过高或电位计电阻过大,应予以调整。如果调整无效,应更换节气门位置传感器。

（3）打开油底壳,拆下 ATF 温度传感器,检测 ATF 温度传感器。如不符合标准,应更换。

（4）测量锁止离合器电磁阀。如有短路或断路,应检查电路。如电路正常,则应更换电磁阀。

（5）拆下锁止离合器电磁阀,进行检查。如有异常,应予以更换。

（6）拆下阀板。分解并清洗锁止控制阀。如有卡滞,应修复或更换阀板。

（7）如果控制系统无故障,则应更换变矩器。

自动变速器无锁止的故障诊断与排除步骤如图 3-50 所示。

```
┌─────────────────────────────┐
│           无锁止            │
└─────────────────────────────┘
              │
              ▼
┌─────────────────────────────┐   异常   ┌─────────────┐
│     检查节气门位置传感器     │ ──────→ │  调整或更换  │
└─────────────────────────────┘         └─────────────┘
              │ 正常
              ▼
┌─────────────────────────────┐   异常   ┌─────────────┐
│      检查ATF温度传感器       │ ──────→ │     更换     │
└─────────────────────────────┘         └─────────────┘
              │ 正常
              ▼
┌─────────────────────────────┐   异常   ┌─────────────┐
│   检查锁止电磁阀及其控制电路  │ ──────→ │  调整或更换  │
└─────────────────────────────┘         └─────────────┘
              │ 正常
              ▼
┌─────────────────────────────┐
│ 拆检、清洗阀板或更换变矩器总成 │
└─────────────────────────────┘
```

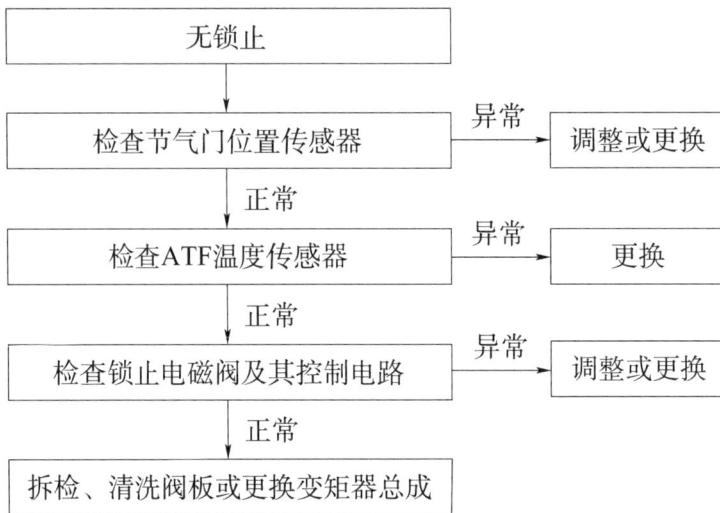

图 3-50 自动变速器无锁止的故障诊断与排除步骤

四、万向传动装置故障

万向传动装置常见故障有传动轴发抖或前驱动轴振动,传动轴或前驱动轴异响等。

(一)传动轴发抖或前驱动轴振动

1. 故障现象

若为传动轴发抖,则当汽车行驶达到一定速度时,车身出现严重振动,车门、转向盘等强烈振响。

若为前驱动轴振动,当汽车加速行驶或高速行驶时会出现前驱动轴振动,严重时车身亦出现振响。

2. 故障原因

(1)传动轴装配错误,两端万向节叉不处在同一平面内。

(2)传动轴弯曲变形。

(3)传动轴轴管凹陷或平衡片脱落。

(4)中间支承轴承或支架橡胶垫环隔套磨损松旷。

(5)十字轴滚针轴承磨损松旷或破裂。

(6)传动轴伸缩节的花键齿与花键槽磨损,配合松旷。

(7)前驱动轴内侧等速万向节磨损松旷。

3．故障诊断与排除

（1）汽车行驶时产生周期性声响和振动，车速越快声响和振抖越大，应检查装配标记是否对正，以保证传动轴两端万向节叉处于同一平面内，如图3-51所示。如不对正，应重新装配。

（2）若装配标记正确，应检查平衡片是否脱落，传动轴轴管是否凹陷。如平衡片脱落或轴管凹陷，应予以修理。

（3）进一步诊断，应拉紧驻车制动器，用两手握住传动轴轴管来回转动。若有晃动感，应检查各连接螺栓是否松动。若松动，应予以紧固。再检查传动轴花键配合间隙，如图3-52所示。如松旷，应修理或更换。

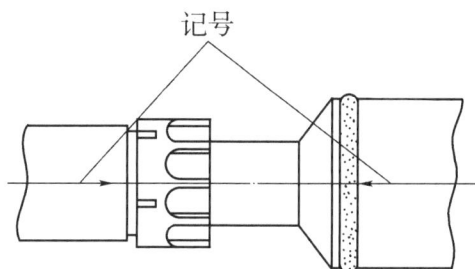

图3-51 传动轴装配记号

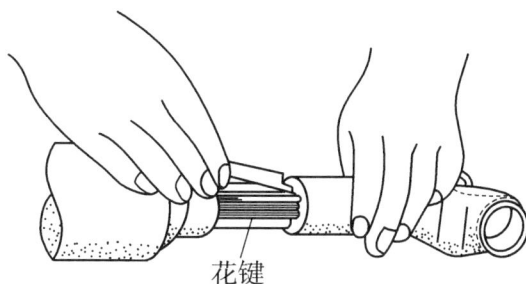

图3-52 检查传动轴花键配合间隙

（4）以上检查完好，应拆下传动轴，检查传动轴是否弯曲变形，如图3-53所示。如弯曲变形，应予以校正。

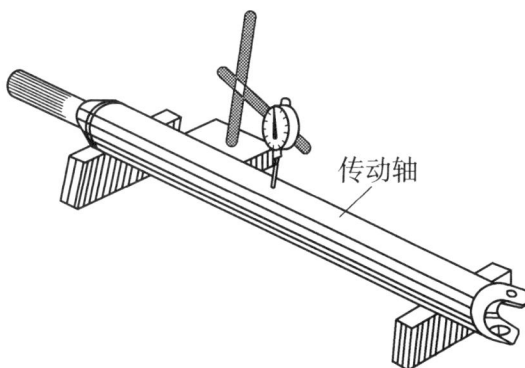

图3-53 检查传动轴变形量

（5）检查十字轴轴颈和滚针轴承是否磨损松旷、滚针碎裂，如图3-54所示。如不符合要求，应予以修理或更换。

（6）若汽车行驶时连续振响，应在发动机熄火后，用手握住中间传动轴，径向晃动，如图3-55所示，检查中间支承支架固定螺栓是否松动，轴承是否磨损松旷，橡胶垫环隔套是否径向间隙过大。如不符合要求,应予以修理或更换。

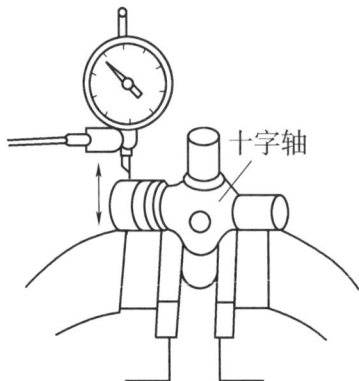

图 3-54　检查十字轴与轴孔配合间隙　　　　图 3-55　检查中间支承

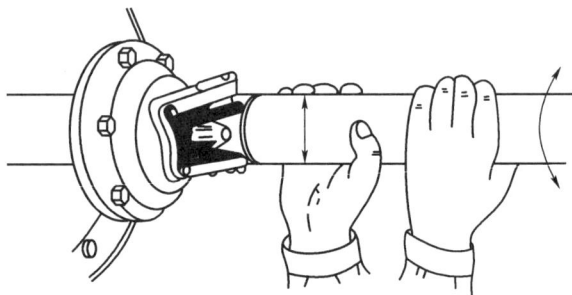

(7)经以上检查完好,应拆下中间传动轴检查,如有弯曲变形,应予以校正。

(8)若为前桥驱动的,应拆检前驱动轴内侧等速万向节的滚道表面和钢球是否严重磨损、卡滞,如图 3-56 所示。如过度磨损或卡滞,应更换内侧等速万向节。

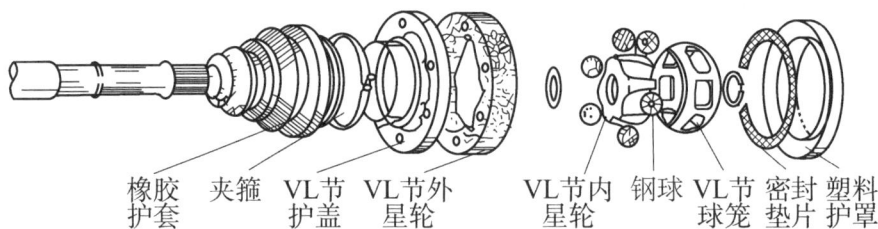

橡胶　夹箍　VL节　VL节外　　VL节内　钢球　VL节　密封　塑料
护套　　　　护盖　星轮　　　星轮　　　　球笼　垫片　护罩

图 3-56　检查内侧等速万向节

(二)传动轴或前驱动轴异响

1.故障现象

汽车起步或行驶过程中有撞击声出现,且在车速变化时响声更加明显,即为传动轴异响。

汽车行驶时,在加速、减速和转弯时前驱动桥出现不正常的响声,则为前驱动轴异响。

2.故障原因

(1)传动轴装配错误,两端的万向节叉不处在同一平面内。

(2)万向节十字轴装配过紧。

(3)万向传动装置各连接部位及中间支承架固定螺栓松动。

（4）中间支承轴承、十字轴滚针轴承润滑不良，磨损松旷或损坏。

（5）传动轴花键齿与滑动叉花键槽磨损松旷，或变速器第二轴花键齿与凸缘花键槽磨损松旷。

（6）中间支承轴承与中间传动轴轴颈配合松旷。

（7）前桥驱动的前驱动轴外侧等速万向节或内侧等速万向节严重磨损或损坏。

3.故障诊断与排除

（1）检查传动轴两端的万向节叉是否处在同一平面内，如图3-57所示。若安装错误，应重新装配。

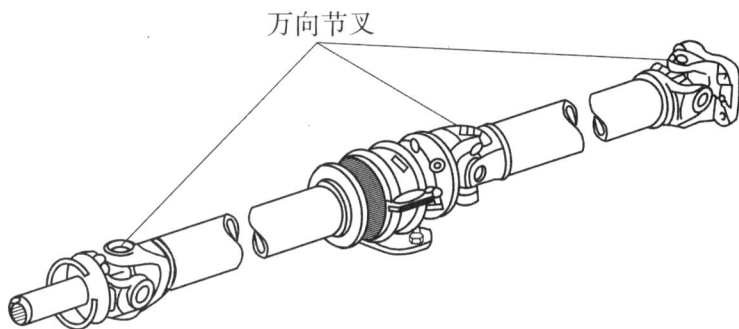

图 3-57　检查传动轴万向节叉安装方向

（2）检查万向传动装置各连接处的螺栓是否松动，如图3-58所示。若松动，应予以紧固。

（3）若连接状况良好，则拉紧驻车制动器，用两手握住传动轴轴管来回转动。如果感到阻力很大，应检查十字轴装配是否过紧或缺油，必要时进行调整或修理。如果扭转传动轴感到松旷，应检查轴承是否

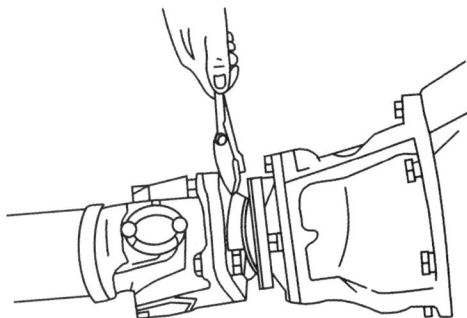

图 3-58　检查万向传动装置连接螺栓

缺油或磨损严重而损坏，伸缩节花键齿与槽是否磨损过大，必要时对万向节进行润滑、修理或更换。

（4）检查中间支承轴承与中间传动轴轴颈的配合，如图3-59所示。若松旷，应予以修理或更换轴承。检查中间支承的安装是否欠妥，使中间支承轴承位置偏斜，或轴承盖螺栓松紧度不当。若有，应加以调整。

（5）经上述检查后，仍有异响，应拆下传动轴，检查传动轴是否弯曲变形。如有变形，应予以修理。

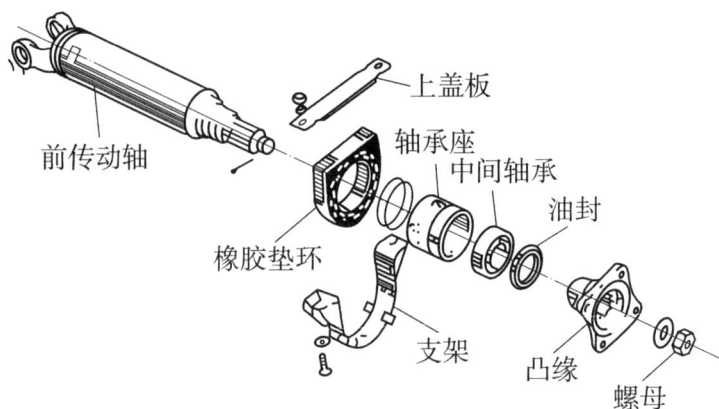

图 3-59　检查支承轴承与传动轴轴颈配合

（6）前桥驱动的汽车，如果转弯时前驱动轴出现异响或者在加速、减速和转弯时前驱动轴均出现金属撞击声，应分别拆检内侧等速万向节或外侧等速万向节是否磨损严重甚至损坏，如图 3-56 及图 3-60 所示。若磨损松旷或损坏，应予以更换。

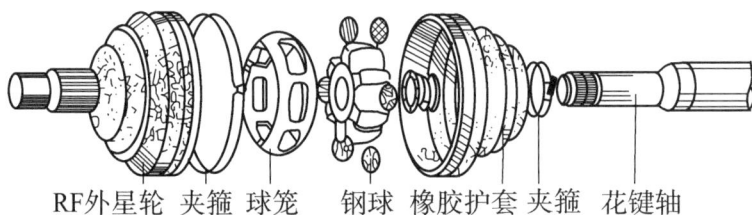

图 3-60　检查外侧等速万向节

（三）故障诊断与排除作业的注意事项

（1）严格遵守操作程序，注意安全。
（2）正确使用工具和量具。
（3）不能用手锤直接敲击传动轴和轴承。
（4）经修理的传动轴应进行动平衡试验。

五、后驱动桥故障

后驱动桥常见的故障有异响、过热和漏油等。

（一）后驱动桥异响

1.故障现象

（1）直线行驶时无异响，但转弯时后驱动桥有异响。

（2）行驶时后驱动桥有异响,而空挡滑行时异响减弱或消失。

（3）挂挡行驶和空挡滑行时后驱动桥均有异响。

（4）在上、下坡时后驱动桥均有异响。

（5）后车轮运转有噪声或沉重的异响。

2. 故障原因

（1）后驱动桥主减速器的圆锥齿轮和圆柱齿轮、差速器的行星齿轮和半轴齿轮等磨损过大,齿面损伤或轮齿折断。

（2）后驱动桥主减速器轴承、差速器轴承磨损松旷。

（3）主减速器主、从动锥齿轮啮合调整不当。

（4）后驱动桥半轴齿轮花键槽与半轴花键配合磨损松旷。

（5）差速器行星齿轮与半轴齿轮不匹配,其啮合不良。

（6）差速器行星齿轮轴轴颈磨损严重,行星齿轮支承垫圈磨损过薄,行星齿轮与差速器行星齿轮轴卡滞或装配不当。

（7）主减速器从动锥齿轮与差速器壳紧固螺栓松动,差速器轴承盖紧固螺栓松动。

（8）后轮轮毂轴承损坏,轴承外圈松动。

（9）车轮轮辋破裂,轮辋上轮胎螺栓孔磨损过大,使轮辋固定不牢。

3. 故障诊断与排除

（1）若汽车直线行驶时无异响,而转弯时后驱动桥出现异响,应检查差速器两端轴承是否松旷,必要时加以调整。若不松旷,应将差速器拆下,分解检查行星齿轮、半轴齿轮、行星齿轮轴是否磨损松旷或行星齿轮啮合不良,如图 3-61 所示。若不符合要求,应予以修理或更换。

（2）挂挡行驶时后驱动桥有异响,而空挡滑行时异响减轻或消失,应将主减速器拆下,分解检查后驱动桥主、从动锥齿轮的轮齿有否损伤折断,啮合间隙是否过大,啮合痕迹是否符合要求,如图 3-62 所示。若有损伤或不符合要求,应更换或进行调整。

（3）汽车无论挂挡行驶或空挡滑行,后驱动桥均有异响,应检查润滑油油量是否充足,如图 3-63 所示,必要时按要求加足。若润滑油油量充足,应将主减速器和差速器拆下,检查主、从动锥齿轮的啮合间隙和差速器轴承。若不符合要求,应调整齿轮啮合间隙和轴承松紧度,必要时更换轴承。

（4）汽车在上、下坡时后驱动桥均有异响,应将减速器拆下,检查主、从动锥齿轮的啮合间隙和啮合印痕是否恰当,如图 3-64 所示。若不符合要求,应予以调整。

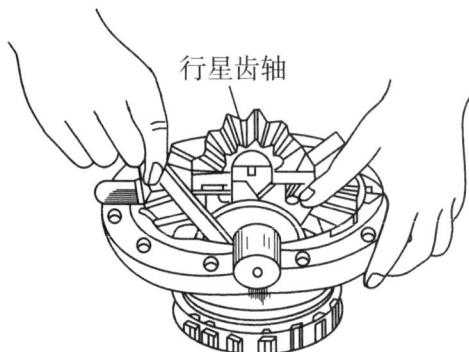

图 3-61　检查差速器行星齿轮和半轴齿轮啮合情况

图 3-62　检查主、从动锥齿轮啮合间隙

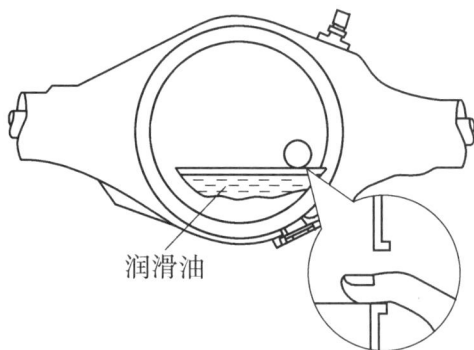

图 3-63　检查驱动桥壳内润滑油油量

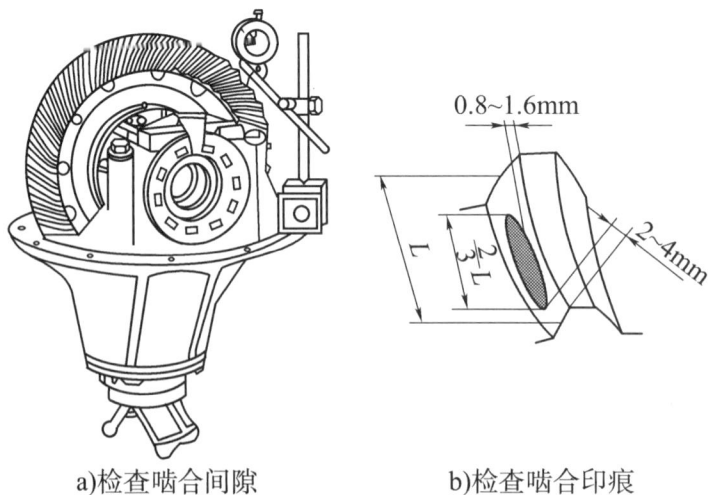

a)检查啮合间隙　　　　　　　b)检查啮合印痕

图 3-64　检查主、从动锥齿轮啮合间隙和啮合印痕

(二)后驱动桥过热

1.故障现象

在汽车行驶一定里程后,用手触摸后驱动桥壳,有无法忍受的烫手感觉,即为后驱动桥过热。

2.故障原因

(1)主减速器主、从动锥齿轮啮合间隙调整过小。

(2)后驱动桥差速器轴承或主动锥齿轮轴承预紧度调整过大,使轴承装配过紧。

(3)后驱动桥缺润滑油,润滑油油质变差或型号不符合要求。

3.故障诊断与排除

(1)当车辆行驶一定里程后,用手触摸后驱动桥壳,若普遍过热,应检查桥壳内润滑油油量是否符合规定(图3-63)。若不足,应予以补足。

(2)如果润滑油油量足够,应观察润滑油品质。若润滑油有变色、变稀等情况,应更换型号合适的新油。

(3)若油质良好,应将主减速器拆下,检查主、从动锥齿轮的啮合间隙是否正常。若啮合间隙过小,应予以调整。

(4)用手触摸后驱动桥各轴承部位,若有烫手感觉,说明轴承装配太紧,应重新调整,如图3-65所示。

(三)后驱动桥漏油

1.故障现象

(1)润滑油从后驱动桥主减速器和半轴油封或其他衬垫处向外渗漏。

(2)后驱动桥有漏油痕迹。

2.故障原因

(1)主减速器内润滑油加注过多,运转中大量润滑油被齿轮搅动,使壳体内压力增高,导致润滑油从主减速器各密封垫处渗出。

(2)放油螺塞松动。

(3)壳体有裂纹,润滑油从裂缝渗出。

(4)油封老化、变质、磨损松旷或装配不当,导致油封封油不良而渗漏。

（5）与油封配合的主动锥齿轮轴轴颈磨损或表面起沟槽。

（6）衬垫损坏或紧固螺栓松动,导致接合面不严密而渗漏。

（7）后驱动桥通气塞堵塞,壳体内外空气流通不畅造成内部油压升高,润滑油从密封垫处渗漏。

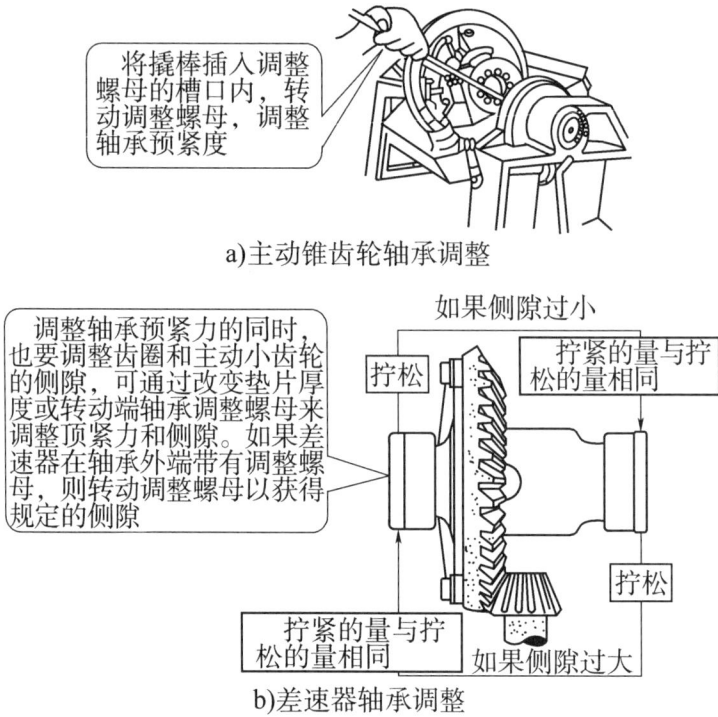

将撬棒插入调整螺母的槽口内,转动调整螺母,调整轴承预紧度

a)主动锥齿轮轴承调整

调整轴承预紧力的同时,也要调整齿圈和主动小齿轮的侧隙,可通过改变垫片厚度或转动端轴承调整螺母来调整顶紧力和侧隙。如果差速器在轴承外端带有调整螺母,则转动调整螺母以获得规定的侧隙

如果侧隙过小

拧松 拧紧的量与拧松的量相同

拧紧的量与拧松的量相同 如果侧隙过大

拧松

b)差速器轴承调整

图 3-65　调整后驱动桥各轴承预紧度

3.故障诊断与排除

（1）清洁后驱动桥与主减速器壳体外表,检查是否有裂纹。若有裂纹,应予以更换。

（2）检查后驱动桥通气塞是否被堵塞,如图 3-66 所示。如有堵塞,应予清洗并疏通桥壳上的通气塞。

（3）检查放油螺塞是否松动或滑扣。松动的加以紧固,滑扣的予以修复或更换。

（4）检查后驱动桥内的润滑油油量。若油量过多,应按规定减少润滑油。

（5）检查主减速器主动锥齿轮轴或后驱动桥主动轴伸出部位是否漏油。若漏油,应拆检油封,如图 3-67 所示。若油封损坏,应予以更换。

（6）半轴油封处漏油,应检查油封是否安装歪斜或损坏。安装歪斜,应重新安装油封。若损坏,应予以更换。

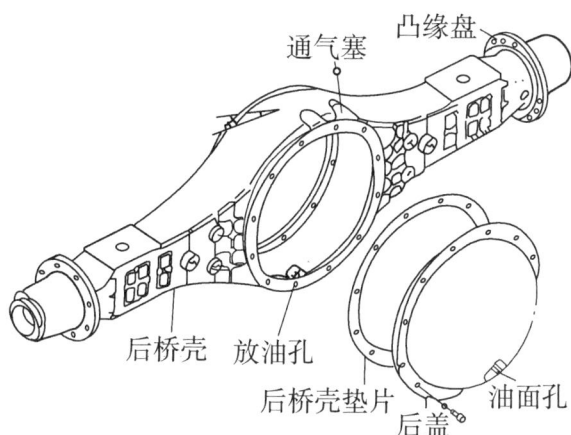

图 3-66 检查后驱动桥通气塞

(7)后驱动桥结合面漏油,应检查连接螺栓或螺母是否松动,衬垫是否损坏,结合面是否不平,如图 3-68 所示。若衬垫损坏,应予以更换。若接合面不平,应进行修理。

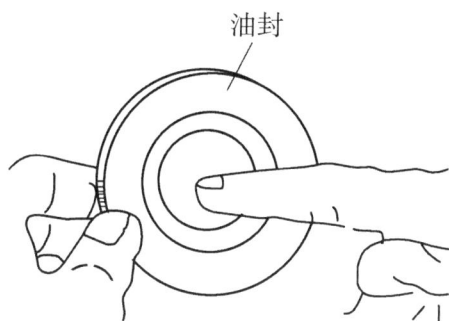

图 3-67 检查主动锥齿轮轴油封

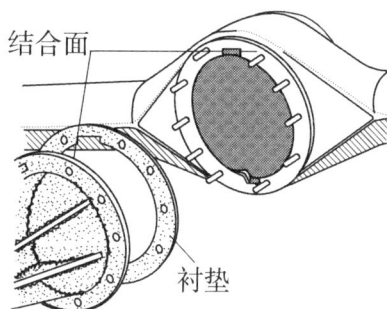

图 3-68 检查驱动桥壳衬垫和接合面

(四)故障诊断与排除作业的注意事项

(1)严格遵守操作程序,注意安全。

(2)正确使用工具和量具。

(3)拆检时,为了防止错乱,应做好记号;装配时,对准记号按原位置装配。

(4)在拆装过程中各部位调整垫片的数量、总厚度都应做好记录,以免错乱。

课题二 转向系统故障诊断与排除

转向系统常见故障主要有转向沉重、行驶跑偏、转向轮摆动和动力转向系统故障等。

一、转向沉重

1.故障现象

车辆在行驶中或在停车时,不论发动机是否运转,左、右转动转向盘时,感到沉重费力。

2.故障原因

(1)转向器内缺润滑油或润滑油过脏。

(2)转向螺杆两端轴承过紧或轴承损坏。

(3)转向器啮合间隙过小。

(4)转向器、转向节主销、轴承衬套部位缺润滑油或过紧。

(5)横、直拉杆球头销部位缺润滑油或过紧。

(6)转向节推力轴承缺润滑油、损坏或过紧。

(7)前稳定杆变形。

(8)转向轴弯曲。

(9)前轮轮毂轴承过紧。

(10)前轮定位失准,主销后倾角过大,主销内倾角过大,前轮前束调整不当。

(11)转向桥、车架弯曲变形。

(12)钢板弹簧挠度和尺寸不符合规定。

(13)轮胎气压不足。

3.故障诊断与排除

(1)支起前桥,转动转向盘,如图3-69所示。若转向盘转向灵活,应检查轮胎气压是否过低,前轮定位是否符合要求,前轮轮毂轴承是否过紧,前钢板弹簧是否良好,前轴、车架是否变形。必要时,应予以修理或更换。

(2)支起前桥后,转动转向盘仍然沉重,则拆下转向垂臂,如图3-70所示,再转动转向盘。若感到转动灵活,表明故障在转向传动机构,应检查各球头销装配是否过紧,如图3-71所示。主销与衬套配合是否适当,润滑是否良好。转向节推力轴承是否缺润滑油损坏,横直拉杆是否弯曲变形。若有损坏或不符合要求,应予以修理或更换。

(3)若拆下转向垂臂后,转动转向盘仍然沉重,则故障在转向器,应检查转向器是否缺润滑油或转向轴是否弯曲,如图3-72所示。若缺润滑油,应按规定添加润滑油;若不缺润滑油,应拆检转向器。

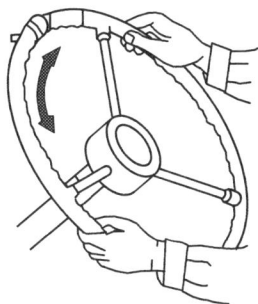

图 3-69 检查转向是否沉重   图 3-70 拆下转向垂臂

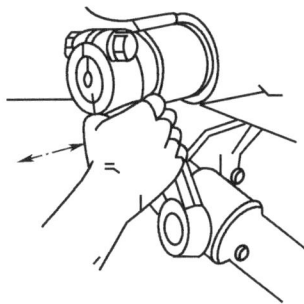

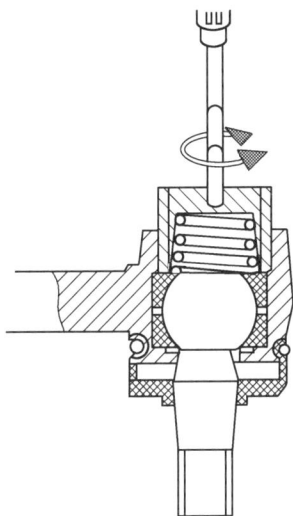

图 3-71 检查转向机构球头销的
松紧情况

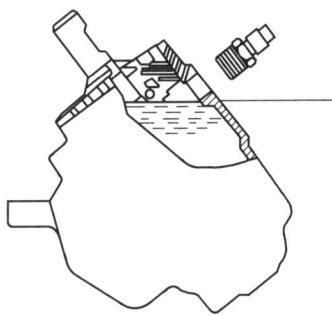

图 3-72 检查转向器润滑油油量

二、行驶跑偏

1. 故障现象

汽车行驶中,转向轮自动偏向一边,必须紧握转向盘方能保持直线行驶;若稍微放松转向盘,汽车便自行跑向一边,有时其偏转力越来越大。

2. 故障原因

(1)两前轮气压不一致,或新换轮胎外径不一致,或两前轮新旧程度相差悬殊。

(2)前钢板弹簧左、右弹力不一致。

(3)一侧前轮制动器制动间隙过小,导致制动拖滞或轮毂轴承过紧。

(4)两侧主销后倾角或车轮外倾角不相等,前束不符合要求。

(5)一侧钢板弹簧错位或折断。

(6)转向节臂、转向臂、横拉杆、直拉杆变形。

(7)转向桥或车架变形,两侧轴距不等。

(8)转向轮某一侧的前稳定杆下摆臂变形。

3.故障诊断与排除

(1)检查左、右轮胎新旧程度、外径尺寸及气压是否一致。保证两转向轮外径尺寸相同,并按规定加以充气。

(2)气压一致,可用手触摸跑偏一边的制动鼓和轮毂轴承是否过热。若过热,调整制动间隙或轮毂轴承。

(3)若不过热,应检查转向节臂、转向臂、横拉杆、直拉杆、前稳定杆和前摆臂是否变形,钢板弹簧是否折断或弹力不均,必要时应予以矫正或更换。

(4)检查前束是否符合要求,两前轮主销后倾角、前轮外倾角是否相同,如图 3-73 所示。若不符合要求,应予以修理。

(5)以上检查均正常,则应检查左、右轴距是否相等,如图 3-74 所示。检查转向桥和车架是否变形。如不符合要求,应予以修理。

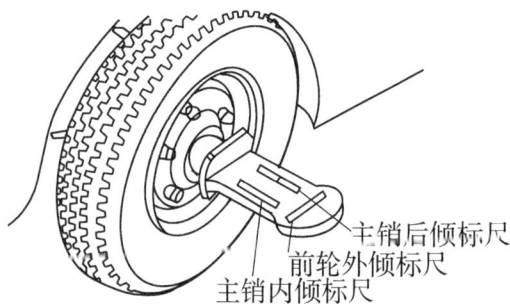

图 3-73　检查前轮定位

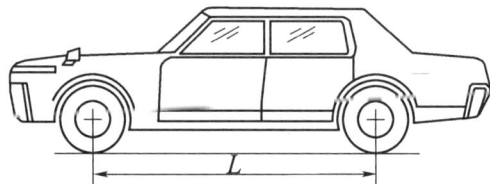

图 3-74　检查前后车轮的轴距

三、转向轮摆动

1.故障现象

汽车在某转速范围内行驶时,转向轮摆振或转向盘抖动。

2.故障原因

(1)转向器螺杆(蜗杆)两端轴承严重磨损,间隙过大。

(2)横、直拉杆球头销及球头座磨损,使球关节松旷。

（3）转向摇臂与摇臂轴的紧固螺栓、螺母松动。

（4）前轮轮毂轴承磨损松旷、固定螺母松动。

（5）前轮前束过大，车轮外倾角、主销后倾角过小。

（6）前轴弯曲，车架、前轮轮辋变形。

（7）前轮外胎由于修补或装用翻新胎失去平衡。

（8）减振器失效，前钢板弹簧刚度不一致。

3.故障诊断与排除

（1）一人转动转向盘，另一人在车下观察转向器和传动机构。若转向盘转动了一定角度，而转向摇臂并不转动，则故障在转向器；若转向摇臂转动了一定角度而前轮并不偏转，则故障在转向传动机构。

（2）若故障在转向器，应拆下转向器，检查螺杆与指销（螺母齿条与齿扇）啮合间隙是否过大。若过大，应予以调整，如图 3-75 所示。

（3）如果故障在转向传动机构，应将横、直拉杆拆下，检查横、直拉杆球头销和球头碗是否磨损严重，弹簧是否折断，螺塞是否调整过松。必要时应重新调整或换件。

（4）若转向盘自由转动量符合要求，再用千斤顶将前轮架起，用橇棒往上撬轮胎，如图 3-76 所示。若有旷松量，则为前轮轮毂轴承松旷或转向节主销与衬套间隙过大，应进行调整或修理，轴承损坏应更换。

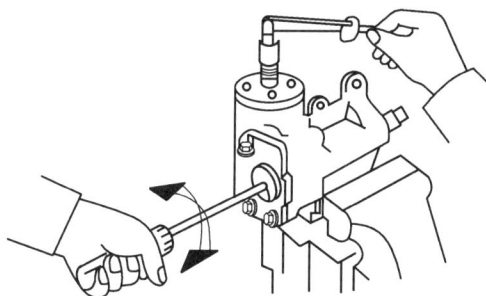

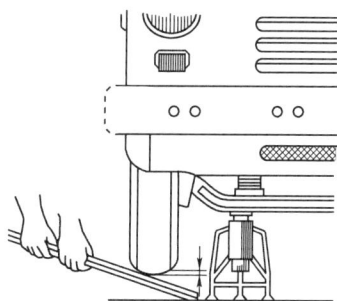

图 3-75　检查、调整转向器啮合间隙　图 3-76　检查主销与衬套配合是否过松

（5）确认前轮无松旷量，应检查前轮前束是否符合要求，如图 3-77 所示。若不符合要求，应重新调整。

（6）若前轮前束符合规定，应检查钢板弹簧 U 形螺栓、转向器固定螺栓是否松动，如图 3-78 所示。若松动，应按规定力矩拧紧。

（7）上述检查无松动，应检查前钢板弹簧刚度和减振器是否失效。若刚度不符合要求或减振器已失效，应予以更换。

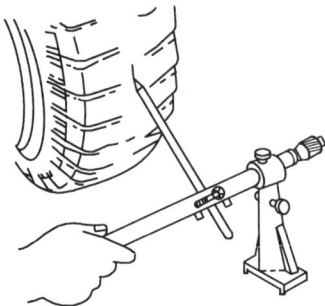

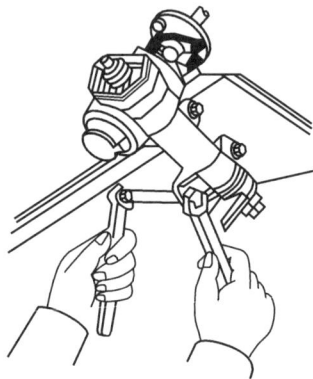

图 3-77　检查前轮前束　　图 3-78　检查转向器固定螺栓
是否松动

(8)若仍存在摆振现象,则应对转向轮进行平衡检测和校正。

(9)经上述检查调整仍无效时,应卸下前轴和车架,检查是否弯曲变形,如图 3-79 所示。若变形,应予以校正或更换。

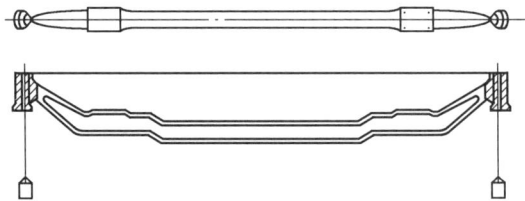

图 3-79　检查前轴变形量

四、动力转向系统工作不良

动力转向系统除传统转向系统由机械机构所产生的常见故障以外,常见的故障形式有转向盘沉重、漏油及异响等。故障部位如图 3-80 所示。

1.故障现象

(1)车辆行驶中,发动机在各种转速下均无转向助力作用,转动转向盘感到费力。

(2)转向突然沉重。

(3)左、右转向力不等。

(4)转向时有噪声。

2.故障原因

(1)油泵传动皮带松弛,传动皮带打滑。

（2）储油罐内液面过低或油液脏污。

（3）液压系统内混入空气。

（4）油泵有故障。

（5）滤清器堵阻、供油管路接头松动。

（6）安全阀漏油、弹簧过软或调整不当。

（7）液压泵内部机件磨损。

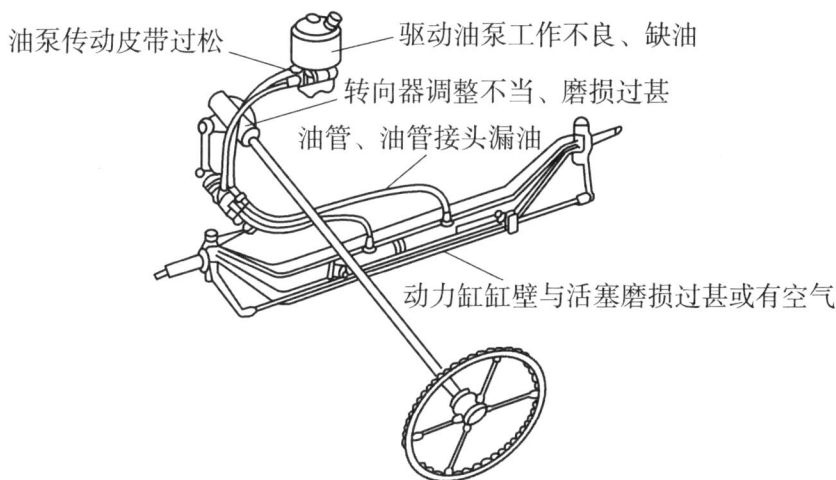

图 3-80　动力转向系统常见故障部位示意图

3. 故障诊断与排除

在液力式动力转向系统的故障诊断过程中，排除机械机构的故障原因后，应主要对液力系统统进行检查，查明动力转向系统工作不良的原因，主要步骤如下。

（1）检查油泵传动皮带是否松弛，如图 3-81 所示。若过松，应予以调整。

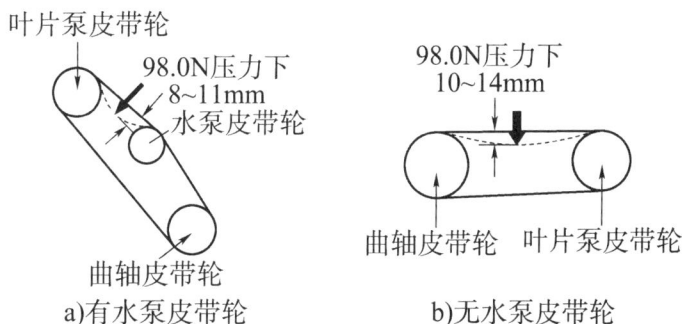

a)有水泵皮带轮　　　　　　b)无水泵皮带轮

图 3-81　检查动力转向油泵皮带的张紧度

（2）发动机怠速运转，左、右转动转向盘数次，检查液力系统工作油温能否达到标准值。

(3)检查储油罐内液面是否过低。若过低,应按要求添加油液,如图 3-82 所示。

(4)检查储油罐内的油液是否混浊、脏污,有无泡沫,如图 3-83 所示。若发现有泡沫,检查各接头和集流管紧固螺钉是否松动使空气渗入。在排除漏油漏气部位故障后,再排除油液中的空气。若油液过于脏污混浊,应更换油液和油封。

图 3-82 添加油液   图 3-83 检查油液

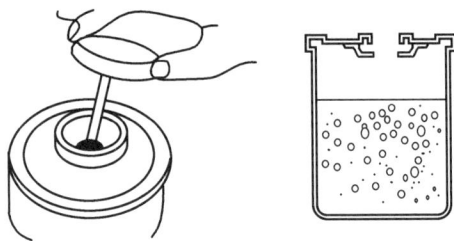

(5)转向齿轮的油压检查如图 3-84 所示。测得油压过低时,转向器有内泄漏现象,应对转向器检修。

(6)液压泵输出油压检查如图 3-85 所示。若测得油压低于规定数值,应检查限压阀和溢流阀。若已损坏,应更换。

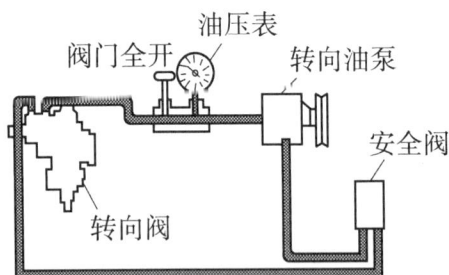

图 3-84 转向齿轮的油压检查   图 3-85 液压泵输出油压检查

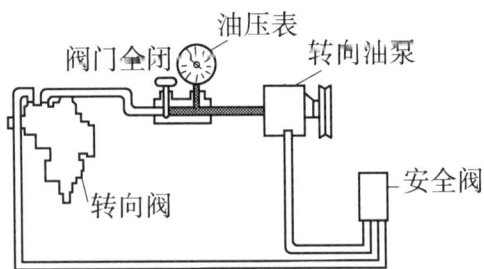

五、注意事项

(1)严格遵守操作程序,注意安全。

(2)正确使用工具和量具。

(3)螺栓、螺母紧固要可靠,开口销齐全、完整、锁紧可靠。

（4）加油时，必须按厂家规定的油液牌号经过滤后加入。

（5）对于密封件（如橡胶密封件、活塞环等）应注意保护，必要时用专用工具拆卸和装配。

课题三　行驶系统故障诊断与排除

汽车行驶系统常见故障主要有悬架发生刚性碰撞或异响、减振器失效、轮胎异常磨损、巡航与电控悬架故障等。

一、悬架发生刚性碰撞或异响

（一）故障现象

汽车行驶中悬架发出撞击的异响、振动增大。

（二）故障原因

（1）钢板弹簧销或螺旋弹簧产生塑性变形或损坏。

（2）减振垫、限位挡块损坏。

（3）减振器失效。

（4）悬架杆连接处松动或减振器上支座松动。

（5）润滑不良。

（6）弹性元件支座损坏、变形。

（7）悬架杆变形。

（三）故障诊断与排除

（1）对采用钢板弹簧悬架的汽车，先检查钢板弹簧是否折断或疲劳变形，再将汽车支起，使钢板弹簧处于自由状态，在钢板弹簧吊环支架端用撬棒上下撬动钢板弹簧。若松动，应检查钢板弹簧销、吊环支架是否间隙过大。若间隙过大，应更换钢板弹簧销或衬套。

（2）对采用螺旋弹簧的汽车，应检查螺旋弹簧是否疲劳变形或折断、支座是否松动损伤、悬架杆是否变形或松动。

（3）检查减振垫的润滑情况，必要时加注润滑脂。

(4)检查减振器。

二、减振器失效

(一)故障现象

汽车在不平路面上行驶时车身强烈振动并连续跳动,有时在一定车速范围内发生"摆头"现象。

(二)故障原因

(1)减振器连接销脱落或橡胶衬套磨损破裂。

(2)减振器油量不足或混入空气。

(3)减振器阀门密封不良,阀瓣与阀座贴合不良。

(4)减振器活塞与缸筒磨损过量,配合松旷。

(三)故障诊断与排除

(1)检查减振器连接销、连接杆、橡胶衬套连接孔是否有损坏、脱焊、脱落和破裂之处,如图3-86所示。若有,应视情况进行维修或更换。

(2)察看减振器外部有无渗漏油迹。若有漏油,应予以检修。

(3)用一根圆钢穿在减振器下连接孔中,脚踩住圆钢两端,用手拉住减振器上的连接孔进行垂直拉伸和推压,若无阻力或者感到发卡,应对减振器

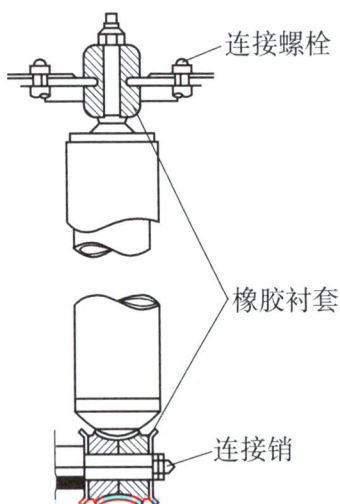

图3-86 检查连接销、橡胶衬套

进行维修或更换。

三、轮胎异常磨损

(一)故障现象

轮胎表面出现两肩磨损、胎冠中部磨损、内侧或外侧磨损、呈锯齿形磨损或呈波浪状磨损等现象即为轮胎异常磨损。

(二)故障原因

(1)前轮外倾角、前轮前束不符合要求。

(2)前轴、车架或转向节变形、松动。

(3)横直拉杆、球头销、球头销座磨损松旷。

(4)钢板弹簧 U 形螺栓松动。

(5)车轮轮毂轴承磨损松旷或预紧度过小。

(6)车轮不平衡量过大。

(7)轮胎气压不正常。

(8)左、右轮胎规格不一致。

(9)减振器失效。

(10)轮辋拱曲变形。

(三)故障诊断与排除

(1)检查轮胎气压是否正常,按要求对轮胎进行放气或充气。

(2)检查左、右轮胎规格是否一致。若不一致,应更换规格统一的轮胎。

(3)检查钢板弹簧 U 形螺栓是否松动。若有松动,应按规定力矩紧固。

(4)检查悬架与车体连接是否牢固,减振器工作是否正常。若有松动,应紧固。若前减振器工作异常,予以检修或更换。

(5)检查转向传动机构球头销与销座是否磨损严重而松旷。若有,应予以调整或更换。

(6)检查前轮外倾角、前轮前束是否符合要求。若不符合,应进行调整或修理。

(7)若上述检查均正常,则再检查转向节主销与衬套配合间隙和轮毂轴承间隙是否过大。若过大,应进行调整或更换磨损零件,并对轮胎进行平衡检查。

课题四　制动系统故障诊断与排除

一、液压制动装置故障

液压制动装置常见故障有制动失效、制动不良、制动跑偏和制动拖滞等。其常见故障部位及故障原因见图 3-87。

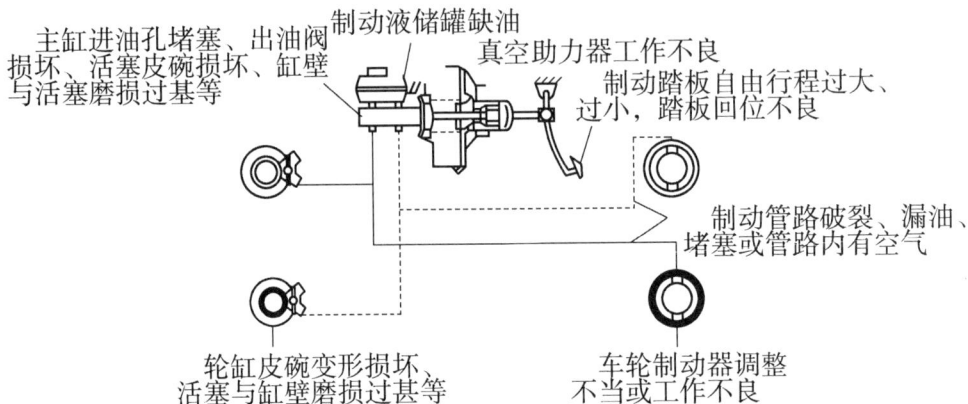

图 3-87　液压制动系常见故障部位及故障原因

(一)制动失效

1.故障现象

汽车行驶中当迅速踏下制动踏板时,感觉制动器不起作用;连续多次踩下制动踏板时,仍无制动效果,汽车不能减速或停车。

2.故障原因

(1)制动液严重不足。

(2)制动主缸皮碗或制动轮缸皮碗损坏,或紧急制动时将制动皮碗踏翻。

(3)主缸活塞与缸壁或轮缸活塞与缸壁磨损过量,松旷漏油,活塞复位弹簧过软或折断。

(4)制动管路内混入空气有气阻。

(5)制动管路堵塞或制动管路渗漏。

(6)车轮制动器磨损严重,制动间隙过大或摩擦片有油污,铆钉外露。

(7)制动踏板自由行程过大。

(8)某机械连接部位脱开,踩制动踏板时,主缸活塞不移动。

3.故障诊断与排除

(1)踩几次制动踏板,若制动踏板能被踩到底且无反力,如图 3-88 所示,则检查制动主缸是否缺少制动液。若缺少,应按规定添加,要求制动液距液罐口 15 ~ 20mm,通气孔畅通。

(2)若不缺,检查管路和接头有无破漏或堵塞,如图 3-89 所示。若有,应进行修理或更换。

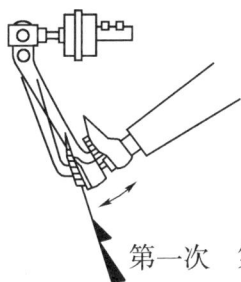

图3-88　连续踩抬制动踏板,踏板能　　　图3-89　检查油管接头
　　　　　踩到底无反力

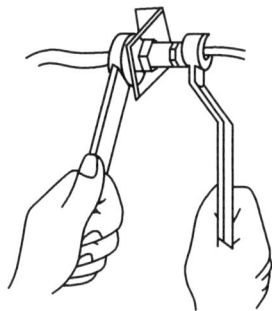

(3)检查制动系统内是否有空气,若踩制动踏板有弹性感,表示液压制动系统有空气或制动液汽化。应将混入的空气排除,排气方法如图3-90所示。当使用了质量不高的制动液时,易产生汽化,应更换符合要求、质量好的制动液。

(4)检查各机械连接部位有无松脱。若有,应修复。

(5)若连接部位无松脱,应调整主缸推杆的自由行程或对主缸进行检修,如图3-91所示。

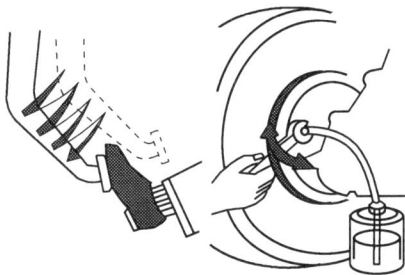

图3-90　排除制动系统中的空气　　图3-91　调整主缸推杆自由行程

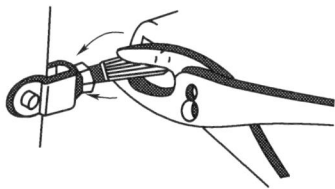

(6)若上述检查情况良好,应检查制动间隙是否过大,必要时拆检车轮制动器。检查制动蹄摩擦片磨损情况,摩擦片是否沾有油污或铆钉外露,制动轮缸是否磨损严重、皮碗踏翻,制动蹄与支承销是否严重锈蚀卡滞等,如图3-92所示。

(二)制动不良

1.故障现象

(1)制动时,汽车不能立即减速或停车,制动减速度小,制动距离长。

(2)踩下第一脚制动踏板时,制动不灵,连续踩下踏板,制动力逐渐增高,但仍感不足,制动效果不佳。

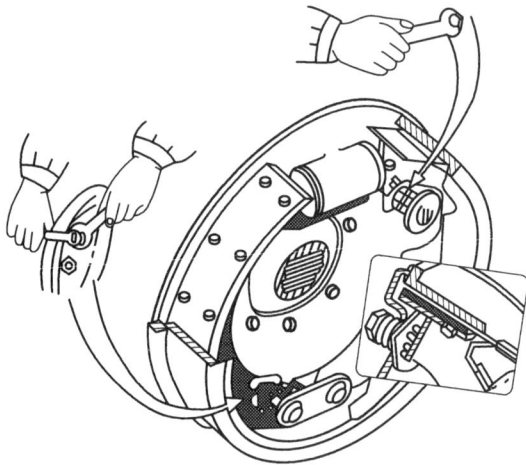

图 3-92　检查调整车轮制动器

2.故障原因

(1)制动踏板自由行程过大。

(2)制动管路和制动轮缸内有空气或产生气阻。

(3)制动管路有渗漏或堵阻。

(4)制动主缸、制动轮缸皮碗变形损坏,活塞与缸壁磨损严重。

(5)制动主缸出油阀损坏,补偿孔、通气孔被堵塞。

(6)车轮制动器磨损严重,制动间隙过大,制动时摩擦片与制动鼓之间接触不良。

(7)车轮制动器摩擦片表面硬化、油污或铆钉外露。

(8)制动鼓圆度误差超标、起沟槽、鼓壁过薄或制动盘变形、摩擦面起沟槽。

3.故障诊断与排除

(1)连续踩下制动踏板,制动踏板位置能逐渐升高,再往下踩感到有弹性,可能是制动系统内混有空气或有气阻。若混有空气,应对制动系统进行排气。若产生气阻,应更换质量高、符合要求的制动液。

(2)一脚制动不灵,连续踩下制动踏板时,踏板位置逐渐升高且制动效果良好,表明自由行程过大或摩擦片与制动鼓间隙过大,应予以调整。

(3)连续踩下制动踏板,踏板位置能逐渐升高,升高后继续用脚踩紧,此时若感到踏板有下沉的感觉,如图3-93所示,表明制动系中有漏油之处或制动主缸出油阀关闭不严。应检查油管、油管接头和主缸。

（4）若踩下制动踏板时需用力大，而且感觉很硬，应检查真空助力器。

（5）当踩下踏板时，制动踏板高度符合要求，不软弱、不下沉，但制动效果不好，应检修车轮制动器。

（三）制动跑偏

1. 故障现象

汽车制动时，车辆向一边偏斜，不能保持正

图 3-93　在保持压力下踩制动
踏板时感到有下沉感

直方向，偏斜的方向有时向左，有时向右，重脚踩下制动踏板后，车辆甚至产生横滑，制动时车轮拖印长短不一。

2. 故障原因

（1）个别制动轮缸内有空气。

（2）个别轮缸皮碗发胀，致使活塞运动不灵活。

（3）个别车轮摩擦片表面有油污、硬化或铆钉外露。

（4）左、右车轮摩擦片与制动鼓间隙大小不一致。

（5）左、右车轮摩擦片材料不一致或新旧摩擦片搭配不均。

（6）个别制动鼓或制动盘磨偏、变形、磨损、起沟槽。

（7）左右轮胎气压、规格、花纹不一致。

（8）左右轮制动蹄复位弹簧拉力不一致。

（9）制动钳或制动底板安装松动。

（10）左右悬架或车轴变形。

（11）左右钢板弹簧刚度不一致。

（12）左右轮毂轴承预紧度调整不一致。

3. 故障诊断与排除

（1）制动时车辆向左跑偏，即为右侧车轮制动不灵；反之，向右跑偏即为左侧车轮制动不灵，如图 3-94 所示。

（2）当确定某车轮制动不良后，应先调整制动鼓与制动蹄摩擦片之间的间隙。

（3）若制动间隙符合要求，必要时应对该轮制动轮缸进行排气。

（4）经上述检查调整后，仍不能排除，应拆检该车轮制动器及制动轮缸。

（5）若各车轮的制动效能均良好，应检查两前轮的轮胎气压是否一致，钢板

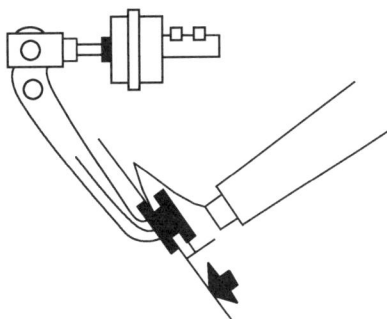

弹簧力及车架的变形情况等。

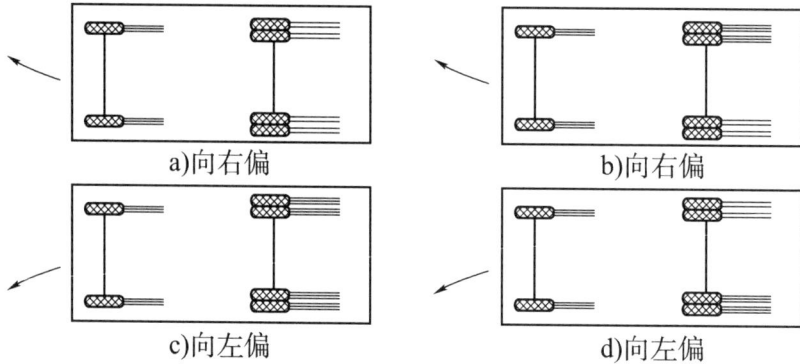

a)向右偏　　　　　　　　　　　　b)向右偏

c)向左偏　　　　　　　　　　　　d)向左偏

图 3-94　车轮制动印痕与跑偏的一般规律

(四)制动拖滞

1. 故障现象

(1)踩下制动踏板感到高而硬,踩不下去。汽车起步困难,行驶费力。当松抬加速踏板踩下离合器踏板时,车速明显降低。

(2)汽车行驶一定里程后,用手触摸制动鼓感觉发热。

2. 故障原因

(1)制动踏板自由行程过小或无自由行程。

(2)制动主缸皮碗发胀,复位弹簧过软,致使皮碗堵住旁通孔不能回油。

(3)制动轮缸皮碗发胀、老化、变形,影响活塞运动。

(4)制动蹄摩擦片与制动鼓间隙过小。

(5)制动蹄与制动蹄轴锈蚀,复位弹簧疲劳过软或折断,使制动蹄转动复位困难。

(6)制动管凹瘪、老化或油管内有污物堵塞,回油不畅。

(7)制动鼓或制动盘变形。

3. 故障诊断与排除

(1)汽车行驶一定里程后,用手触摸各制动鼓均感觉发热,表明故障在制动主缸、增压器或制动踏板。若个别制动鼓发热,则故障在车轮制动器。

(2)若故障在制动主缸,应先检查踏板自由行程是否过小,如图 3-95 所示。若过小,应予以调整。

(3)若自由行程符合规定,放松制动踏板不能迅速复位,应检查制动踏板复位弹簧弹力、踏板轴及连接机构的润滑情况。必要时进行修理或更换。

（4）若制动踏板复位良好,可将制动主缸储液罐盖打开,连续踩、抬踏板,观察回油情况。若不回油,表明主缸回油孔堵塞,应予以疏通。若回油缓慢,则应拆检制动主缸,检查皮碗和复位弹簧,如图 3-96 所示。

（5）若故障在车轮制动器,应先拧松放气螺钉,排出轮缸的制动液,如图 3-97 所示。若制动解除,则为油管堵塞,应予以疏通。若仍不能解除制动,则应调整制动鼓与制动蹄摩擦片之间的间隙。

（6）经上述检查后制动仍然拖滞,则进一步拆检车轮制动器。

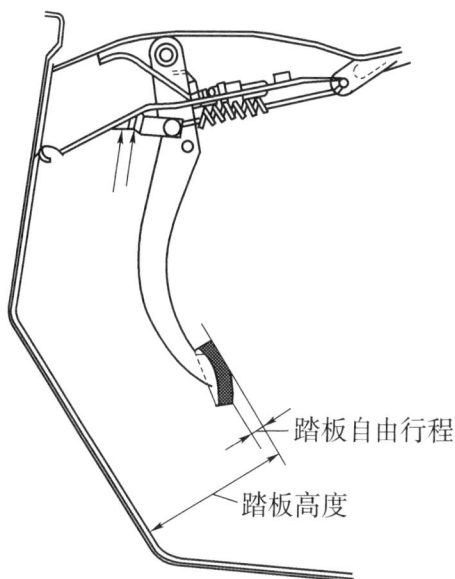

图 3-95 检查制动踏板自由行程

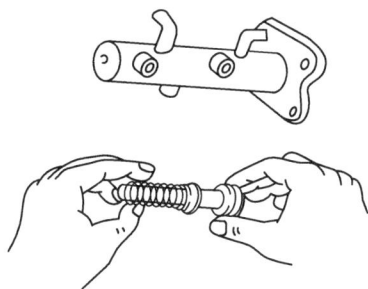

图 3-96 检查主缸活塞、皮碗和复位弹簧是否完好

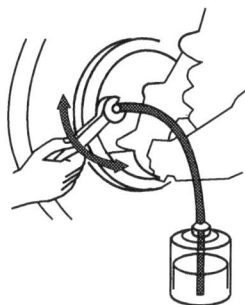

图 3-97 排出轮缸的制动液

（五）典型车辆常见故障与排除

以丰田卡罗拉轿车为典型车辆,分析其液压制动系统的常见故障见表3-4。

丰田卡罗拉轿车常规制动系统的常见故障及排除　　　　表 3-4

故障现象	故障原因	排除方法
制动踏板位置过低或无力	①制动系统油液泄漏 ②制动系统中有空气 ③活塞密封圈磨损或损坏 ④主缸故障 ⑤助力器推杆长度不对	①检查制动系统油液泄漏部位,更换部件或修复 ②排除制动系统中的空气 ③更换活塞密封圈 ④检查并修理主缸 ⑤调整助力器推杆长度

故障现象	故障原因	排除方法
制动器卡滞	①制动踏板自由行程不足 ②驻车制动杠杆行程失调 ③驻车制动器拉索卡住 ④衬块破裂或变形 ⑤活塞卡滞 ⑥助力器系统真空泄漏 ⑦主缸故障	①调整制动踏板自由行程 ②调整驻车制动杠杆行程 ③驻车制动器拉索卡住 ④更换衬块 ⑤检查活塞并更换活塞 ⑥检查助力器系统真空泄漏部位,更换部件或修复 ⑦检查并修理主缸
制动跑偏	①活塞卡滞 ②衬块浸油太多 ③制动盘擦伤 ④衬块破裂或变形	①检查活塞并更换活塞 ②更换衬块 ③检查制动盘,修复或更换制动盘 ④更换衬块
制动踏板坚硬但制动效能低	①制动系统油液泄漏 ②制动系统中有空气 ③衬块磨损 ④衬块破裂或变形 ⑤衬块浸油太多 ⑥衬块磨光 ⑦制动盘擦伤 ⑧助力器系统真空泄漏	①检查制动系统油液泄漏部位,更换部件或修复 ②排除制动系统中的空气 ③检查衬块,修复或更换衬块 ④更换衬块 ⑤更换衬块 ⑥更换衬块 ⑦检查制动盘,修复或更换制动盘 ⑧检查助力器系统真空泄漏部位,更换部件或修复
制动器有噪声	①衬块破裂或变形 ②制动缸安装螺栓松动 ③制动盘擦伤 ④衬块支承板松动 ⑤滑动销磨损 ⑥衬块脏污 ⑦衬块磨光 ⑧消音垫片损坏	①更换衬块 ②紧固制动缸安装螺栓 ③检查制动盘,修复或更换制动盘 ④检查衬块支承板,修复或更换衬块支承板 ⑤更换滑动销 ⑥检查衬块,修复或更换衬块 ⑦更换衬块 ⑧更换消音垫片

（六）注意事项

（1）严格操作程序,注意安全。

（2）正确使用工具和量具。

（3）添加制动液时,必须添加同样牌号的制动液。

（4）操作过程中,油污不能沾到制动鼓与摩擦片的工作表面。

（5）各阀门、活塞、皮碗、衬垫等密封件必须保持清洁完好。

二、气压制动装置故障

气压制动装置常见故障有制动失效、制动不良、制动跑偏和制动拖滞等。

（一）制动失效

1.故障现象

汽车行驶中制动时,汽车不能减速或停车,制动装置不起制动作用。

2.故障原因

（1）贮气筒内无压缩空气或压缩空气压力不足。

（2）空气压缩机失效。

（3）制动踏板与制动阀拉臂脱落或自由行程过大。

（4）制动阀进、排气间隙调整不当,导致进气阀打不开或排气阀关闭不严。

（5）制动阀或制动气室膜片破裂、老化或平衡弹簧弹性不足。

（6）制动气管漏气或堵塞。

（7）车轮制动器失效。

3.故障诊断与排除

（1）发动机运转一定时间后,查看气压表。如果气压表指示为"0"或上升很慢,应检查空气压缩机皮带是否过松,如图3-98所示。检查压缩机到贮气筒之间是否有漏气处。若有,应予以修复。

（2）若以上检查良好,应拆下空气压缩机进行检修。

（3）若发动机运转一定时间后,贮气筒内有压力较足的压缩空气,且打开贮气筒放水开关时,有压缩空气喷出,如图3-99所示,则应拆检贮气筒至制动阀进气阀之间的气管是否阻塞或制动阀的进气阀是否不能打开。若是,予以疏通或修理。

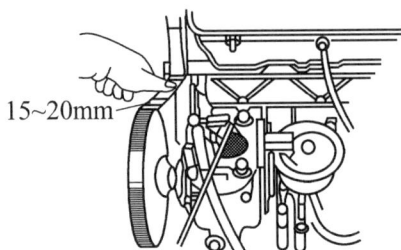

图 3-98　检查空气压缩机皮带松紧度　图 3-99　检查贮气筒是否有压缩空气

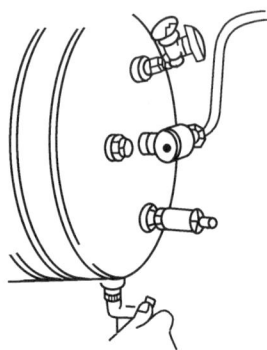

　　(4)当踩下制动踏板时听到有漏气声音,经检查是气管或制动气室漏气,应进行检修,如图 3-100 所示。若为制动阀漏气,应调整排气间隙或检修制动阀。

　　(5)当踩下制动踏板,制动气室推杆移动良好,如图 3-101 所示,且无漏气声,但仍然无制动效果,应检修车轮制动器。

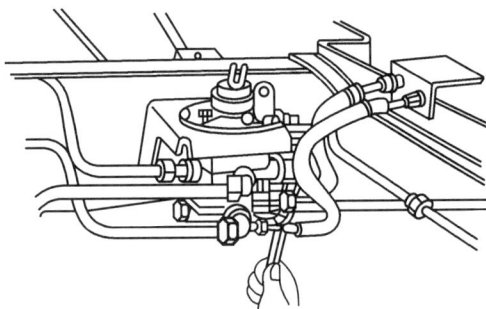

图 3-100　检查气管是否漏气　　图 3-101　检查制动气室推杆移动是否良好

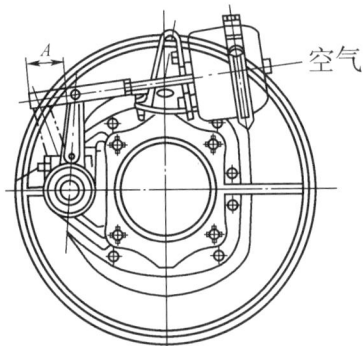

(二)制动不良

1.故障现象

行车时踩下制动踏板后,制动减速度小或反应缓慢,车辆不能随即减速、停车。紧急制动时各轮均无轮胎拖印。

2.故障原因

(1)贮气筒内压缩空气压力不足或空气压缩机工作不良。

(2)制动踏板自由行程过大。

(3)制动阀调整不当。

(4)制动阀、制动气室膜片破裂、老化引起漏气。

(5)制动气管漏气、堵阻、凹瘪或制动软管老化发胀通气不畅。

（6）车轮制动器摩擦片与制动鼓之间间隙过大。

（7）车轮制动器摩擦片表面有油污、硬化或磨损严重,铆钉外露。

（8）制动鼓磨损圆度误差超标、起沟槽或鼓壁过薄。

（9）制动凸轮轴或制动蹄轴润滑不良、锈蚀、卡滞。

3. 故障诊断与排除

（1）起动发动机运转一定时间后,检查气压能否达到标准。若气压不足,停机后,气压也不明显下降,表明无漏气现象,应检查空气压缩机皮带是否过松或检修空气压缩机。

（2）若储气筒气压上升正常,但发动机熄火后,气压自动下降,则为空气压缩机至制动阀进气阀之间的气管漏气,应进行检修,如图 3-102 所示。

（3）若储气筒气压符合要求,发动机熄火后气压也不下降,但踩下制动踏板后有漏气声,则为制动阀到各制动气室之间有漏气处,或膜片破裂,应检修制动阀、制动气室或气管。

（4）若储气筒气压正常,以上各项检查亦无漏气,但制动不良,则应先检查制动踏板自由行程和制动阀最大输出气压。若不符合规定,应进行调整;若符合规定,再对车轮制动器进行检查和调整,如图 3-103 所示,必要时予以修理。

图 3-102　检查空气压缩机气管
接头是否漏气

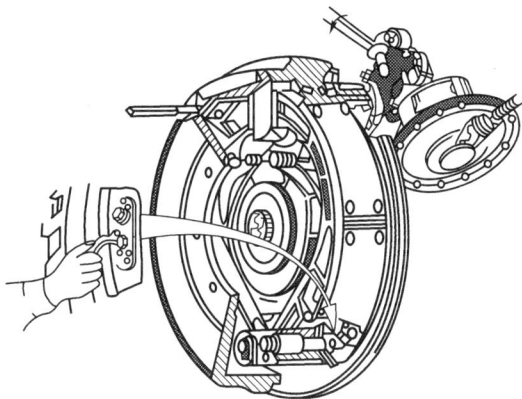

图 3-103　检查调整车轮制动器

（三）制动跑偏

1. 故障现象

制动时汽车向一边跑偏,不能保持直线方向;紧急制动时,车辆甚至产生横滑。制动时车轮拖印长短不一。

2. 故障原因

(1)左右车轮制动鼓与摩擦片间隙不一致,或摩擦片材料不同。

(2)个别车轮的摩擦片有油污、表面硬化或铆钉外露。

(3)个别制动鼓磨损圆度误差超标、鼓壁起沟槽或变薄。

(4)左、右车轮制动器的制动蹄复位弹簧拉力相差较大。

(5)个别制动气室推杆弯曲变形,膜片破裂,气管接头漏气。

(6)个别车轮的制动凸轮轴由于锈蚀被卡滞或制动蹄与支承销锈蚀卡滞,不能自由转动。

(7)左右轮胎气压、花纹、规格不一致。

(8)制动踏板松动。

(9)左右悬架或车轴变形。

(10)左右钢板弹簧刚度不一致。

(11)左右轮毂轴承预紧度调整不一致。

3. 故障诊断与排除

(1)首先进行道路测试,察看两侧制动轮胎拖印是否一致。若一致,应检查轮胎气压、花纹和规格是否一致,前钢板弹簧、弹力是否相差太多,前轴和车架有否变形等。若有,应加以调整或修理。

(2)若制动拖印不一致,可一人踩住制动踏板,另一人注意检查车轮制动气管接头或制动气室膜片有无漏气。若有漏气,应进行修复。

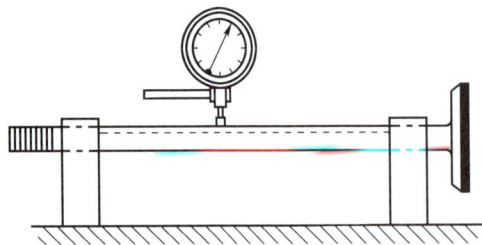

图 3-104 检查制动推杆变形量

(3)若以上检查无漏气,则检查制动推杆伸缩情况;推杆是否弯曲变形或被卡住,如图 3-104 所示。必要时,应进行修理。

(4)如果上述检查良好,应调整车轮制动器,即制动鼓与制动蹄摩擦片之间的间隙。

(5)当制动间隙符合要求时,则应拆检车轮制动器。

(四)制动拖滞

1. 故障现象

(1)抬起制动踏板解除制动时,制动阀排气缓慢或不排气,使制动蹄不能立即复位解除制动。

(2)感到车辆起步困难,行驶费力。

(3)行驶一定里程后,用手触摸各制动鼓感觉发热。

2．故障原因

(1)制动踏板及操纵机构卡滞或有运动干涉,复位弹簧疲劳、过软或折断。

(2)制动踏板没有自由行程。

(3)制动阀拉臂与排气阀的行程调整不当,排气间隙过小。

(4)制动气室推杆伸出过长或因弯曲变形而被卡住。

(5)车轮制动器凸轮轴或制动蹄轴因锈蚀或配合过紧,转动不灵,致使制动蹄复位缓慢或不复位。

(6)制动蹄复位弹簧过软或折断。

(7)摩擦片与制动鼓之间间隙过小。

(8)制动软管老化不畅通。

3．故障诊断与排除

(1)汽车行驶一定里程后,用手触摸各制动鼓,若全都发热,表明故障在制动阀。若个别制动鼓发热,则故障很可能在车轮制动器。

(2)若故障在制动阀,应先检查制动踏板自由行程是否过小。若过小,应调整制动阀排气间隙。

(3)如果制动踏板自由行程符合规定,但松抬制动踏板后不能迅速复位,应检查制动踏板复位弹簧弹力及连接机构的润滑情况,必要时进行修理或更换。

(4)若制动踏板复位良好,应检修制动阀。

(5)若制动阀良好,制动拖滞的故障在车轮制动器,则应先检查、调整制动鼓与制动蹄摩擦片之间的间隙,并检查制动气室推杆是否过长或弯曲变形发卡,制动软管是否老化不畅通。若有,则加以排除。

(6)经调整后仍然拖滞,则应拆检车轮制动器。

(五)注意事项

(1)严格遵守操作程序,注意安全。

(2)正确使用工具和量具。

(3)制动阀的橡胶密封圈必须清洁、完好。

(4)摩擦片与制动鼓的工作表面不得沾有油污。

三、驻车制动装置故障

驻车制动装置常见故障有制动不灵和制动拖滞两种。

(一)制动不灵

1.故障现象

在坡路上停车,拉紧驻车制动操纵杆,车辆仍能前后溜动。

2.故障原因

(1)自由行程过大。
(2)制动鼓或制动盘与制动蹄摩擦片之间的间隙过大。
(3)制动鼓或制动盘与制动蹄摩擦片之间沾有油污。
(4)制动蹄摩擦片磨损过甚或表面硬化,铆钉外露。
(5)制动鼓或制动盘变形、磨损圆度误差超标、起沟槽或有裂纹。

3.故障诊断与排除

(1)检查驻车制动器自由行程是否过大。若过大,应予以调整。
(2)检查制动鼓(盘)与制动蹄摩擦片之间的间隙是否过大。若过大,应予以调整,如图3-105所示。

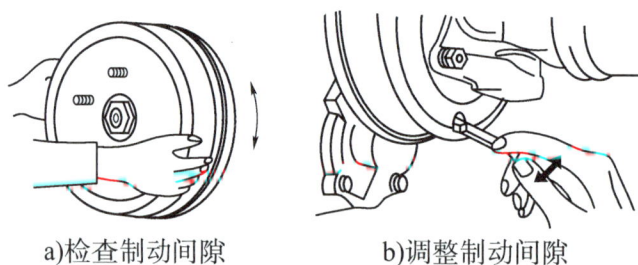

a)检查制动间隙　　　　b)调整制动间隙

图3-105　检查调整制动鼓与制动蹄摩擦片的间隙

(3)上述检查均良好,应拆检驻车制动器。

(二)制动拖滞

1.故障现象

(1)放松驻车制动器操纵杆,汽车起步仍困难,行驶费力。
(2)汽车行驶一定里程后,用手触摸驻车制动鼓,感觉发热。

2.故障原因

（1）制动蹄摩擦片与制动鼓盘之间间隙过小。

（2）制动鼓复位弹簧过软或折断。

（3）制动蹄与制动蹄轴卡滞，凸轮轴与套管锈蚀卡滞，转动困难，不能自如复位。

3.故障诊断与排除

（1）检查制动鼓（盘）与制动蹄摩擦片之间的间隙是否过小。若过小，应予以调整。

（2）若制动间隙符合要求，则应拆检驻车制动器，检查复位弹簧是否过软，摩擦片是否破碎，制动蹄摩擦片与制动蹄轴是否锈蚀，制动凸轮轴转动是否灵活。必要时进行修理或更换。

（三）注意事项

（1）严格遵守操作程序，注意安全。

（2）正确使用工具和量具。

（3）摩擦片和制动鼓工作表面不得沾有油污。

单元四 汽车一般电气设备的故障诊断与排除

汽车电气设备通常分为充电系统、起动系统、照明与信号装置和仪表等。

一、充电系统的故障诊断与排除

发电机与蓄电池等构成了汽车充电系统。当汽车发动机工作后,发电机负责全车用电设备的供电,同时,发电机还要为蓄电池充电。因此,发电机的技术状况直接影响汽车全车用电设备的工作状况。常见的发电机故障主要有发电机不发电和发电机异响两种。

(一)发电机不发电

1. 故障现象

发动机运转时,充电指示灯突然点亮。

2. 故障原因

(1)发电机损坏。

(2)线束损坏。

3. 故障诊断与排除

(1) 起动发动机后,观察组合仪表,充电指示灯亮起。此时,测量蓄电池的端电压。若电压低于12.6V,说明发电机不发电,充电系统有故障。

(2) 进行外观检查,检查发电机传动带是否正常。

(3)丰田卡罗拉汽车充电系统电路如图4-1所示。断开发电机线束连接器B(4个针脚),发电机线束连接器B线束端端子如图4-2所示。测量2号端子(绿色线)至车身搭铁电压,测量方法及标准见表4-1。如果电压正常,说明发电机有故障,需要拆下发电机进行检查。一般情况需要更换发电机总成。如果测不到电压,则说明发电机正常,故障在发电机的励磁电路,重点检查10A熔断丝ECU-IG NO.2。

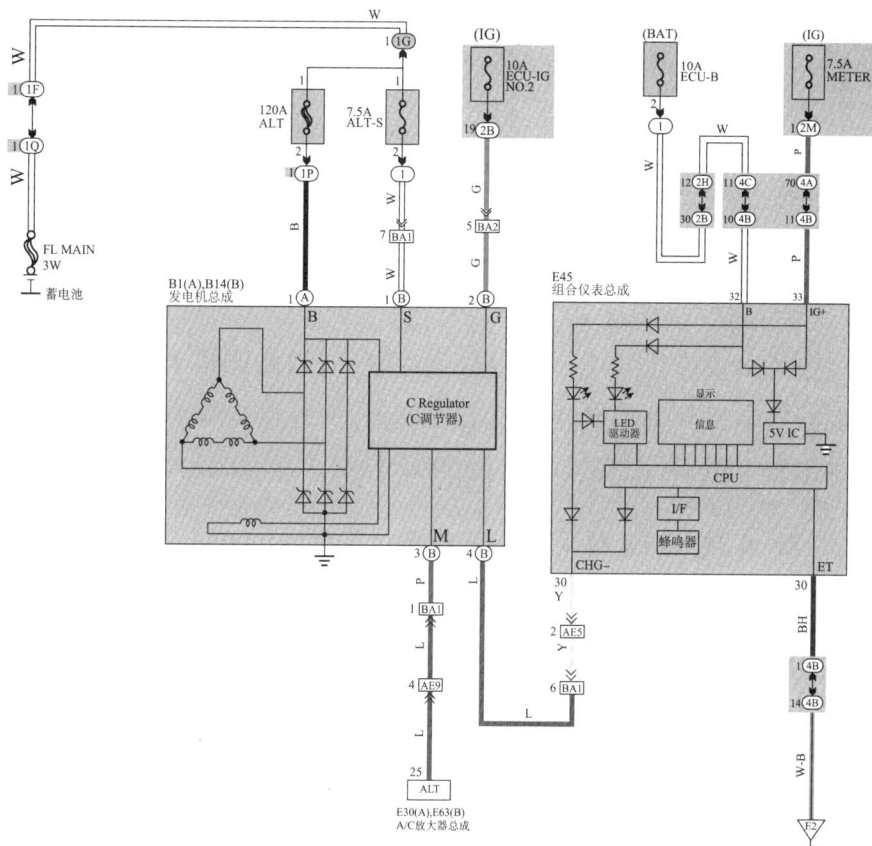

图 4-1　丰田卡罗拉汽车充电系统电路图

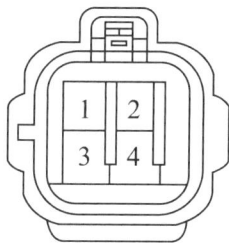

图 4-2　丰田卡罗拉汽车发电机线束连接器 B 线束端端子图

丰田卡罗拉汽车发电机线束检测方法与标准　　　　表 4-1

检测仪连接	条件	规定状态
B(2)-车身搭铁	点火开关置于 ON(IG) 位置	11 ~ 14V

(二)发电机异响

1. 故障现象

发电机运转中发出连续或断续不正常的响声。

2. 故障原因

(1)风扇皮带松紧度调整不当。

(2)发电机轴承润滑不良、损坏。

(3)转子与定子之间碰擦。

(4)发电机风扇或皮带盘与壳体碰撞。

3. 故障排除与诊断

(1)检查风扇皮带松紧度。若过松或过紧,应重新调整。

(2)观察发电机外部运转动态。若有碰擦,应检修或调整。

(3)触摸发电机,若温度过高,表明转子与定子碰擦,应检修。

二、起动系统的故障诊断与排除

发动机起动时,起动电流很大,起动机在大负荷下工作,易产生故障。常见的故障有起动机不转、起动机运转无力、起动机空转、起动机异响等。

(一)起动机不转

1. 故障现象

将点火开关拨到起动位置时,起动机不转动。

2. 故障原因

(1)蓄电池存电不足,或连接线头松动、脏污而接触不良。

(2)起动开关接触点烧蚀或不能接触。

(3)起动机与继电器之间导线断路或接线松脱。

(4)继电器电磁线圈短路、断路或继电器触点烧蚀。

(5)电磁开关线圈短路、断路,或接触盘接触不良。

(6)电枢轴弯曲变形,轴承过紧或烧蚀。

(7)起动机内部换向器表面脏污或烧蚀。

(8)起动机磁场绕组、电枢绕组短路、断路。

(9)起动机电刷磨损,弹簧过软,与换向器不相接触。

3. 故障诊断与排除

(1)检查蓄电池存电情况及连接线路有无故障时,开前照灯或按喇叭,若喇叭不响、灯不亮,表明蓄电池存电不足或接触不良,应予以充电或修理。若喇叭响或灯亮,表明蓄电池良好。

(2)判断故障在起动机还是在控制装置时,短接电磁开关上两个主接线柱30端子与C端子,如图4-3所示。若起动机不转,则故障在起动机,应予以修理。若起动机转动,则起动机正常,故障在电磁开关或起动机继电器。

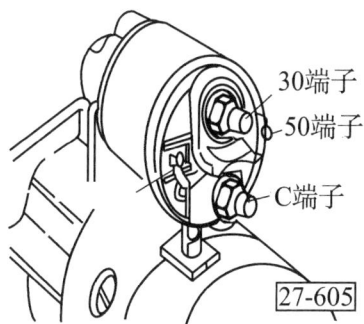

30端子
50端子
C端子

27-605

图4-3　起动机不转的故障诊断

(3)判断故障在电磁开关还是在起动继电器时,短接电磁开关的30端子与50端子,如图4-3所示。若起动机运转正常,则电磁开关良好,故障在起动机继电器及其连接线路,再短接起动继电器的点火锁和电源接线柱,如图4-4所示。若起动机运转正常,则继电器良好,故障在点火开关上。

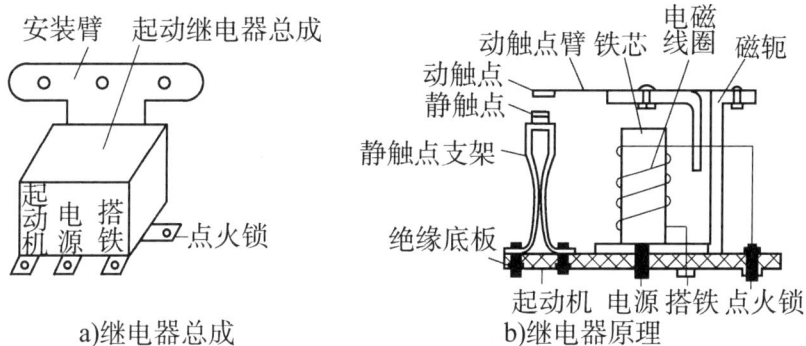

安装臂　起动继电器总成

起动机　电源　搭铁　点火锁

a)继电器总成

动触点臂　铁芯　电磁线圈　磁轭
动触点
静触点
静触点支架
绝缘底板

起动机　电源　搭铁　点火锁

b)继电器原理

图4-4　起动继电器示意图

(二)起动机运转无力

1.故障现象

接通起动开关,起动机能转动,但转动无力,不能起动发动机。

2.故障原因

(1)蓄电池亏电严重,起动电路接头松动、脏污而接触不良或发动机搭铁不良。

(2)起动机装配过紧,或内部旋转件碰擦,阻力矩过大。

(3)起动机换向器与电刷间脏污、烧蚀或电刷磨损过量、弹簧过软。

(4)起动机电枢绕组或磁场绕组短路。

(5)起动机电磁开关触点烧蚀或电磁开关吸拉线圈、保持线圈断路、短路。

3.故障诊断与排除

(1)开前照灯、按喇叭,判断蓄电池是否亏电严重。必要时加以充电或更换。

(2)检查起动电路各连接导线是否松动或搭铁,若有,加以排除。

(3)短接起动机两个主接线柱(C端子和30端子),如图4-3所示。若电流很大、运转正常,表明蓄电池到起动机电路良好,故障在电磁开关,应修复或更换。若仍无力,则可能在起动机内部绕组有短路、搭铁处或换向器故障。

(三)起动机空转

1.故障现象

接通点火开关后,起动机能转动但只空转或有"咔啦、咔啦"的齿轮撞击声音,而发动机曲轴并不转动。

2.故障原因

(1)飞轮齿圈缺齿。

(2)单向离合器打滑。

(3)拨叉连接处脱开。

3.故障诊断与排除

(1)关闭点火开关,挂挡推行一小段距离,再使用起动机起动发动机。若起动正常,说明飞轮齿圈有缺齿损坏,应更换齿圈。

(2)若起动机仍空转,说明起动机驱动器有故障,拆下驱动器,检查单向离合器和拨义的连接。

(四)起动机异响

1.故障现象

起动发动机时,起动机发出"嘎、嘎"的轮齿撞击声响,发动机曲轴不能随之转动。

2.故障原因

(1)起动机驱动齿轮或飞轮齿圈内端磨损严重。

(2)起动机驱动齿轮端面止推垫圈之间间隙过大。

3.故障诊断与排除

（1）检查驱动齿轮和飞轮齿圈的磨损情况,若磨损过量,应更换飞轮齿圈或起动机驱动齿轮。

（2）将拨叉压到极限位置,起动机驱动齿轮端面与止推垫圈间的间隙应在（2±0.5）mm 范围内。若间隙不当,可调整行程限位螺钉,如图 4-5 所示。

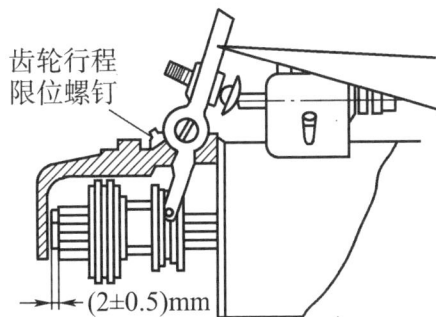

齿轮行程限位螺钉

(2±0.5)mm

图 4-5　起动机行程限位螺钉调节

三、汽车照明与信号装置的故障诊断与排除

（一）照明灯具的故障诊断与排除

汽车灯具常见的故障有导线连接松动、接触不良、线路断路、线路短路,电源电压过高、过低,灯泡烧坏等。

1.前照灯不工作

（1）故障现象。

①所有前照灯都不亮。

②其中某个灯不亮。

（2）故障原因。

①前照灯烧坏。

②熔断丝烧断。

③变光开关损坏。

④线束损坏或搭铁不良。

⑤灯泡烧坏或灯座接触不良。

（3）故障诊断与排除。

①检查熔断丝。若熔断丝烧毁,则更换。

②若熔断丝完好,则检查前照灯灯座接触是否不良,灯丝是否烧毁,并视情况加以修理或更换。

③检修前照灯变光开关。用万用表欧姆挡测量变光开关的导通性,如图 4-6 所示。若变光开关置于近光或远光位置,其电阻均为无穷大,表明变光开关损坏,应更换。

④逐段检修电路,排除开路。汽车前照灯电路如图 4-7 所示。

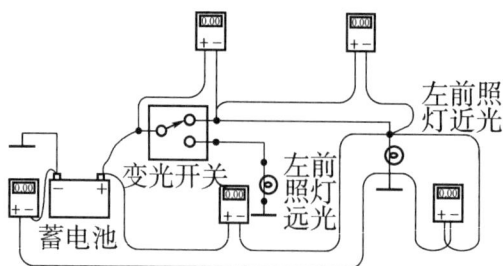

图 4-6　检查变光开关

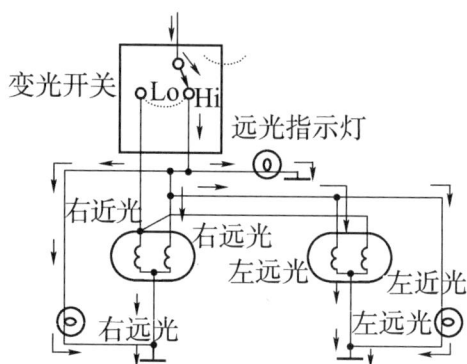

图 4-7　汽车前照灯电路

2. 前照灯灯光暗淡

(1)故障现象。

前照灯发光强度不够,灯光暗淡。

(2)故障原因。

①前照灯灯丝烧断(远光或近光)。

②灯泡规格不对。

③灯泡插销或灯座接触不良。

(3)故障诊断与排除。

①检查灯泡,如果灯泡规格不对,功率较小,则更换原车相同规格的灯泡。

②有的前照灯采用双丝灯泡,检查是否有一组灯丝烧断,若有,则更换灯泡。

③前照灯均采用灯座搭铁,检查灯座是否有铁锈或脏物,若有,则修复或更换。

3. 转向信号灯不工作

(1)故障现象。

接通转向开关时,汽车左右两侧转向信号灯不亮。

(2)故障原因。

①熔断丝烧断。

②转向闪光继电器损坏。

③转向灯开关损坏。

④连接线路接触不良或断路。

⑤转向信号灯灯泡损坏。

(3)故障诊断与排除。

①检查熔断丝是否熔断,灯泡是否烧坏或灯座是否接触不良,若有,则更换或修复。

②在转向闪光继电器"电源"接线柱上用试灯测试。若试灯不亮,则为继电器线路断路。应加以修复或更换。若灯亮,表明电源良好。

③短接闪光继电器"开关"与"电源"接线柱。若转向灯亮,则故障在转向闪光继电器。若转向灯仍不亮,再短接转向灯开关左、右两接线柱。若转向灯亮,则故障在转向信号灯开关,应加以修复。

4.制动灯不亮

（1）故障现象。

踩下制动踏板时,制动灯不亮。

（2）故障原因。

①熔断丝烧断。

②制动灯开关损坏。

③连接线路接触不良或断路。

④制动灯座接触不良,搭铁不良或灯丝烧断。

（3）故障诊断与排除。

①检视熔断丝是否烧断。若已烧坏,予以更换。汽车制动灯电路如图4-8所示。

②检查导线连接是否可靠,否则,加以修复。

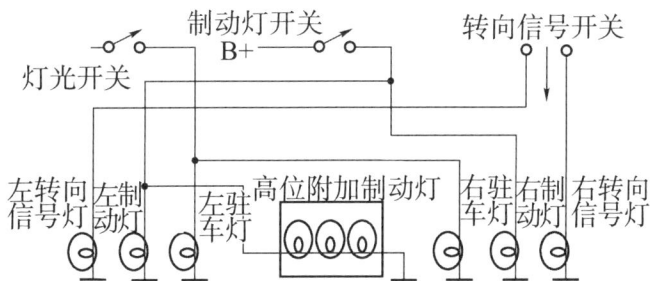

图4-8 汽车制动灯电路

③检查灯丝是否烧断,若烧断,更换灯泡。检查灯泡与灯座接触是否良好,若接触不良,应加以修复。

④在制动灯开关"电源"接线柱试火。若无火,故障为制动灯开关至蓄电池间断路。若有火,短接制动灯开关两接线柱,此时若制动灯亮,故障在制动灯开关内部,应更换。

5.制动灯常亮

(1)故障现象。

松开制动踏板后,制动灯不熄灭。

(2)故障原因。

①制动灯开关触点烧结。

②制动灯开关复位弹簧过软、折断。

(3)故障诊断与排除。

换用新制动灯开关对比试验。若能熄灭,为制动灯开关有故障,应予以更换。

(二)电喇叭的故障诊断与排除

1.电喇叭不响

(1)故障现象。

按下喇叭按钮,喇叭不响。

(2)故障原因。

①蓄电池亏电。

②喇叭熔断丝烧断。

③线路连接松脱、断路。

④喇叭损坏。

⑤喇叭开关或喇叭继电器损坏。

(3)故障诊断与排除。

①检查蓄电池存电是否充足。若不充足,给蓄电池充电或更换蓄电池。

②检查熔断丝是否烧断,线路连接是否松脱或断路。若是,则予以修复或更换。

③从蓄电池正极桩到喇叭端子跨接一根粗导线,如果喇叭不响,表明喇叭损坏,则更换。汽车喇叭电路如图4-9所示。若喇叭响,表明故障在控制线路。

④用导线将喇叭开关短接以检查控制线路。若喇叭响,表明喇叭开关损坏,应更换。若仍不响,表明喇叭继电器损

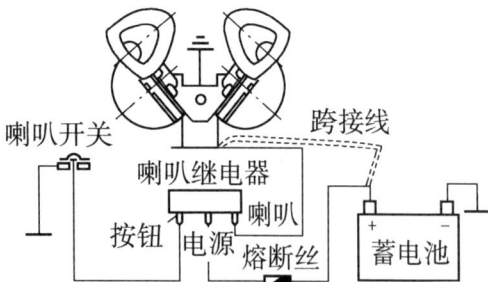

图4-9　汽车喇叭电路

坏,应更换。

2.电喇叭常鸣不止

(1)故障现象。

喇叭长鸣不止。

(2)故障原因。

①按钮卡死或按钮线搭铁。

②继电器触点烧结。

③喇叭或继电器搭铁。

(3)故障诊断与排除。

①拔下喇叭熔断丝,中止长鸣现象。

②将继电器"按钮"接线柱上的导线头拆除,插上熔断丝,此时若喇叭不再响,则为按钮至继电器接柱间电路有搭铁故障,应予以排除。

③若喇叭仍长鸣,则为喇叭继电器触点烧结,应该更换继电器。

3.电喇叭声音异常

(1)故障现象。

①双音喇叭只有一只响。

②喇叭声音沙哑发闷或刺耳。

③音量过小。

(2)故障原因。

①单只喇叭损坏。

②振动膜片破裂或变形、振动部件连接松旷。

③共鸣板松动。

④喇叭安装松动或减振器固定支架(弹簧片)局部断裂。

⑤喇叭触点或喇叭继电器触点烧蚀或脏污。

⑥喇叭铁芯间隙调整不当。

⑦触点预压力调整不当。

(3)故障诊断与排除。

①检查喇叭安装是否牢固,减振固定支架有无断裂现象。若有,则加以紧固或更换。

②检查喇叭。检查喇叭铁芯间隙,若间隙不在 0.5～1.0mm 范围内,应加以修理或调整。检查膜片,若膜片破裂,应更换,并注意厚度及匹配。检查喇叭触

点是否烧蚀或脏污,若有,则打磨喇叭触点。

③若以上正常,则检查喇叭继电器触点是否烧蚀或脏污,若有,则打磨继电器触点或更换。

(三)仪表故障的诊断与排除

汽车仪表也称为组合仪表,其仪表板上主要有燃油表、冷却液温度表、发动机转速表及车速表四个指针式仪表,除此之外,还有一个多功能信息显示中心及各种指示灯与报警灯等。图4-10所示为丰田卡罗拉汽车组合仪表电路图。

1. 组合仪表不工作

(1)故障现象。

接通点火开关,组合仪表信息显示中心没有显示且组合仪表指针均不动。

(2)故障原因。

①熔断丝损坏。

②组合仪表损坏。

③线束损坏。

(3)故障诊断与排除。

①检测熔断器是否正常,否则,更换熔断器。

②断开组合仪表线束连接器,测试线束连接器端子30、32、33,如图4-11所示,检测方法与标准见表4-2。若检测结果正常,则更换仪表总成;若检测结果与标准不符,则检测线束。

2. 冷却液温度表指针指示不正常

(1)故障现象。

接通点火开关,无论发动机温度如何变化,冷却液温度表指针一直不动。

(2)故障原因。

①冷却液温度传感器损坏。

②冷却液温度表步进电机损坏。

③仪表CPU损坏。

④线束损坏。

(3)故障诊断与排除。

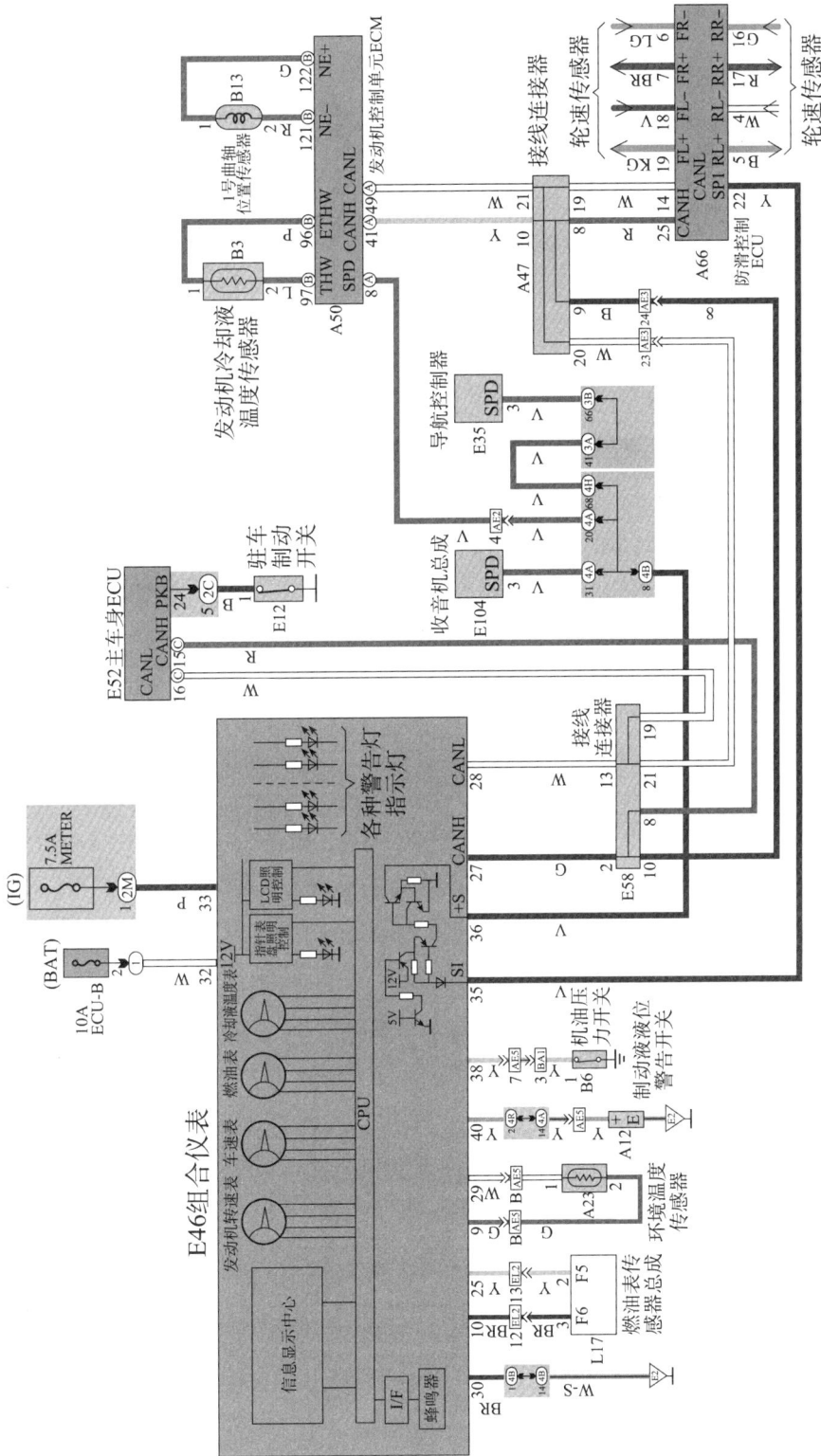

图4-10　丰田卡罗拉汽车组合仪表电路图

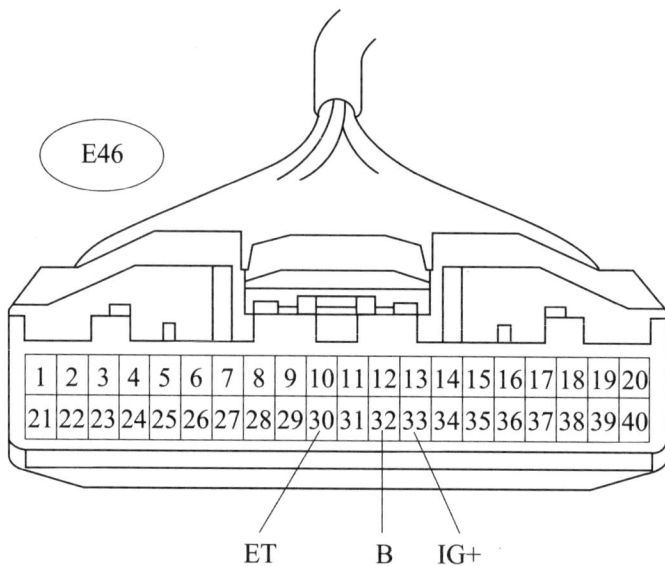

图4-11 丰田卡罗拉汽车组合仪表线束端子图

丰田卡罗拉汽车组合仪表线束端子检测方法与标准 表4-2

检测端子连接	条件	规定状态
E46-30(ET)—车身搭铁	始终	小于1Ω
E46-32(B)—车身搭铁	始终	11~14V
E46-33(IG+)—车身搭铁	点火开关置于ON(IG)位置	11~14V

①用解码器读故障码,有故障码时,按故障码提示进行检测。若故障码为P0115、P0116、P0117、P0118,则说明发动机冷却液温度传感器或线束有故障,需要对发动机冷却液温度传感器进行检测,检测方法如图4-12所示,检测标准见表4-3。

②用解码器进行主动测试。若指针异常,说明仪表CPU损坏(或冷却液温度表步进电机损坏),更换仪表总成。

3.发动机燃油表指针指示不正常

(1)故障现象。

接通点火开关,不管油箱存油多少,燃油表指针均不动。

(2)故障原因。

①燃油表传感器损坏。

②燃油表步进电机损坏。

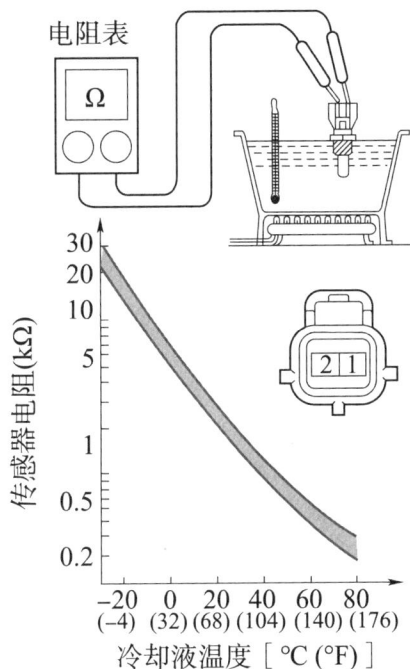

图 4-12 丰田卡罗拉汽车冷却液温度传感器检测方法

冷却液温度传感器检测标准　　　　　　　　　表 4-3

检测仪连接	条件	规定状态(kΩ)
1—2	20℃(68℉)	2.32~2.59
	80℃(176℉)	0.310~0.326

③仪表 CPU 损坏。

④线束损坏。

（3）故障诊断与排除。

①用解码器进行主动测试。若指针异常,说明仪表 CPU 损坏(或燃油表步进电机损坏),更换仪表总成。

②检测燃油表传感器总成,首先断开燃油表传感器总成线束连接器,如图 4-13 所示,检测方法与标准见表 4-4。如果测试结果正常,更换仪表总成,否则,更换燃油表传感器总成。

4.发动机转速表指针指示不正常

（1）故障现象。

接通点火开关起动发动机后,不管发动机转速如何变化,发动机转速表指针一直不动。

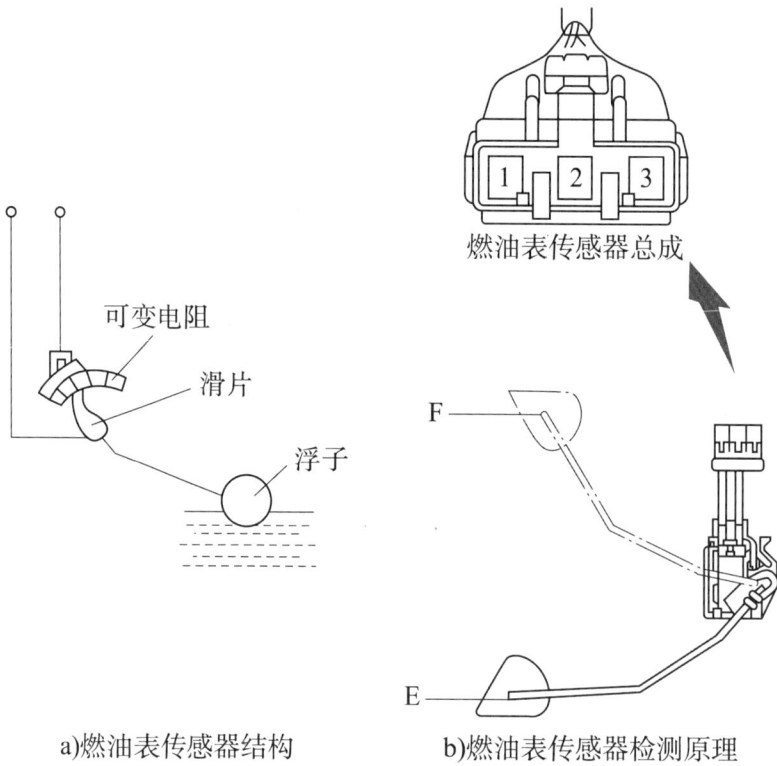

a)燃油表传感器结构　　　　　b)燃油表传感器检测原理

图 4-13　丰田卡罗拉汽车燃油表传感器总成检测

丰田卡罗拉汽车燃油表传感器检测方法与标准　　　　表 4-4

浮子室液位高度	测量端子 2 和 3 之间的电阻(Ω)
F	13.5 ~ 16.5
在 E 和 F 之间	13.5 ~ 414.5 (渐变)
E	405.5 ~ 414.5

(2)故障原因。

①转速表传感器(曲轴位置传感器)损坏。

②转速表步进电机损坏。

③仪表 CPU 损坏。

④线束损坏。

(3)故障诊断与排除。

①用解码器读故障码,有故障码时,按故障码提示进行检测。当显示故障码为 P0335 或 P0339 时,说明发动机曲轴位置传感器有故障,需要拆下检测。曲轴位置传感器的安装位置如图 4-14 所示。用万用表检测曲轴位置传感器的电

阻值,曲轴位置传感器的检测方法如图 4-15 所示,检测标准见表 4-5。

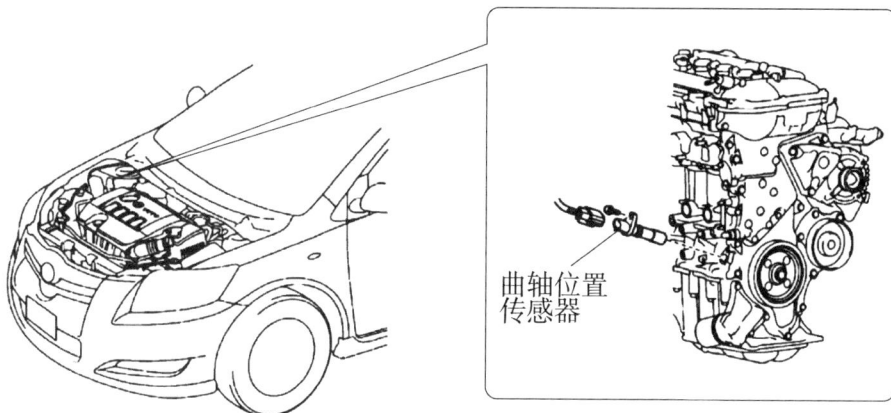

曲轴位置
传感器

图 4-14　丰田卡罗拉汽车曲轴位置传感器的安装位置

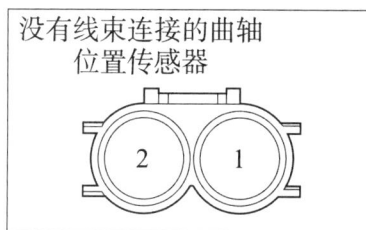

没有线束连接的曲轴
位置传感器

图 4-15　丰田卡罗拉汽车曲轴位置传感器

曲轴位置传感器检测标准　　　　　　　　　　　　表 4-5

检测仪连接	条件(℃)	规定状态(Ω)
1—2	冷态(-10 ~ 50)	1630 ~ 2740
	热态(50 ~ 100)	2065 ~ 3225

②用解码器进行主动测试。若指针异常,说明仪表 CPU 损坏(或转速表步进电机损坏),更换仪表总成。

5.车速表指针指示不正常

(1)故障现象。

车辆在行驶过程中,不管车速如何变化,车速表指针一直不动。

(2)故障原因。

①车速表步进电机损坏。

②仪表 CPU 损坏。

③防滑 ECU 损坏。

④线束损坏。

(3)故障诊断与排除。

①用解码器进行主动测试,若指针异常,说明仪表CPU损坏(或车速表步进电机损坏),更换仪表总成。

②用解码器进行主动测试,若指针正常,说明防滑ECU损坏,更换防滑ECU损坏总成。

单元五　汽车主要技术性能检测

目前，全国范围内的汽车检测按照《机动车安全技术检验项目和方法》（GB 38900—2020）（以下简称为 GB 38900—2020）执行。该标准整合并替代了《机动车安全技术检验项目和方法》（GB 21861—2014）和《道路运输车辆综合性能要求和检验方法》（GB 18565—2016）。也就是说，在全国范围内，取消了机动车综合性能检测，而将原安全技术检验项目进行了调整，融合了部分综合性能检测内容。

GB 38900—2020 规定了机动车安全技术检验的检验项目、检验方法、检验要求，以及检验结构判定、处置和资料存档。

GB 38900—2020 适用于具备检验检测资质的机构对机动车进行安全技术检验，也适用于从事进口机动车检验检测的机构对入境机动车进行安全技术检验。经批准进行实际道路试验的机动车和临时入境的机动车，可参照执行。

GB 38900—2020 规定的在用机动车安全检验项目请扫描二维码——机动车安全技术检验项目表。轮式专用机械车、有轨电车的安全技术检验项目，参照上述二维码——机动车安全技术检验项目表确定。

机动车安全技术
检验项目表（在用
机动车安全检验）

机动车安全技术检验项目对应的方法请扫描二维码——机动车安全技术检验项目对应的方法。

机动车安全技术
检验项目对应的
方法

在汽车检测站，车辆唯一性检查、车辆特征参数检查、车辆外观检查、安全装置检查、底盘动态检查及车辆底盘部件检查均称为"人工检验"，即整个机动车安全技术检验项目分为人工检验和仪器设备检验两部分。本书主要介绍仪器设备检验项目，考虑到车辆年检时，还需进行汽车排放性检验，故本书增加了车辆排放性检验。

从 GB 38900—2020 规定的机动车安全技术检验项目（仪器设备检验部分）可以看出，汽车检测站针对汽车性能检验包括 4 个项目，即行车制动检验、驻车制动检验、前照灯远光发光强度检验和转向轮横向侧滑量检验。

一、汽车制动性能检验

制动性能检验包括台试检验和路试检验两种方法。

(一)汽车制动性能台试检验

汽车制动性能台试检验的主要检测参数为制动力。检测台有反力滚筒式和平板式两种,多数反力滚筒式检测台还需配备轴重检测台(轴重仪)。

1.检测设备

(1)轴重检测台。

利用制动检测台检测汽车制动性能时,检测参数标准是以轴制动力占轴荷的百分比为依据的。因此,必须在测得轴荷和轴制动力后才能评价轴制动性能是否符合国家标准要求。用于检测车轴轴载质量的设备称为轴重检测台,又称轴重仪。

电子轴重仪一般由机械部分(包括承载装置和传感器装置)和显示仪表所组成。双载荷台板式轴重仪在检测线上使用较多。它有左右两个秤体,分别安装在左右框架内,共用一个显示仪表,能测量左、右车轮轮荷,如图5-1所示。

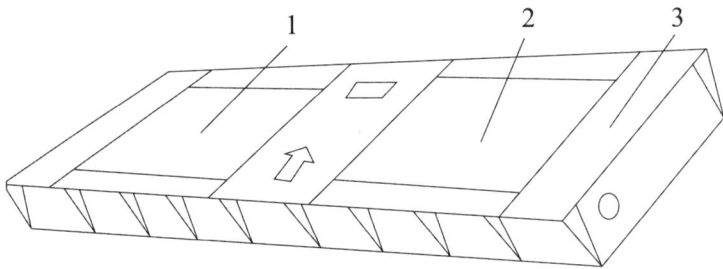

图5-1　双载荷台板式轴重仪外形图
1-左秤体;2-右秤体;3-框架

(2)反力滚筒式制动检测台。

反力滚筒制动检测台有单轴式、双轴式和三轴式等,目前国内汽车检测站大多配备单轴式,故以下仅介绍单轴反力滚筒式制动检测台。

单轴反力滚筒式制动检测台结构简图如图5-2所示。它由框架、驱动装置、滚筒装置、测量装置、举升装置、指示与控制装置等组成。为了能同时检测车轴两端左、右车轮的制动力,除框架、指示与控制装置外,其他装置是分别独立设置的。

(3)平板式制动检测台。

平板式制动检测台是由测试平板、数据处理系统和踏板力计等组成的。测试平板一共有6块。其中4块为制动、悬架、轴重测试用,1块为侧滑测试用,还有1块为空板,不起任何测试作用。

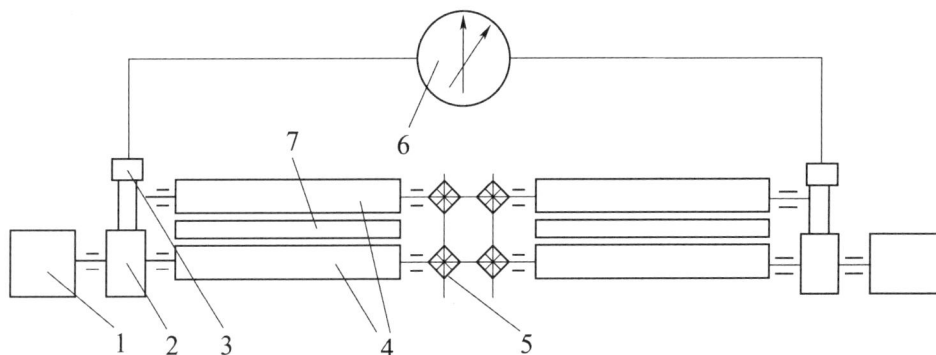

图5-2 单轴反力滚筒式制动检测台结构简图

1-电动机;2-减速器;3-测量装置;4-滚筒装置;5-链传动装置;6-指示与控制装置;7-举升装置

其中,测试平板由面板、底板、钢球和力传感器等组成,如图5-3所示。底板作为底座固定在混凝土地面上,面板通过压力传感器和钢球置于底板上,其纵向则通过拉力传感器与底板相连。拉力传感器用于测量沿汽车行驶方向,轮胎作用于面板上的水平力;压力传感器则用于测量作用于面板上的垂直力。水平力和垂直力的大小变化分别对应于拉力传感器和压力传感器所输出的电信号的变化。拉力传感器和压力传感器输出的电信号由计算机采集、处理后,换算成制动力和轮荷的大小分别在显示装置上显示出来。

踏板力计能测得制动时作用在制动踏板上的力,其形式有有线式、无线式和红外线式,可以根据要求选用。如果装用无线式踏板力计,平板式制动检测台不仅可测出最大制动力,还可提供制动力随时间变化的曲线、制动协调时间等数据,根据垂直力在制动过程中的波动情况,可检测悬架装置的性能。

2.检测方法

1)准备工作

(1)检测台准备。

①检查制动检测台滚筒(或平板)上是否粘有泥、水、砂、石等杂物,若有,则应予以清除。

②检查检验辅助器具是否配备齐全。

(2)车辆准备。

①气压制动的车辆,储气筒内压力应符合规定(通常气压表指示气压不大于600kPa)。

②液压制动的车辆,根据需要将踏板力计安装在制动踏板上。

③使用乘用车牵引旅居挂车、中置轴挂车检验时,乘用车应符合《机动车运行安全技术条件》(GB 7258—2017)中4.16.1的要求。

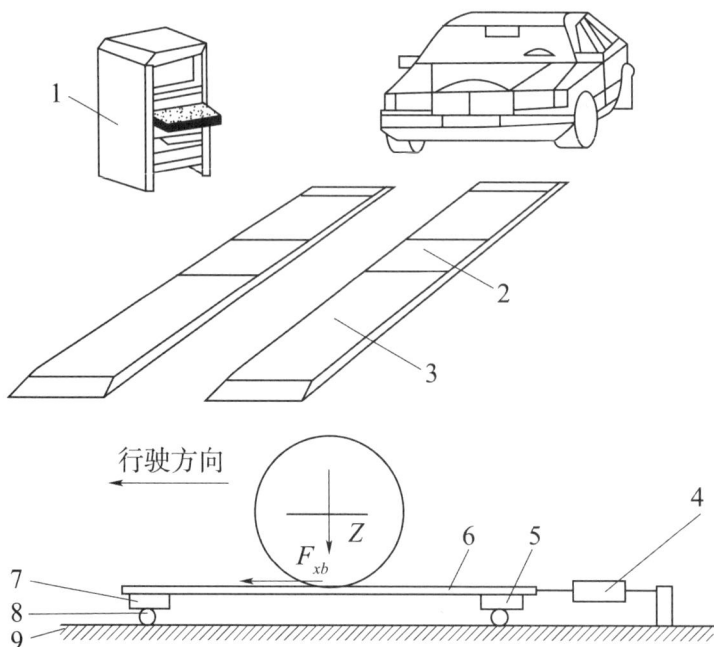

图5-3　平板式制动检测台

1-控制柜;2-侧滑测试平板;3-制动/轮荷测试平板;4-拉力传感器;5、7-压力传感器;6-面板;8-钢球;9-底板

2)检验步骤

(1)用滚筒反力式制动检测台检验汽车制动性。

①不载加检测。

a. 对于外置轴重仪的检测台,先使汽车前行至前轮停置于轴重仪检测平板上,检测前轴静态轮(轴)荷。

b. 使被检测车辆尽可能顺垂直于滚筒的方向驶入制动检测台,使前轴两车轮处于两滚筒之间。

c. 汽车停稳后换挡杆置于空挡位置,行车制动器和驻车制动器处于完全放松状态,能测制动时间的检测台还应把脚踏开关套在制动踏板上。对于全时四驱和适时四驱车辆,非测试轮应处于附着系统符合要求的辅助自由滚筒组上,换挡杆置于空挡。

d. 降下举升器,至举升器平板与轮胎完全脱离为止。如果是带有内藏式轴重测量装置的制动检测台(称为复合式轴重仪),此时已将轴荷测量完毕。

e. 启动电动机,使滚筒带动车轮转动,引车员按显示屏指示在3s后将制动踏板逐渐踩到底(对于气压制动汽车)或踩到制动性能检验时规定的制动踏板力(对于液压制动汽车),测得左、右车轮制动力增长全过程的数值及左、右车轮最大制动力。

f. 依次测试其他各车轴的车轮制动力。当与驻车制动相关的车轮位于滚筒上时,在行车制动检测完毕后,引车员按点阵屏的提示,操纵驻车制动操纵装置,测得驻车制动力数值。

g. 所有车轴的行车制动性能及驻车制动性能检测完毕后,升起举升器,汽车开出制动检测台。

说明:

检测过程中,计算机系统根据测取的相关参数计算轴制动率、制动不平衡率、驻车制动率、整车制动率等。

ⅰ. 轴制动率:左、右车轮最大制动力之和与该轴静态轴荷的百分比。

ⅱ. 制动不平衡率:在取值终点(以同轴左、右任一车轮产生抱死滑移时为取值终点,如左、右轮无法达到抱死滑移,则以较后出现车轮最大制动力时刻作为取值终点)前的制动全过程中,同时刻左、右车轮制动力差的最大值与该轴左、右车轮最大制动力中较大者的百分比。除前轴外,当轴制动率小于60%时,用该值除以该轴静态轴荷的百分比。

ⅲ. 驻车制动率:测取的各驻车轴最大驻车制动力之和与整车重量的百分比。

ⅳ. 整车制动率:测取的所有车轮最大制动力之和与整车重量(各轴静态轴荷之和,以下同)的百分比。当牵引车与半挂车相连时,牵引车整车制动率为牵引状态下,牵引车所有车轮的最大制动力之和与牵引车整车重量的百分比,半挂车整车制动率为牵引状态下,挂车所有车轮的最大制动力之和与半挂车整车重量的百分比。

②加载检验。加载制动检验应采用具有台体举升功能的滚筒反力式制动检验台进行,具体方法如下。

a. 被检车辆正直居中行驶,将被测试车的加载轴停放在制动台滚筒上,换挡杆置于空挡,松开制动踏板。

b. 通过举升台体对测试轴加载,举升至副滚筒上母线离地(100±5)mm(或轴荷达到11500kg)时,停止举升,测得该轴加载状态下的轴荷,或测出左、右轮轮荷计算出该轴加载状态下的轴荷。

c. 启动滚筒电机,稳定3s后实施制动,将制动踏板逐渐慢慢踩到底或踩至规定制动踏板力,测得左、右车轮制动力增长过程的数值及左、右车轮最大制动力。

d. 重复 a—c 步骤,依次测试各加载轴。

(2)用平板式制动检测台检测汽车制动性。

①被检车辆以 5 ~ 10km/h 的速度滑行,换挡杆置于空挡后(自动变速器车辆可置于"D"挡),正直平稳驶上平板。

②当所有车轮均驶上制动平板时,急踩制动踏板使车辆停止,测取各车轮的轮荷[对小(微)型载客汽车,总质量小于或等于3500kg 的其他汽车(三轮汽车除外)应为动态轮荷,对于并装双轴、并装三轴车辆的左、右同侧车辆可以按照 1 个车轮计]、最大轮制动力、制动全过程的数据等。

③重新起动车辆,当驻车制动轴驶上制动平板时实施驻车制动,测取驻车制动力数值。

注:车辆停止时,如被测车轮离开制动平板,制动检测无效,应重新检测。

④重新起步,将车辆开离本工位。

说明:

检测过程中,计算机系统根据测取的相关参数计算制动率、制动不平衡率、驻车制动率、整车制动率等。

(3)特殊情形处置。

①在滚筒反力式制动检测台上检验时,被测试车轮在滚筒上抱死但整车制动率未达到合格要求时,应在车辆上增加足够的附加质量或相当于附加质量的作用力(在设备额定载荷以内,附加质量或作用力应在该轴左右轮之间对称作用,不计入静态轴荷)后,重新测试;对于非营运小型、微型载客汽车,可换用平板制动检验台或采用路试检验。

②在滚筒反力式制动检验台上检测受限的车辆或底盘动态检验过程中点制动时无明显跑偏,但左右轮制动力差不合格的车辆,应换用平板制动检验台或采用路试检验。

③残疾人专用汽车应通过操纵辅助装置检验制动性能。检验行车制动性能时施加在制动和加速迁延手柄表面上的正压力应大于300N,检验驻车制动性能时,驻车制动辅助手柄的操纵力不应大于200N。

④总质量大于 750kg 且小于或等于 3500kg 的挂车,应组合成汽车列车进行制动性能检验。

⑤摩托车可采用移动式制动检验台和人工检验方式检验制动性能。摩托车排量不超过 250mL 或电机额定功率不超过 30kW 可以对其制动性能实行人工检验。人工检验摩托车制动性能时,静态条件下操纵制动手柄或制动踏板,检验中

前后推动车辆不应有明显位移,车辆制动器自动回位应正常,重复 3 次;在 15 ~ 25km/h 速度时,操纵制动手柄或制动踏板,车辆制动应响应良好,并能及时停车。

3.检测标准

1)行车制动性检测标准

GB 38900—2020 规定,台试空载检验行车制动性能时,应符合 GB 7258—2017 中 7.11.1 的相关要求,具体要求如下。

(1)整车制动率、轴制动率。

汽车、汽车列车在制动检测台上测出的制动力应符合表 5-1 所列要求。对空载检测制动力有质疑时,可用表 5-1 中规定的满载检测制动力要求进行检验。使用台试检测时,可通过测得制动减速度值计算得到最大制动力。

台试检验制动性能要求　　　　　　　　　表 5-1

机动车类型	制动力总和与整车重量的百分比(%)		轴制动力与轴荷[a] 的百分比(%)	
	空载	满载	前轴[b]	后轴[b]
三轮汽车	—		—	≥60[c]
乘用车、其他总质量小于或等于3500kg 的汽车	≥60	≥50	≥60[c]	≥20[c]
铰接客车、铰接式无轨电车、汽车列车	≥55	≥45	—	—
其他汽车	≥60[d]	≥50	≥60[c]	≥50[e]
挂车	—	—	—	≥55[f]
普通摩托车			≥60	≥55
轻便摩托车	—	—	≥60	≥50

注:a.用平板制动检测台检测乘用车、其他总质量小于或等于3500kg 的汽车时,应按左右轮制动力最大时刻分别对应的左右轮动态轮荷之和计算。

b.机动车(单车)纵向中心线中心位置以前的轴为前轴,其他轴为后轴。挂车的所有车轴均按后轴计算;用平板制动试验台测试并装轴制动力时,并装轴可视为一轴。

c.空载和满载状态下测试均应满足此要求。

d.对总质量小于或等于整备质量 1.2 倍的专项作业车辆应大于或等于50%。

e.满载测试时后轴制动力百分比不做要求;空载用平板制动检验台检验时应大于或等于35%;总质量大于3500kg 的客车,空载用反力滚筒式制动检测台检测时应大于或等于40%,用平板制动检测台检测时应大于或等于30%。

f.满载状态下测试时应大于或等于45%。

（2）不平衡率。

在制动力增长全过程中同时测得的左右轮制动力差的最大值，与全过程中测得的该轴左右轮最大制动力中大者（当后轴及其他轴制动力小于该轴轴荷的60%时为与该轴轴荷）之比，对新注册车和在用车应分别符合表5-2所列要求。

台试检验制动力平衡要求　　　　表5-2

项目	前轴	后轴（及其他轴）	
		轴制动力大于等于该轴轴荷60%时	制动力小于该轴轴荷60%时
新注册车	≤20%	≤24%	≤8%
在用车	≤24%	≤30%	≤10%

（3）制动协调时间。

液压制动的汽车，制动协调时间应小于或等于0.35s；气压制动的汽车，制动协调时间应小于或等于0.60s，铰接客车、铰接式无轨电车的制动协调时间应小于或等于0.80s。

2）驻车制动性能检测标准

当采用制动检测台检测车辆驻车制动力时，车辆空载，乘坐一名驾驶人，使用驻车制动装置，驻车制动力的总和不应小于该车在测试状态下整车重量的20%；对总质量为整备质量1.2倍以下的机动车为不小于15%。对于由牵引车和挂车组成的汽车列车也应符合此要求。对于半挂牵引车单车测试时，驻车制动率应大于或等于15%。

4. 检测结果分析

在制动检测台上检测汽车制动性能时，若检测结果判定为不合格，如果排除检测操作规范的问题，则主要是由汽车制动系统的故障造成的。汽车制动系统常见故障形式有制动力不足、同轴左右车轮制动力平衡不符合要求、制动协调时间过长和车轮的阻滞力超限等。

1）液压制动系统

（1）各车轮制动力均偏小，主要原因为制动踏板自由行程太大，制动液中有空气或变质，制动主缸故障，增压器或助力器效能不佳或失效。

（2）个别车轮制动力偏小，主要原因是该车轮制动器故障；若同一制动回路两车轮制动力均偏小，则可能是该制动回路中有空气或不密封处。

（3）制动不平衡率不合格，故障原因与个别车轮制动偏小的原因基本相同，主要故障在制动力偏小的车轮制动系统。若在制动力上升阶段左右轮制动力差值过大,可能是左右轮制动器间隙差别过大;若在制动释放阶段左右轮制动力差值过大,可能是制动轮缸及制动蹄复位弹簧有故障。

(4)各车轮制动协调时间过长,主要原因是制动踏板自由行程过大;若个别车轮制动协调时间过长,则主要原因是该车轮制动间隙过大;若同一制动回路两车轮制动协调时间过长,则可能是该制动回路中有空气。

(5)各车轮阻滞力都超限,主要原因是制动主缸故障或制动踏板无自由行程;若个别车轮阻滞力超限,则主要原因是该车轮制动间隙过小、制动轮缸故障、制动蹄复位弹簧故障或轮毂轴承松旷。

2)气压制动系统

(1)各车轮制动力均偏小,主要原因是制动踏板自由行程太大、储气筒气压太低或制动阀故障。

(2)个别车轮制动力偏小,主要原因是该车轮制动间隙过大或制动器故障;若同一制动回路两车轮制动力偏小,主要原因是制动管路漏气或某一制动气室膜片破裂。

(3)同轴左右轮制动力差值过大,故障原因主要存在于制动力小的车轮。若在制动力上升阶段左右轮制动力差值过大,主要是左右车轮制动器制动间隙差别过大;若在制动释放阶段左右轮制动力差值过大,则可能是制动蹄或制动气室复位弹簧故障。

(4)各车轮制动协调时间过长,主要原因是制动踏板自由行程过大;个别车轮制动协调时间过长,主要原因是该车轮制动间隙过大。

(5)各车轮阻滞力均超限,主要原因是制动踏板无自由行程或制动控制阀故障;若个别车轮阻滞力超限,则主要原因是该车轮制动间隙过小、制动蹄复位弹簧故障或轮毂轴承松旷。

(二)汽车制动性能路试检验

滚筒反力式制动检测台和平板式制动检测台均有一定的局限性,包括承载能力限制及车辆结构限制,因而并不是所有类型车辆均能进行台试检测制动性能。对于不能进行台试检验制动性能的车辆及对台试检验制动性能的结果有争议时,均需进行路试检验制动性能。对于线轴结构半挂车、静态轴荷大于或等于11500kg的汽车等不适用于台试检验的车辆,用制动距离或平均减速度(MFDD)和制动协调时间判定制动性能。如有疑问时,应安装踏板力计,检查达到规定制动效能时的制动踏板力是否符合标准。

1. 相关规定

1)道路规定

(1)平坦、坚实、干燥、无松散物质且轮胎与地面间的附着系数不小于0.7的水泥或沥青路面,长度不小于100m。

(2)试验通道应设置标线,标线的宽度:乘用车总质量不大于3500kg的车辆为2.5m,汽车列车及其他车辆为3m。对于采用自动定位装置记录被测车辆行驶轨迹、能自动判定车辆有无驶出虚拟车道边线的,可不画实际试车道标线。

(3)驻车检验坡道要求:坡度为20%(总质量为整备质量的1.2倍以下的车辆为15%),附着系数不小于0.7的混凝土或沥青路面道路。

(4)检验前应对检验场地进行安全检查,并采取必要的防护及封闭措施,确保检验过程的安全。

2)仪器规定

(1)用制动距离检验行车制动性能时,采用速度计、第五轮仪或用其他测试方法测量机动车的制动距离,对除气压制动外的机动车,还应同时测取踏板力(或手操纵力)。

(2)用充分发出的平均减速度(MFDD)检验行车制动性能时,采用能够测取充分发出的平均减速度和制动协调时间的仪器测量机动车充分发出的平均减速度和制动协调时间,对除气压制动外的机动车,还应同时测取踏板力(或手操纵力)。

说明:充分发出的平均减速度是车辆制动试验中,用速度计测得了在制动过程中车辆的速度和驶过的距离的情况下,用v_b到v_e速度间隔车辆驶过的距离,根据下列公式计算的平均减速度为:

$$MFDD = \frac{v_b^2 - v_e^2}{25.92(S_e - S_b)} \qquad (5\text{-}1)$$

式中:$MFDD$——充分发出平均减速度,m/s²;

v_0——制动初速度,km/h;

v_b——车辆的速度为$0.8v_0$,km/h;

v_e——车辆的速度为$0.1v_0$,km/h;

S_b——在速度v_0和v_b之间车辆驶过的距离,m;

S_e——在速度 v_0 和 v_e 之间车辆驶过的距离,m。

当制动过程比较平稳,制动减速度比较稳定时,也可以认为充分发出的平均减速度是采样时段的平均减速度,即为:

$$MFDD = \frac{v_b - v_e}{3.6t_{be}} \tag{5-2}$$

式中:t_{be}——汽车速度由 v_b 降低至 v_e 所用的时间。

式(5-1)、式(5-2)中的速度和距离,应采用速度精度为 ±1% 的仪器进行测量。充分发出的平均减速度也可用其他方法来确定。无论用哪种方法,$MFDD$ 的精度应在 ±3% 以内。

充分发出的平均减速度不受测试时车辆倾角的影响,能较准确反映车辆的制动减速特性。

2. 检验设备

1)五轮仪

在路试中检验汽车整车性能时,需要使用五轮仪,可以测出车辆行驶的距离、时间和速度。当五轮仪用于检验汽车制动性能时,能测出制动初速度、制动距离和制动时间等参数。

五轮仪主要有机械式、电子式和计算机控制式 3 种类型。

2)作用

五轮仪一般由传感器和记录仪两部分组成,并附带一个脚踏开关。传感器部分与记录仪部分由导线(信号线)连接。脚踏开关带有触点的一端套在制动踏板上,另一端插接在记录仪上。

(1)传感器部分。

传感器部分的作用是把检测轮的转速(或转过的圈数)变成电信号后输入记录仪,由记录仪计算汽车的行驶速度、距离等。其主要由检测轮、传感器、支架、减振器和连接装置等组成,如图5-4所示。检测轮为充气轮胎式,安装在支架上,支架通过连接装置固定在汽车的侧面或尾部的车身上。在减振器压簧的作用下,检测轮紧贴地面,并随汽车的行驶而滚动。对于四轮汽车来说,安装上去的检测轮就像汽车的第五个车轮一样,故称为第五轮仪(简称五轮仪)。当检测轮在路面上滚动一周时,汽车行驶了检测轮周长的距离。在检测轮中心处安装有转速传感器(通常采用光电式或电磁式),可以把轮子的转速信号变成电信号。

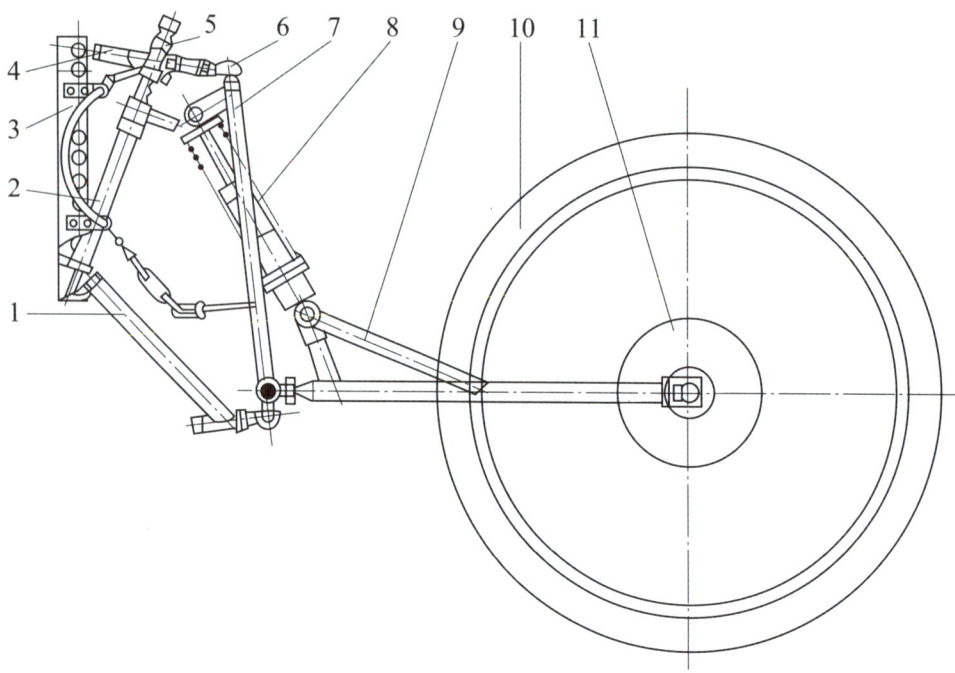

图 5-4　五轮仪的传感器部分

1-下臂;2-调节机构;3-固定板;4-上臂;5-手把;6-活节头;7-立架;8-减振器;9-支架;10-检测轮;11-传感器

（2）记录仪部分。

记录仪部分的作用是把传感器送来的电信号和内部产生的时间信号,进行控制、计数并计算出车速,然后显示出来。

计算机式记录仪单片计算机为核心的智能仪器,除能完成距离、速度和时间等参数的测量和数据处理外,还能存储全部数据并能打印测试结果。典型记录仪的面板如图 5-5 所示。

3．行车制动性检验

1）车辆准备

汽车应运行至正常热状态。

2）五轮仪准备

（1）如果五轮仪自备电源,使用前应按使用说明书的要求对其充电至规定电压。

（2）将传感器部分固定在汽车侧面或尾部的车身上,以不影响其检测轮左右摆动为准,并用打气筒对检测轮充气至适当程度。

（3）将记录仪放置在驾驶室内或车厢内,正面朝上,水平放置,其前端要对准汽车前进方向并紧靠在固定部位,以防制动时撞击。

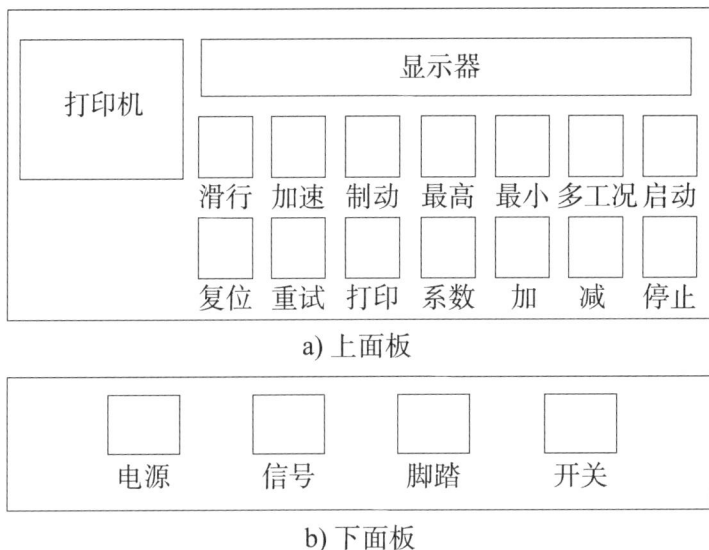

打印机	显示器					
	滑行	加速	制动	最高	最小	多工况	启动
	复位	重试	打印	系数	加	减	停止

a) 上面板

电源	信号	脚踏	开关

b) 下面板

图 5-5　典型计算机五轮仪记录仪面板图

（4）用信号线把检测轮上的传感器与记录仪连接起来。脚踏开关一端通过导线插接在记录仪上,另一端套在制动踏板上。用汽车蓄电池作电源的五轮仪,还应把电源线一端插接在记录仪上,另一端夹持在蓄电池正、负极上。

（5）打开记录仪电源开关,按使用说明书的要求检查与自校。如要求预热,应预热至规定时间。

（6）计算机控制的五轮仪,使用前应首先进入初始化程序。通常这种类型的五轮仪,在电源开关打开后,可自动进入初始化程序或通过键入的方法进入初始化程序。

（7）凡要求置入修正系数的五轮仪,均应按照使用说明书上的方法置入。如WLY-5型计算机五轮仪,只要把传感器部分的检测轮转10圈的距离(在路面上的实测值)输入记录仪即可。

（8）检测制动距离前,须将与制动有关的旋钮、开关或按键打到规定位置,并预选制动初速度(按下对应的键或输入选择的值)。

3）检验步骤

（1）用五轮仪检验。

①检验制动距离时,按国家标准的有关规定,应在符合要求的道路条件和气候条件下,汽车空载或满载加速行驶,驾驶人根据记录仪上指示的瞬时车速或音响的提示,至预选制动初速度(M_1 类乘用车和 N_1 类货车为 50km/h,其他车辆为

30km/h)时,用力踩下制动踏板直至汽车停止。制动时的踏板力(可安装踏板力计)或制动气压应符合规定要求,并检查车辆有无驶出车道边线。

②读取并打印检测结果。可读取并打印测得的制动初速度、制动距离、制动系反应时间和制动全过程时间等检测结果。有的五轮仪还能读取制动减速度或打印"速度—时间"曲线和"减速度—时间"曲线等。以上结果是实际检验结果。实际检验结果中的制动初速度不一定正好等于预选制动初速度,可能大于或小于预选制动初速度。有些计算机式五轮仪可以将实际检测结果修正到预选制动初速度下的检验结果,以便直接与诊断参数标准对照。当需测取充分发出平均减速度时,仪器即根据已测数据自动计算并显示(或输出)。

③按下记录仪"重试"或"复位"键,仪器复位,可重新进行检验。计算机式五轮仪在打印结束后一般能自动回到初始化程序。

④检验制动性能应在同一路段正反两个方向上进行,测得的制动距离及其他参数取平均值。汽车倒车时,应将传感器部分的检测轮转向180°或由人提离地面。

⑤路试结束后,关闭记录仪电源,拆卸电源线、信号线和脚踏开关,并从车身上拆下传感器部分。

⑥在上述制动距离检验过程中,当车辆停止时,观察车身在试车道上的状态,要求制动过程中机动车的任何部位(不计入车宽的部位除外)不允许超出规定宽度的试验通道的边缘线。

(2)用便携式制动性能检测仪检验。

被测车辆沿着试车道的中线行驶至规定初速度后,置换挡杆于空挡(自动变速器车辆可位于"D"挡),急踩制动踏板(制动过程中不应转动转向盘),使车辆停止,测量 MFDD 和制动协调时间,并检查车辆有无驶出车道边线。

(3)用非接触式速度仪检验。

被测车辆沿着试车道的中线行驶至高于规定的初速度后,换挡杆置于空挡(自动变速器车辆可位于"D"挡),滑行到规定的初速度时,急踩制动踏板(制动过程中不应转动转向盘),使车辆停止,测量制动距离,并检查车辆有无驶出车道边线。

4.驻车制动性检验

将车辆正、反两个方向驶上检验坡道上停车,操纵驻车制动,记录能可靠驻停的时间。

5. 检验结果分析

1）检验标准

（1）制动距离要求。

在规定的初速度下的制动距离和制动稳定性要求应符合表5-3所列规定。对空载检验的制动距离有质疑时,可按表5-3中规定的满载检验制动距离要求进行检验。

路试检验制动距离要求   表5-3

机动车类型	制动初速度（km/h）	空载检验制动距离要求（m）	满载检验制动距离要求（m）	试验通道宽度（m）
三轮汽车	20	≤5.0		2.5
乘用车	50	≤19.0	≤20.0	2.5
总质量小于或等于3500kg的低速货车	30	≤8.0	≤9.0	2.5
其他总质量小于或等于3500kg的汽车	50	≤21.0	≤22.0	2.5
铰接客车、铰接式无轨电车、汽车列车(乘用车列车除外)	30	≤9.5	≤10.5	3.0*
其他汽车、乘用车列车	30	≤9.0	≤10.0	3.0*
两轮普通摩托车	30	≤7.0		—
边三轮摩托车	30	≤8.0		2.5
正三轮摩托车	30	≤7.5		2.3
轻便摩托车	20	≤4.0		—
轮式拖拉机运输机组	20	≤6.0	≤6.5	3.0
手扶变型运输机	20	≤6.5		2.3

注:对车宽大于2.55m的汽车和汽车列车,其试验通道宽度(单位:m)为"车宽(m)+0.5"。

（2）制动稳定性要求。

制动过程中车辆的任何部位(不计入车宽的部位除外)不超出规定宽度的试验通道的边缘线。

（3）制动减速度要求。

汽车、汽车列车在规定的初速度下急踩制动踏板时的充分发出平均减速度应符合表5-4所列规定,且制动协调时间对液压制动的汽车应小于或等于0.35s,对气压制动的汽车应小于或等于0.60s,对汽车列车、铰接客车和铰接式无轨电车应小于或等于0.80s。对空载检验的充分发出平均减速度有质疑时,可用表5-4规定的满载检验充分发出的平均减速度进行检验。

制动减速度和制动稳定性要求　　　　　　　表5-4

机动车类型	制动初速度（km/h）	空载检验充分发出的平均减速度（m/s²）	满载检验充分发出的平均减速度（m/s²）	试验通道宽度（m）
三轮汽车	20	≥3.8		2.5
乘用车	50	≥6.2	≥5.9 ≥2.5	
总质量小于或等于3500kg的低速货车	30	≥5.6	≥5.2	2.5
其他总质量小于或等于3500kg的汽车	50	≥5.8	≥5.4	2.5
铰接客车、铰接式无轨电车、汽车列车(乘用车列车除外)	30	≥5.0	≥4.5	3.0ᵃ
其他汽车、乘用车列车	30	≥5.4	≥5.0	3.0ᵃ

注:对车宽大于2.55m的汽车和汽车列车,其试验通道宽度(单位:m)为"车宽(m)+0.5"。

(4)驻车制动性能要求。

在空载状态下,驻车制动应能保证机动车在坡度为20%(对总质量为整备质量的1.2倍以下的车辆为15%)、轮胎与路面间的附着系数大于或等于0.7的坡道上正、反两个方向保持固定不动,时间应大于或等于2min。检验汽车列车时,应使牵引车和挂车的驻车制动装置均起作用。检验时的操纵力应符合规定。

说明:

①在规定的测试状态下,机动车使用驻车制动装置能停在坡度值更大且附着系数符合要求的试验坡道上时,应视为达到了驻车制动性能检验的要求。

②在不具备试验坡道的情况下,可参照相关标准使用符合规定的仪器测试驻车制动性能。

2）检验结果分析

实际检验汽车的制动距离和充分发出平均减速度不符合要求,说明所测试汽车的制动效能低,可能存在所有车轮制动力低或个别车轮制动力低的故障;若制动稳定性测试不符合要求,说明可能存在左右车轮制动力差过大的故障。上述故障的分析请参阅前述汽车制动性台试检验的检验结果分析。

二、汽车前照灯远光发光强度检验

前照灯的技术状况主要是指发光强度的变化和光束照射位置是否偏斜。当发光强度不足或光束照射位置偏斜时,汽车驾驶人不易辨清前方的障碍物或给对方来车驾驶人造成眩目,因而容易导致交通事故。所以,应定期对前照灯的发光强度和光束照射位置进行检验、校正。

（一）前照灯技术状况的评价指标

前照灯技术状况有发光强度和光轴偏斜量两个评价指标。

1.发光强度

发光强度是光源在一定方向范围内发出的可见光辐射的强弱,单位为坎德拉,简称“坎”,用符号 cd 表示。按国际标准单位(SI)规定,若一光源在给定方向上发出频率 540×10^{12} Hz 的单色辐射,且在此方向上的辐射强度为每球面度 1/683 W 时,则此光源在该方向上的发光强度为 1cd。

由于实际检验汽车前照灯时,检测仪均需离开前照灯一定的距离,故前照灯检验仪实际检验的并不是发光强度,而是照度。

照度是物体单位面积上所得到的光通量。它表示不发光物体被光源照明的程度,为受光面明亮度的物理量,单位为勒克斯,用符号 lx 表示。1lx 等于 1.02cd 的点光源在半径为 1m 的球面上产生的光照度。

说明:光通量指人眼所能感觉到的辐射能量,它等于单位时间内某一波段光的辐射能量和该波段光的相对视见率的乘积。由于人眼对不同波长光的相对视见率不同,所以不同波长光的辐射功率相等时,其光通量并不相等。

照度可用下式表示:

$$E = \frac{\Phi}{S} \tag{5-3}$$

式中:E——照度,lx;

　　Φ——照射到物体上的光通量,lm;

S——被照明物体的面积,m^2。

在光源发光强度不变的情况下,物体离开光源越远,被照明的程度越差。在不计光源大小即把光源看作点光源的情况下,照度与离开光源距离的平方成反比,可用下式表示:

$$照度 = \frac{发光强度}{离开光源距离的平方} \tag{5-4}$$

其关系如图 5-6 所示。

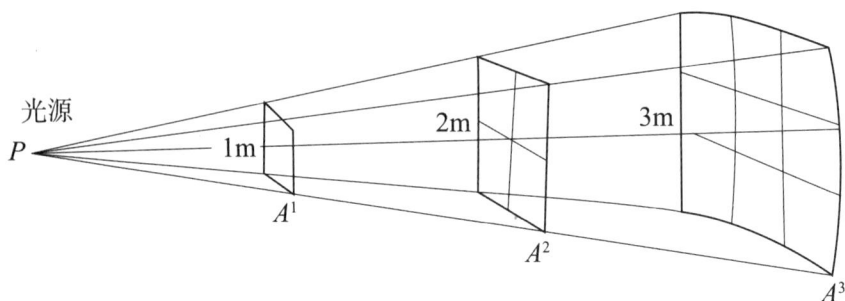

图 5-6　发光强度与照度的关系图

图 5-7 所示为经大量实验测得的数据绘制的前照灯主光轴照度与距离的关系图,从图中可以看出距离超过 5m 时,实测值和理论计算值基本一致。

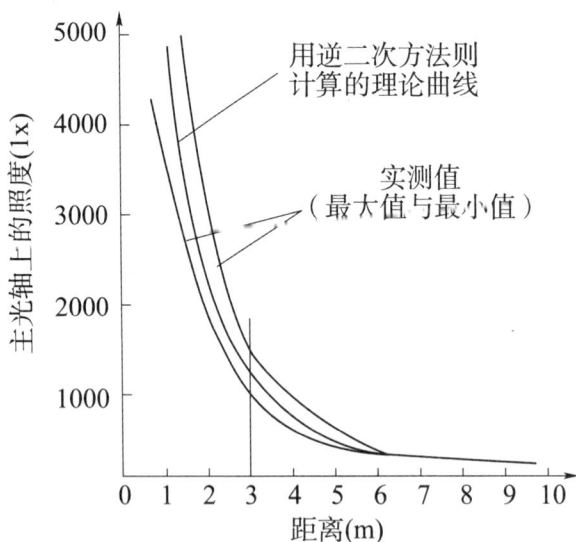

图 5-7　前照灯主光束照度随距离的变化曲线

可见,距离越远越能得到准确的测量值。但由于受到场地限制,在用前照灯检测仪测量时,通常采用在前照灯前方 3m、1m、0.5m、0.3m 的距离进行测量,并将该测量值换算为前照灯前方 10m 处的照度,再换算成发光强度进行指示。

2. 光轴偏斜量

如果把前照灯最亮的地方看作是光束的中心,则它对坐标轴交点(理论光束中心照射位置)的偏离,即表示它的照射方位的偏移,其偏移的尺寸就是光轴偏斜量,如图 5-8 所示。

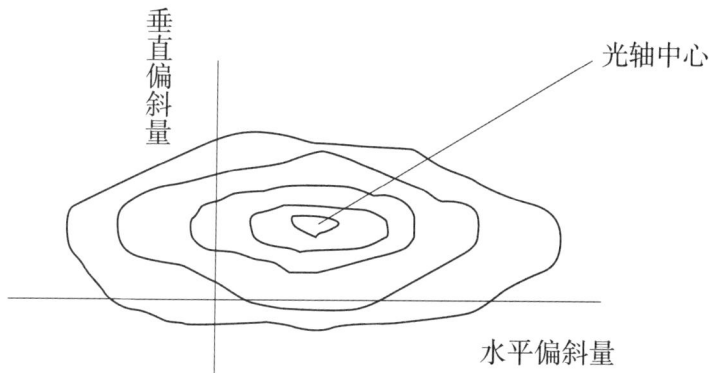

图 5-8　光轴偏斜量

(二)前照灯的配光特性

前照灯的远光是夜间行车照明用的,当无迎面来车或不尾随其他车辆时,希望灯光照得远并使路面有足够的亮度;前照灯的近光是会车时用的,要求光束倾向路面一侧,避免对面来车的驾驶人眩目。因此,前照灯发出的光线应满足一定的分布。配光特性就是用等照度曲线表示的明亮分布特性,也称为光形分布特性图。前照灯的配光特性有对称和非对称两种。

典型的前照灯远光配光特性如图 5-9 所示,它是一个上下、左右分别对称分布的亮斑,越靠近光斑中心,其照度越大,并以中心点为中心,形成如图 5-10 所示的等照度曲线。

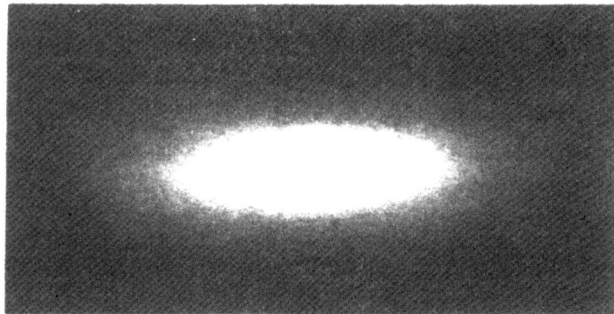

图 5-9　前照灯远光光束光斑图

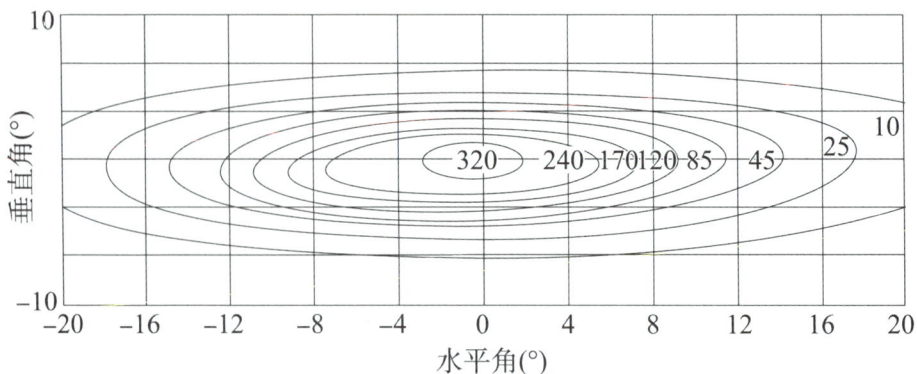

图 5-10　前照灯远光光形分布特性图(×100cd)

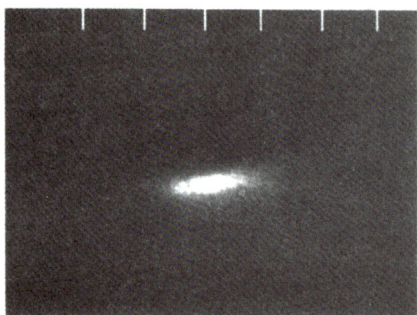

图 5-11　前照灯近光光束光斑图

典型的前照灯近光灯配光特性有明显的明暗截止线,在明暗截止线的左上方有一个比较暗的暗区;在明暗截止线的右下方有一个比较亮的亮区;其光强最强的区域在明暗截止线的右下方,越靠近光强最大的区域中心点,照度越大,并以这中心点为中心,形成一定的等照度曲线。

图 5-11 所示为近光光束光斑图,图 5-12 所示为其对应的光形分布特性图。

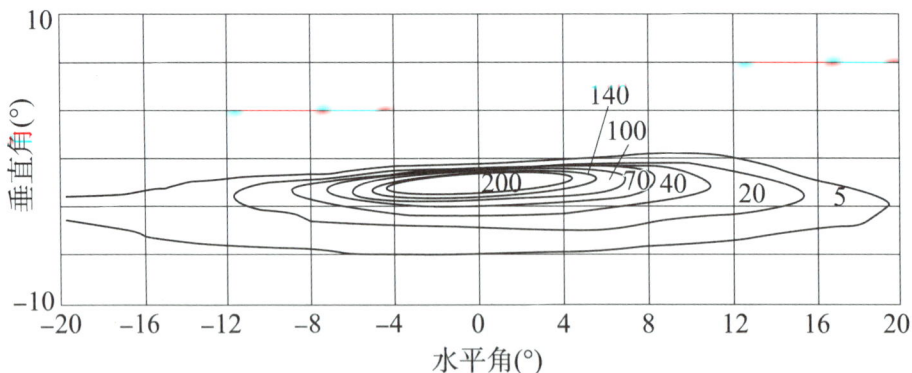

图 5-12　前照灯近光光形分布特性图(×100cd)

目前,国际上通用的前照灯配光标准有两种,即美国的 SAE 标准和欧洲的 ECE 标准。我国国家标准所规定的配光标准与 ECE 标准一致,按照此标准制造的前照灯属于"非对称防眩光前照灯"。

ECE 配光方式也称为欧洲配光方式,其远光配光与 SAE 配光方式相同,但近光灯丝位于反射镜焦点之前,且在灯丝下设一遮光屏。这样,近光光线只落在反射镜上半部分而向下倾斜反射,照射到屏幕上时,可看到明显的明暗截止线和明暗截止线转角点的光斑,如图 5-13 所示。

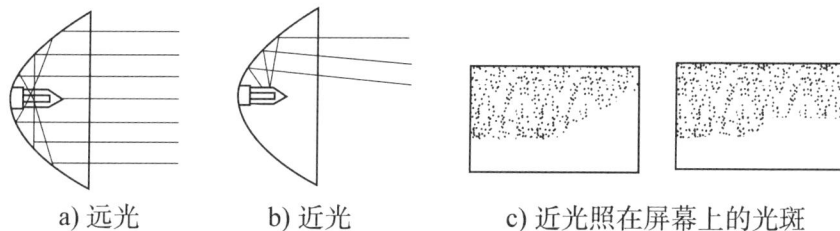

a) 远光　　　　　b) 近光　　　　　c) 近光照在屏幕上的光斑

图 5-13　ECE 配光特性

ECE 配光方式有折线形和 Z 字形两种。

(1)折线形配光方式。折线形配光方式如图 5-14a) 所示,即在配光屏幕上,左半边明暗截止线是与前照灯基准中线高度水平线 $h—h$ 重合,右半部分明暗截止线以 $h—h$ 与 $V—V$ 线(汽车纵向中心平面在屏幕上的投影线)的交点为起点,呈 15°向右上方倾斜。

(2)Z 字形配光方式。Z 字形配光方式如图 5-14b) 所示,即灯光在屏幕上左半部分投影明暗截止线在 $h—h$ 线下 250mm 处,右半部分则先在左半部分投影明暗截止线与 $V—V$ 线交点处向上倾斜 45°角,与 $h—h$ 线相交后成为水平线,明暗截止线在屏幕上呈 Z 字形。

我国前照灯的近光灯已采用 Z 字形配光方式。

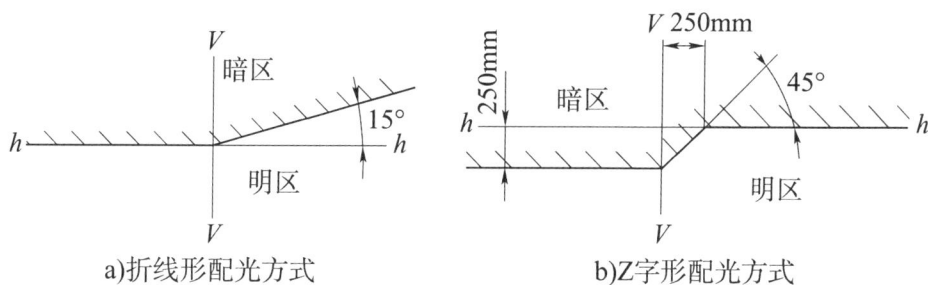

a)折线形配光方式　　　　　b)Z 字形配光方式

图 5-14　近光配光方式

(三)检测设备

因检测线通常使用全自动前照灯检测仪,故以下仅介绍全自动前照灯检测仪。

根据检测原理不同,全自动前照灯检测仪可分为自动追踪光轴式和电控式两种,以下仅介绍自动追踪光轴式前照灯检测仪。

自动追踪光轴式前照检测仪是采用使受光器自动追踪光轴的方法来检测发光强度和光轴偏斜量。检测时,检测仪距前照灯有 3m 的距离。该检测仪的构造如图 5-15 所示。

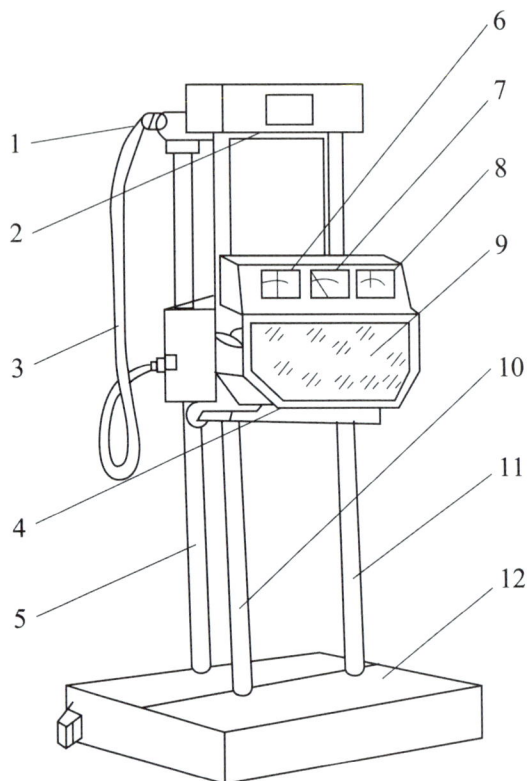

图 5-15　自动追踪光轴式前照灯检测仪

1-接线盒;2-上支架;3-连接电缆;4-支承座;5-后立柱;6-上下偏斜指示表;7-光强度指示表;
8-左右偏斜指示表;9-受光器;10-左立柱;11-右立柱;12-底箱

在受光器的面板上装有聚光透镜,聚光透镜的上下和左右装有 4 块光电池,受光器的内部也装有 4 块光电池,形成主、副受光器,如图 5-16 和图 5-17 所示。另外,还有由两组光电池电流差所控制的能使受光器沿垂直方向和水平方向移动的驱动与传动装置。

检测时,要使前照灯的光束照射到检测仪的受光器上。此时,若前照灯光束照射方向偏斜,则主、副受光器的上下光电池或左右光电池的受光量不等,它们分别产生的电流便失去平衡。由其电流的差值控制受光器上下移动的电动机运转或使控制箱左右移动的电动机运转,并通过钢丝绳牵动受光器上下移动或驱动控制箱在轨道上左右移动,直至受光器上下、左右光电池受光量相等为止,这就是所谓的自动追踪光轴。在追踪光轴时,受光器的位移方向和位移量由光轴偏斜指示计指示,此即前照灯光束的偏斜方向和偏斜量,发光强度由光度计指示。

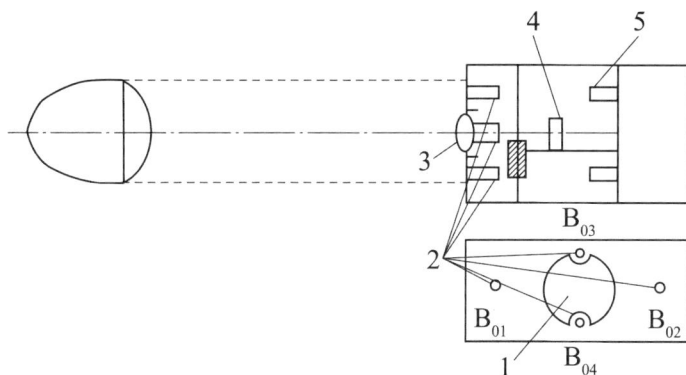

图 5-16　自动追踪光轴式前照灯检测仪受光器结构简图

1、3-聚光透镜;2-主受光器光电池;4-中央光电池;5-副受光器光电池

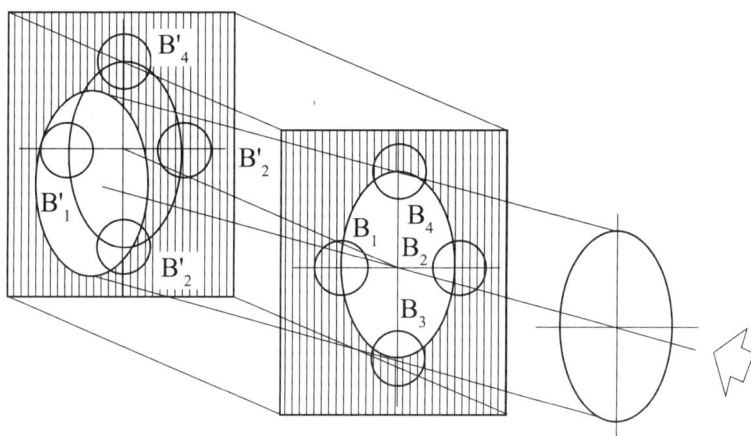

图 5-17　主、副受光器光电池示意图

(四)检验方法

1.检测仪准备

(1)在前照灯检测仪不受光的情况下,检查光度计和光轴偏斜量指示计的指针是否对准机械零点。若指针失准,可用零点调整螺钉调整。

(2)检查聚光透镜和反射镜的镜面上有无污物。若有,可用柔软的布料或镜头纸等擦拭干净。

(3)预热前照灯检测仪。

(4)检查导轨是否沾有泥土等杂物。若有,应扫除干净。

2.车辆准备

(1)清除前照灯上的污垢。

(2)轮胎气压应符合汽车制造厂规定。

(3)前照灯开关和变光器应处于良好状态。

(4)汽车蓄电池和充电系统应处于良好状态。

3.检验步骤

由于前照灯检测仪的厂牌、形式不同,其检测发光强度和光轴偏斜量的具体方法也不完全相同。因此,仅将通用的使用方法介绍如下。

(1)被检车辆沿引导线居中行驶,并在规定的检测位置停止,车辆的纵向轴线应与引导线平行。如不平行,车辆应重新停放或采用车辆摆正装置进行拨正。

(2)换挡杆置于空挡,车辆电源处于充电状态。采用气体放电光源前照灯时,测试前应预热。

(3)按检验程序指示器提示,打开汽车前照灯远光。在对并列的前照灯(四灯制前照灯)检验时,应将与受检灯相邻的灯遮蔽。

(4)给自动式前照灯检验仪发出启动测量的指令,仪器自动搜寻被检前照灯,并测量其远光发光强度。

(5)完成车辆所有前照灯检验。

(6)检验结束,前照灯检测仪沿轨道或沿地面退回护栏内,汽车驶出本工位。

(五)检验结果分析

1.检验标准

机动车每只前照灯的远光光束发光强度应达到表5-5所列要求;并且,同时打开所有前照灯(远光),其总的远光光束发光强度应不超过225000cd。测试时,其电源系统应处于充电状态。

前照灯远光光束发光强度最小值要求(单位:cd)　　　　表5-5

机动车类型	检查项目					
	新注册车			在用车		
	一灯制	二灯制	四灯制[a]	一灯制	二灯制	四灯制[a]
三轮汽车	8000	6000	—	6000	5000	—
最大设计速度小于70km/h 的汽车	—	10000	8000	—	8000	6000

续上表

机动车类型	检查项目					
	新注册车			在用车		
	一灯制	二灯制	四灯制[a]	一灯制	二灯制	四灯制[a]
其他汽车	—	18000	15000	—	15000	12000
普通摩托车	10000	8000	—	8000	6000	—
轻便摩托车	4000	3000	—	3000	2500	—
拖拉机运输机组　标定功率>18kW	—	8000	—	—	6000	—
拖拉机运输机组　标定功率≤18kW	6000[b]	6000	—	5000[b]	5000	—

注:a. 四灯制是指前照灯具有四个远光光束。采用四灯制的机动车其中两只对称的灯达到两灯制的要求时视为合格。

b. 允许手扶拖拉机运输机组只装用一只前照灯。

2. 检验结果分析

前照灯发光强度偏低,其主要原因有前照灯反光镜发黑或镀层剥落、灯泡老化、熔断丝松动、导线接头松动、前照灯开关或继电器触点接触不良等。

三、转向轮横向侧滑量的检验

汽车直线行驶时,单位行驶里程转向轮的横向滑动量称为转向轮侧滑量。对于后轮有定位参数的车辆,后轮也可能会产生侧滑。当这种横向滑移现象过于严重时,会降低车轮的附着能力,减弱汽车定向行驶能力,导致轮胎异常磨损,严重时,还可能引发交通事故。

为保证汽车的车轮在直线行驶中无横向滑移,要求车轮的外倾角和前束角要匹配适当。所以,检验前轮侧滑量的目的就是为了确知前轮前束与前轮外倾的配合是否恰当。

GB 38900—2020 规定,前轴采用非独立悬架的汽车(包括采用双转向轴的汽车,但不包括静态轴荷大于或等于11500kg,不适用于仪器设备检验的汽车),采用滑板式侧滑检测台(以下简称为侧滑检测台)。

(一)检验设备

按测量的参数不同,汽车侧滑量检验设备可以分为两类:一类是测量车轮侧滑量的滑板式侧滑检测台;另一类是测量车轮侧向力的侧滑检测台。这两种检测台都属于动态侧滑检测台。

滑板式侧滑检测台,按其结构又可分为单板式侧滑检测台和双板式侧滑检测台两种形式。前者只有一块滑板,检验时汽车只有一侧车轮从检测台上通过,后者有左右两块滑板,检验时汽车左、右车轮同时从滑板上通过。

双板联动式侧滑检测台由测量装置、指示装置和报警装置等部分组成,其结构如图5-18所示。

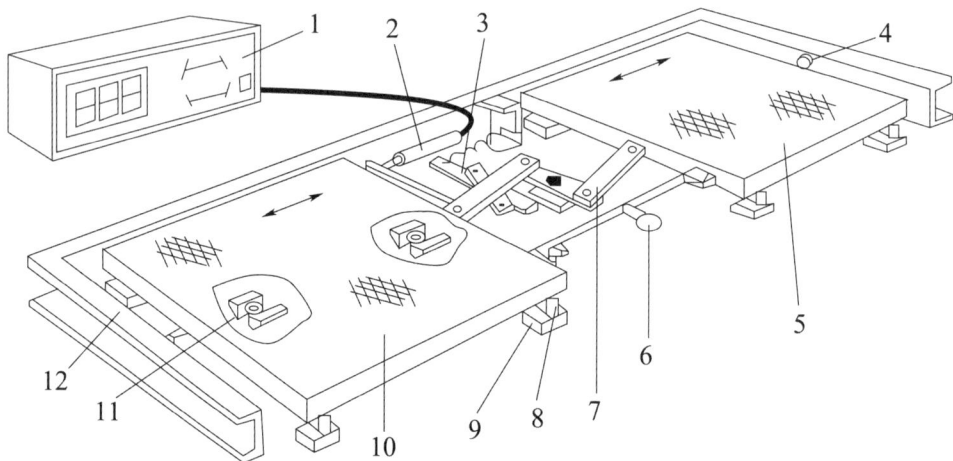

图5-18 双板联动式侧滑检测台的结构

1-仪表;2-位移传感器;3-回位机构;4-限位装置;5-右滑板;6-锁止装置;7-双摇臂杠杆机构;8-滚轮装置;9-导轨;10-左滑板;11-导向装置;12-框架

1)测量装置

按滑动板位移量传递给指示装置方式的不同,测量装置可分为机械式和电气式两种。

测量装置由框架、左右两块滑板、双摇臂杠杆机构、回位机构、滚轮装置、导向装置、限位装置、锁止装置、位移传感器及信号传递装置等组成。该装置能把车轮侧滑量测出并传递给指示装置。

滑板的长度一般有500mm、800mm和1000mm三种。滑板的上表面制有"T"形纹或"十"形纹,以增加与轮胎之间的摩擦力。滑板的下部装有滚轮装置和导向装置,两滑板之间连接有双摇臂杠杆机构、回位机构和锁止装置。在侧向力作用下,两滑板只能在左右方向上作等量同向位移,在前后方向上不能位移。

当车轮正前束大时,滑板向外侧滑动;当车轮侧倾大时,滑板向内侧滑动;当侧向力消失时,在回位机构作用下两滑板回到零点位置;当关闭锁止装置时,两滑板被锁止,不再左右滑动。

2）指示装置

指示装置分为机械式和电气式两种形式。电气式指示装置（指针式）如图 5-19 所示。指示装置能把测量装置传递来的滑板侧滑量,按汽车每行驶 1km 侧滑 1m 定为 1 格刻度,正负方向都分别刻有 10 格的刻度。因此,当滑板长度为 1000mm、侧滑 1mm 时,指示装置指示 1 格刻度,代表汽车每行驶 1km 侧滑 1m。同样,当滑板长度为 800mm 侧滑 0.8mm 和当滑动板长度为 500mm 侧滑 0.5mm 时,指示装置也都指示一格刻度。这样,检测人员从指示装置上就可获得车轮侧滑量的具体数值,并根据指针偏向 IN 或 OUT 的方向确定出侧滑方向。

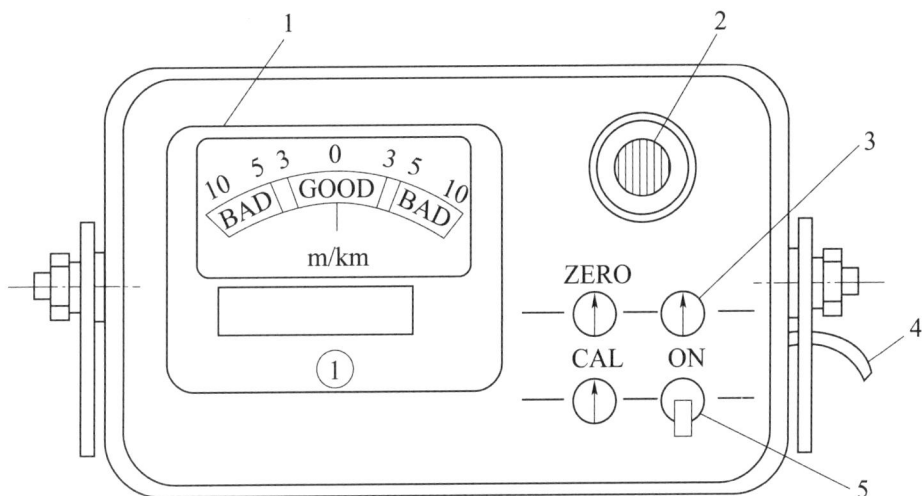

图 5-19　电气式（指针式）指示装置

1-指针式表头;2-报警用蜂鸣器或信号灯;3-电源指示灯;4-导线;5-电源开关

指示装置的刻度盘上除用数字和符号标明侧滑量和侧滑方向外,有的还用颜色和文字划为三个区域,即侧滑量 0～3mm 为绿色,表示为良好（GOOD）区域;侧滑量 3～5mm 为黄色,表示为可用区域;侧滑量 5mm 以上为红色,表示为不良（BAD）区域。

近年来,国内各厂家生产的侧滑检测台采用数字式指示装置,多以单片机进行数据采集和处理,因而具有操作方便、运行可靠、抗干扰性强等优点,同时,还具有对检验结果进行分析、判断、存储、打印和数字显示等功能。当滑板侧滑时通过位移传感器转变成电信号,经过放大与信号处理后成为 0～5V 的模拟量,再经 A/D 转变成数字量,输入计算机运算处理,然后显示或打印出检验结果,如图 5-20 所示。数字式指示装置如图 5-21 所示。

3）报警装置

在检测车轮侧滑量时,为便于快速表示检验结果是否合格,当车轮侧滑量超过规定值(5 格刻度)后,侧滑检测台的报警装置能根据测量装置的限位开关发出的信号,用蜂鸣器或信号灯报警,因而无须再读取指示仪表上的具体数值,为检验工作节约了时间。

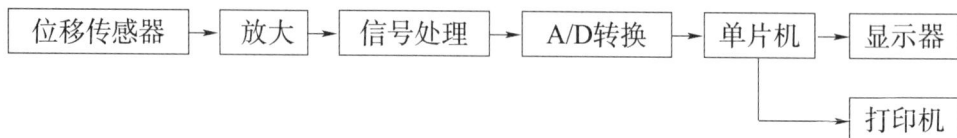

图 5-20　侧滑检测台电气部分原理框图

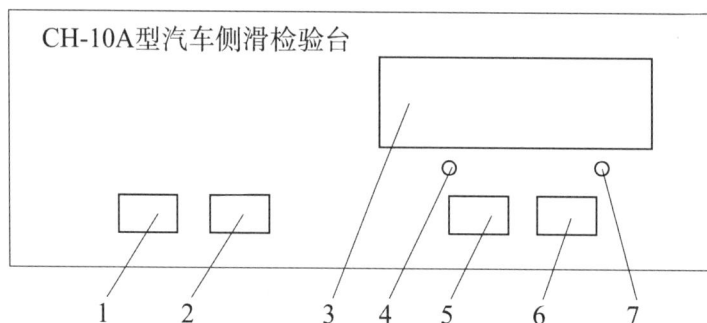

图 5-21　数字式指示装置

1-电源接通键;2-电源断开键;3-数码显示器;4-电源指示灯;5-打印键;6-复位键;7-报警灯

(二)检验方法

1.准备工作

(1)轮胎气压应符合汽车制造厂规定。

(2)轮胎上粘有油污、泥土、水或花纹沟槽内嵌有石子时,应清理干净。

(3)打开侧滑检验台滑板的锁止装置。

(4)仪表显示零位,必要时操作清零。

(5)检查侧滑检测台上表面及其周围的清洁情况,如有油污、泥土、砂石及水等应予以清除。

(6)侧滑检测台的电气系统应预热。

2.检验步骤

(1)汽车以 3～5 km/h 的速度垂直侧滑板驶向侧滑检测台,使前轮(或后轮)平稳通过滑板。

(2)当前轮(或后轮)完全通过滑板后,从指示装置上观察侧滑方向并读取、打印最大侧滑量。

（3）检验结束后，切断电源并锁止滑板。

（三）检验结果分析

1.检验标准

GB 38900—2020 规定，前轴采用非独立悬架的汽车（包括采用双转向轴的汽车，但不包括静态轴荷大于或等于 11500kg、不适用于仪器设备检验的汽车），其转向轮的横向侧滑量应小于或等于 5m/km。

2.检验结果分析

如果侧滑量检验不合格，说明前束与车轮外倾角配合不当。

如果检验值正向偏大（向内），一般说明前束小，可调大前束。但个别情况下也可能是由于车轮外倾角过大。所以，最后应再做车轮定位。

同理，如果检测值负向偏大（向外），一般说明前束过大，但也可能是由于车轮外倾角过小。

四、汽车尾气排放检验

为能有效地控制汽车尾气排放中有害物质的浓度，减少汽车尾气对环境的污染，必须定期对汽车尾气进行检验，使有害气体的排放符合国家标准的要求。另外，由于汽车尾气成分与燃烧质量有关，对汽车尾气排放的控制，还可以提高燃油利用率，利于节约能源。

汽车尾气排放检测，分汽油车尾气检验和柴油车尾气检验。在相同的工况下，汽油车的 CO、HC、和 NO_x 排放量比柴油机大，因此，《汽油车污染物排放限值及测量方法》（GB 18285—2018）主要限制汽油车的 CO、HC 和 NO_x 排放量。柴油车对大气的污染主要是碳烟污染，因此，《柴油车污染物排放限值及测量方法》（GB 3847—2018）主要限制柴油车排气的烟度。

（一）汽油车尾气排放检验

1.汽油车排气污染检验工况

汽油车排气污染物检验工况有双怠速工况和简易工况两种。

1）双怠速工况

双怠速工况包含怠速和高怠速两个工况。

急速工况是指发动机最低稳定转速工况,即离合器处于接合位置,变速器处于空挡位置(对于自动变速器的汽车应处于"P"或"停车"挡位);加速踏板处于完全松开位置。

高急速工况是变速器处于空挡位置(对于自动变速器的汽车应处于"P"或"停车"挡位),用加速踏板将发动机控制在标准规定的高急速运转。在GB 18285—2018标准中,将轻型汽车的高急速转速规定为(2500±200)r/min,重型汽车的高急速转速规定为(1800±200)r/min。如上述规定对被检车辆不适用,可按照汽车制造厂技术文件中规定的高急速转速进行。

2)简易工况

简易工况包含稳态工况、瞬态工况和简易瞬态工况3种。

(1)稳态工况。稳态工况也称为加速模拟工况(Acceleration Simulation Mode,ASM),是指车辆预热到规定的热状态后,加速至规定速度,根据车辆规定速度时的加速负荷,通过底盘测功机对车辆加载,车辆保持等速运转的工况。

在底盘测功机上的测试运转循环由ASM5025和ASM2540两个工况组成,如图5-22所示,其测试循环见表5-6。

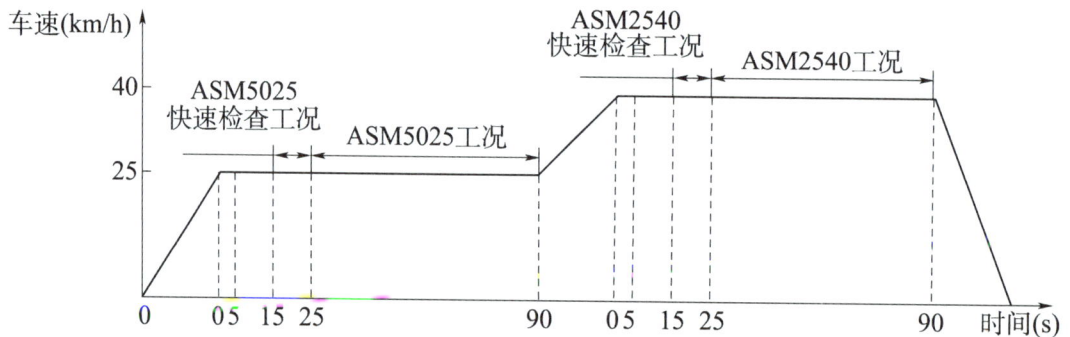

图5-22　加速模拟工况(ASM)试验运转循环

加速模拟工况(ASM)试验运转循环表　　　　　　表5-6

工况	运转次序	速度(km/h)	操作持续时间(s)	测试时间(s)
ASM5025	1	0~25	—	—
	2	25	5	
	3	25	10	
	4	25	10	90
	5	25	70	

工况	运转次序	速度（km/h）	操作持续时间（s）	测试时间（s）
ASM2540	6	25～40	—	—
	7	40	5	
	8	40	10	90
	9	40	10	
	10	40	70	

①ASM5025 工况。经预热后的车辆在底盘测功机上以 25.0 km/h 的速度稳定运行，系统根据测试车辆的基准质量自动施加规定的载荷，测试过程中应保持施加的力矩恒定，速度保持在规定误差范围内。

②ASM2540 工况。经预热后的车辆在底盘测功机上以 40.0 km/h 的速度稳定运行，系统根据测试车辆的基准质量自动施加规定的载荷，测试过程中应保持施加的力矩恒定，速度保持在规定误差范围内。

（2）瞬态工况。瞬态工况以质量为基础来获取发动机瞬态工况尾气排放量来检测汽车的实际排放物污染水平，称为 IM195。该系统通过采集尾气中的污染物排放量，从而得到污染物的质量排放，其测定结果以汽车每行驶 1 km 的排气管排放物质量来表述（单位为 g/km），能提供较真实的 CO、HC、NO_x 排放情况。

测试循环包含了怠速、加速、等速和减速等各种工况，具体运转循环情况见表 5-7，瞬态工况运转循环图如图 5-23 所示。

瞬态工况运转循环　　　　　　　　　　　　　表 5-7

操作序号	操作	工序	加速度（m/s²）	速度（km/h）	每次时间		累计时间（s）	手动换挡时使用的挡位
					操作（s）	工况（s）		
1	怠速	1	—	—	11	11	11	$6sPM^a + 5sK_1^b$
2	加速	2	1.04	0.04	4	4	15	1
3	等速	3	—	15	8	8	23	1
4	减速		−0.69	15.69	2		25	1
5	减速,离合器脱开	4	−0.92	10.9	3	5	28	K_1

续上表

操作序号	操作	工序	加速度（m/s²）	速度（km/h）	每次时间 操作（s）	每次时间 工况（s）	累计时间（s）	手动换挡时使用的挡位
6	怠速	5	—	—	21	21	49	16sPM+5sK₁
7	加速	6	0.83	0.83	5	12	54	1
8	换挡				2		56	—
9	加速		0.94	1594M	5		61	2
10	等速	7	—	32	24	24	85	2
11	减速	8	−0.75	32.75	8	11	93	2
12	减速,离合器脱开		−0.92	10.9	3		96	K₂
13	怠速	9	—	—	21	24	117	16sPM+5sK₁
14	加速	10	0.83	0.83	5	26	122	1
15	换挡				2		124	—
16	加速		0.62	1562M	9		133	2
17	换挡				2		135	—
18	加速		0.52	3352M	8		143	3
19	等速	11	—	50	12	12	155	3
20	减速	12	−0.52	50.52	8	8	163	3
21	等速	13	—	35	13	13	176	3
22	换挡	14			2	12	178	—
23	减速		−0.86	32.86	7		185	2
24	减速,离合器脱开		−0.92	10.9	3		188	K₂
25	怠速	15	—	—	7	7	195	7sPM

注:a. PM—变速器置空挡,离合器接合。

b. K₁,K₂—变速器置一挡或二挡,离合器脱开。

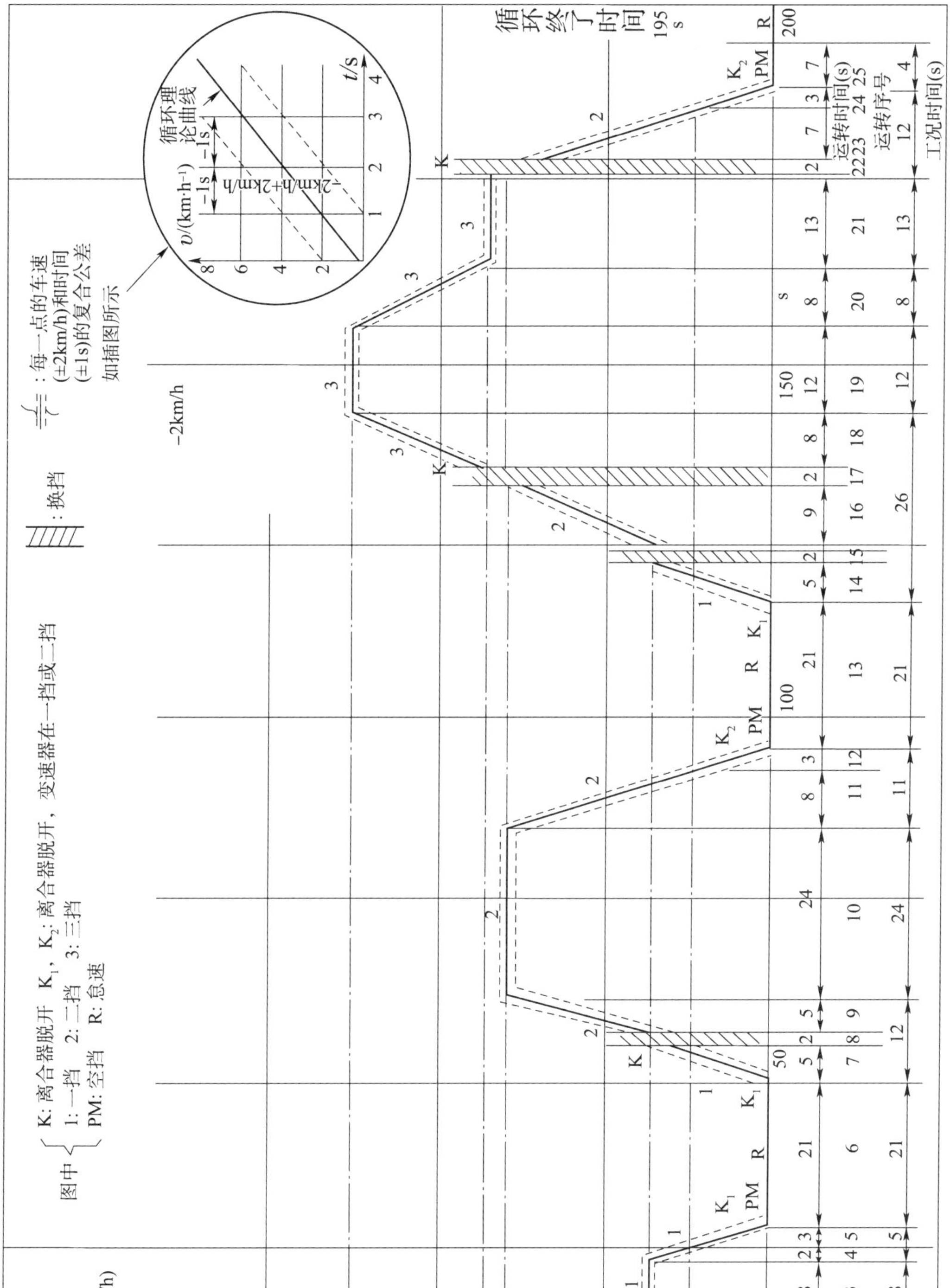

图5-23　瞬态工况运转循环图

（3）简易瞬态工况。简易瞬态工况是一种相对较新研发的一种瞬态检测方式，称为 IG195。IG195 测试工况结合了 IM195 和 ASM 的特征，实时测量尾气排放的流量和密度，从而测得车辆排放的污染物质量。IG195 采用简易质量测试 VMAS 取样系统，实际上是改进了现有的 ASM 系统，使之能采用瞬态加载工况法进行排气总量的测定。该系统采用了 195s 短工况测试，其工况运转循环与表 5-7 相似，只是测试时间有所缩短。

测试过程涵盖车辆怠速、加速、减速、匀速等多种工况，经计算机处理得出车辆每行驶 1km 各种污染物的排放质量。

2. 不分光红外线气体分析仪的结构与工作原理

不分光红外线气体分析仪是一种能够从汽车排气管中采集气样，并对其中所含 CO 和 HC 等气体的浓度进行连续测量的仪器。按其能够测量的气体种类不同，可分为两气体分析仪、四气体分析仪和五气体分析仪等。两气体分析仪仅能检测 CO 和 HC 两种气体的含量；四气体分析仪能够检测 CO、HC、NO_x 和 CO_2 四种气体含量；五气体分析仪能够检测 CO、HC、NO_x、CO_2 和 O_2 五种气体含量。图 5-24 所示为典型的两气体分析仪的外形图。它由排气取样装置、排气分析装置、排气浓度指示装置和校准装置等组成。排气在分析仪内的流动路线如图 5-25 所示。

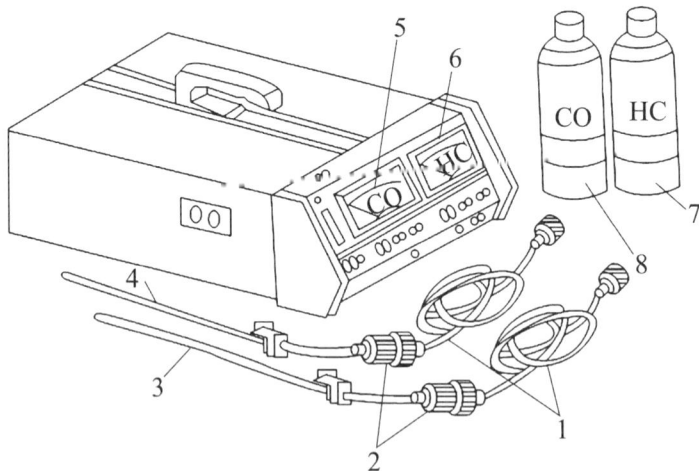

图 5-24　典型的两气体分析仪

1-导管;2-过滤器;3-低浓度取样探头;4-高浓度取样探头;5-CO 指示仪表;6-HC 指示仪表;7-标准 HC 气样瓶;8-标准 CO 气样瓶

1）排气取样装置

排气取样装置由取样探头、滤清器、导管、水分离器和泵等组成。它通过取样探头、导管和泵从车辆排气管里采集排气,再用滤清器和水分离器把排气中的炭渣、灰尘和水分等除掉,然后送入分析装置。取样探头是用特殊材料制成的,具有耐热性且能防止导管吸附 HC 气体。

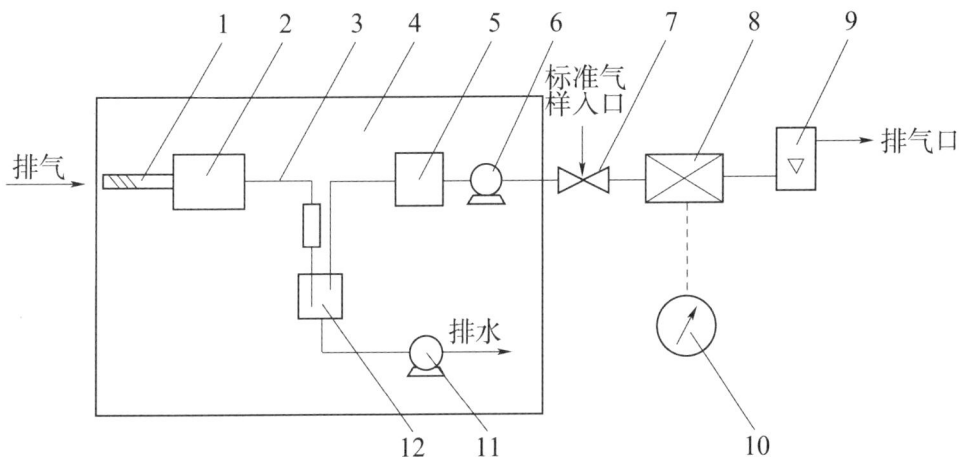

图 5-25　排气在分析仪内的流动路线

1-取样探头;2、5-过滤器;3-导管;4-排气取样装置;6、11-泵;7-换向阀;8-排气分析装置;9-流量计;10-浓度指示装置;12-水分离器

2)排气分析装置

排气分析装置的结构原理与碳平衡油耗仪相同,也是利用不分光红外线气体分析原理制成的气体分析装置。

3)含量指示装置

两气体分析仪的含量指示装置主要由 CO 指示装置和 HC 指示装置组成,有指针式仪表和数字式显示器两种类型。从排气分析装置送来的电信号,在 CO 指示仪表上,CO 的体积分数以百分数(%)表示;在 HC 指示仪表上,HC 的体积分数以正己烷当量的百万分数(10^{-6})表示。典型汽车尾气分析仪面板如图 5-26 所示,指针式仪表的指示,可利用零点调整旋钮、标准调整旋钮和读数转换开关等进行控制。

气体分析仪内的过滤器脏污时,对测量值有影响,因此要经常观察流量计的指示情况,发现指针进入红色区应及时更换过滤器的滤芯。

4)校准装置

校准装置是一种为了保持分析仪的指示精度,使之能准确指示测量值的装置。在此装置中,往往既设有用加入标准气样进行校准的装置,也设有用机械方式简易校准的装置。

(1)标准气样校准装置。是把标准气样从分析仪上单设的一个专用注入口直接送到排气分析装置,再通过比较标准气样浓度值和仪表指示值的方法来进行校准的装置。

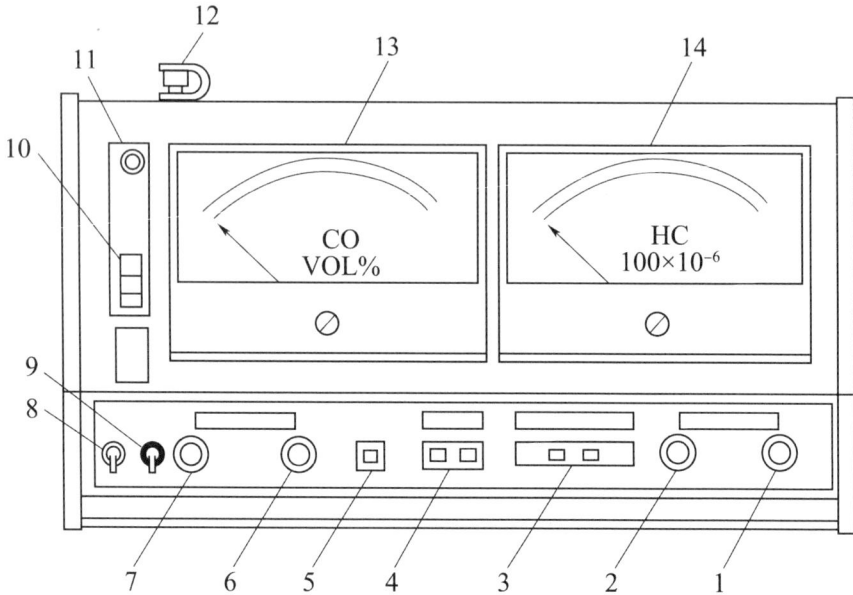

图 5-26 典型汽车尾气分析仪面板图

1-HC 标准调整旋钮;2-HC 零点调整旋钮;3-HC 计数转换开关;4-CO 计数转换开关;5-简易校准开关;6-CO 标准调整旋钮;7-CO 零点调整旋钮;8-电源开关;9-泵开关;10-流量计;11-电源指示灯;12-标准气样注入口;13-CO 指示仪表;14-HC 指示仪表

(2)简易校准装置。通常是用遮光板把排气分析装置中通过测量气样室的红外线遮挡住一部分,即用减少一定量红外线能量的方法进行简单的校准。

3.检验方法

以下仅以双怠速法为例,介绍检验方法。

1)一般规定

(1)注册登记和在用汽车均按统一规程进行检验。

(2)单一燃料车,仅按燃用单一燃料进行排放检验;两用燃料车,要求使用两种燃料分别进行排放检验。

(3)有手动选择行驶模式功能的混合动力汽车应切换到最大燃料消耗模式进行测试,如无最大燃料消耗模式,则应切换到混合动力模式进行测试。若测试过程中发动机自动熄火自动切换到纯电动模式,无须终止测试,可进行至测试结束。

2)双怠速法检验程序

双怠速法检验汽油车尾气排放程序如图 5-27 所示。

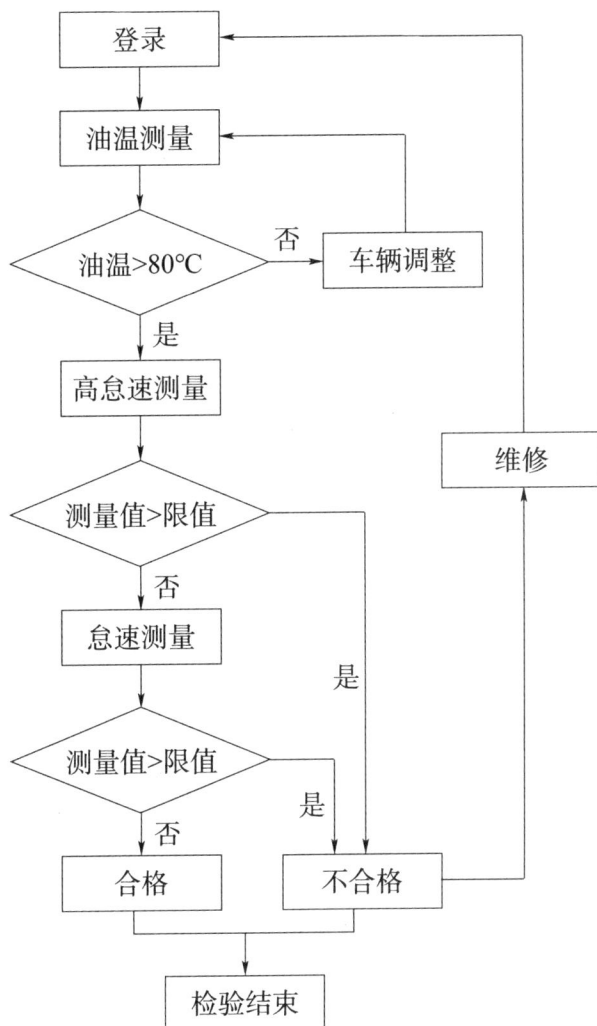

图 5-27　双怠速法检验程序

（1）仪器准备。按仪器使用说明书要求做好各项准备工作。

（2）被检车辆准备。

①进气系统应装有空气滤清器,排气系统应装有排气消声器和排气后处理装置,并不得有泄漏。

②汽油应符合《车用汽油》(GB 17930—2016)的规定。

③测量前发动机冷却液和润滑油温度应不低于80℃或达到汽车使用说明书所规定的热状态。

（3）检验步骤。

①必要时在发动机上安装转速计、点火正时仪、冷却液和润滑油测温计等测量仪器。

②发动机由怠速工况加速至约70%额定转速或企业规定的暖机转速运转30s后降至高怠速状态。

③将气体分析仪取样探头插入排气管中,深度不少于400mm,并固定于排气管上(若车辆排气系统设计导致的车辆排气管长度小于测量深度时,应使用排气延长管)。

④发动机在高怠速状态维持15s后,由仪器读取30s内的平均值,该值即为高怠速污染物测量结果。对于装备三元催化转化器的汽车,还应同时测量过量空气系数的数值。

如果高怠速检验结果不合格,则终止检验,最终检验结果判定为不合格;如果高怠速检验结果合格,则进行下一步骤。

⑤发动机从高怠速状态降至怠速状态,在怠速状态维持15s后,由仪器读取30s内的平均值,该值即为怠速污染物测量结果。

⑥若为多排气管时,取各排气管测量结果的算术平均值。

⑦测量工作结束后,把取样探头从排气管里抽出来,让它吸入新鲜空气5min左右,待仪器指示回到零点后再关闭电源。

说明:在测试过程中,如果任何时刻 CO 与 CO_2 的浓度之和小于6.0%,或者发动机熄火,终止测试,排放测量结果无效,需重新进行测试。

4. 检验结果分析

1)检验标准

采用双怠速法检验的排气污染物应符合 GB 18285—2018 的要求。

GB 18285—2018 规定的汽油车双怠速法检验排气污染物排放标准限值见表5-8。

双怠速法检验排气污染物排放限值   表5-8

类别	怠速		高怠速	
	CO(%)	HC($\times 10^{-6}$[1])	CO(%)	HC($\times 10^{-6}$[1])
限值 a	0.6	80	0.3	50
限值 b	0.4	40	0.3	30

注:[1]对以天然气为燃料点燃式发动机汽车,该项目为推荐性要求。

2)结果判定

(1)如果检验结果中任何一项污染物不满足限值要求,判定车辆排放检验不合格。

（2）如果双怠速法过量空气系数超过标准,判定车辆排放检验结果不合格。

（3）排放检验过程中,禁止使用降低污染物控制装置功效的失效策略,若有针对污染控制装置的篡改,则车辆排放检验不合格。

3）检验结果分析

在不同工况下废气排放浓度值的范围见表5-9。

不同工况下废气排放浓度值范围 表 5-9

转速	CO（%）	HC（$\times 10^{-6}$）	CO_2（%）	O_2（%）
怠速	0.5~3	0~250	13~15	1~2
1500r/min,空负荷	0~2.0	0~200	—	1~2
2500r/min,空负荷	0~1.5	0~150	13~15	1~2

排气检测值与发动机系统故障的关系见表5-10。

排气检测值与发动机系统故障的关系 表 5-10

CO	HC	CO_2	O_2	故障原因
低	很高	低	低	间歇性失火
低	很高	低	低	汽缸压力
很高	很高/高	低	低	混合气浓
很高	很高/高	低	很高/高	混合气稀
高	低	正常	正常	点火太迟
低	高	正常	正常	点火太早
变化	变化	低	正常	EGR 阀漏气
很低	很低	很低	很高	空气喷射系统
低	低	低	高	排气管漏气

从表5-9中可以看出,排除三元催化转化装置和排气后处理装置的原因,发动机间歇性失火、汽缸压力不足、混合气过稀（浓）、点火正时不准及 EGR 阀漏气等均会造成尾气排放污染物超标。因而,汽油车的尾气治理难度较大,需要借助多种检查手段来确定具体原因。

实际故障分析中,可利用气体分析仪测取排气中 O_2、CO_2、CO 含量来分析故障。如果燃烧室中没有足够的空气（O_2）保证正常燃烧,在通常情况下,CO_2 的读数和 CO、O_2 的读数相反。燃烧越完全,CO_2 的读数就越高,最大值在 13.5% ~ 14.8%,此时 CO 的读数应该非常接近 0%。

O_2 的读数是最有用的诊断数据之一。O_2 的读数和其他气体读数一起,能帮助找出诊断问题的难点。通常,装有催化转化器的汽车,O_2 的读数应该在 1.0% ~ 2.0%,说明其在发动机内燃烧充分,只有少量未燃烧的 O_2 通过汽缸。

O_2 的读数小于 1.0%,说明混合气太浓,不利于充分的燃烧。O_2 的读数超过 2.0%,说明混合气太稀。燃油滤清器堵塞、燃油压力低、喷油器阻塞、真空系统漏气、ECR 阀泄漏等,都可能导致混合气过稀发动机失火。

(二)柴油车尾气排放检验

根据 GB 3847—2018 规定,对于柴油汽车,目前选用自由加速法和加载减速工况法检验排气污染物,需根据车辆年款、车型确定采用的具体方法。

1. 柴油车排放性检验方法

GB 3847—2018 规定,对于新车注册登记及在用柴油汽车排气污染物检验可采用自由加速法、加载减速法或林格曼烟气黑度法。

(1)自由加速法。自由加速法是指在柴油发动机自由加速工况下检验排气污染物的方法。自由加速工况是指柴油发动机于怠速工况,将加速踏板迅速踩到底,维持 4s 后松开。

(2)加载减速法。加载减速法是指在底盘测功机上,利用测功机加载以控制发动机从最高额定转速逐渐降速的过程中,检验柴油车排气污染物的方法。

(3)林格曼烟气黑度法。林格曼是反映锅炉烟尘黑度(浓度)的一项指标,也被应用于检验柴油汽车排气的黑度。常用的检验方法有方格黑度比较、望远镜式林格曼黑度仪和数字式光电烟色仪检验。GB 3847—2018 规定的方法为方格黑度比较法。

林格曼法的基本原理是把林格曼烟气黑度图放在适当的位置上,将烟气的黑度与图上的黑度相比较,由具有资质的观察者用目视观察来测定固定污染源排放烟气的黑度。

2. 柴油车尾气排放评价指标

(1)光吸收系数(k)。新车注册登记和在用柴油车采用自由加速法和加载减速法检验排气污染物时,评价指标为光吸收系数。光吸收系数表示光束被单位长度排烟衰减的一个系数,它是单位体积的微粒数 n、微粒的平均投影面积 a 和

微粒的消光系数 Q 三者的乘积。即：

$$k = n \cdot a \cdot Q \tag{5-5}$$

（2）林格曼黑度级数。林格曼黑度级数是评价烟羽（从柴油车排气口排出的气流）黑度的一种数值，即将排气污染物颜色与林格曼烟气黑度图对比得到的一种烟尘浓度表示法，分为 0 ~ 5 级。

（3）NO_x。新车注册登记和在用柴油汽车，在采用加载减速法对其排放进行检验时，排气中 NO_x 的计量单位为质量单位，用 g/km 来表示。

3. 检验仪器设备

以下仅介绍用自由加速法检测柴油车尾气排放性，所以只介绍该方法使用的仪器。

根据国家标准 GB 3847—2018 规定，需使用光吸收系数来度量可见污染物含量的大小，使用不透光度计测量压燃式发动机和装用压燃式发动机车辆的可见污染物含量。

不透光烟度计是一种利用透光衰减率来测定排气烟度的典型仪器。如图 5-28 所示，烟度计的主要元件有光源、充满排气并有一定长度的光通路（烟气测量管）及放置在光源对面将透光信号转变成电信号的光电元件。光电元件的输出电压与烟气所造成的光通量衰减成正比。

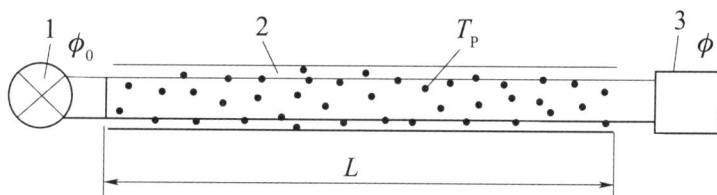

图 5-28　不透光式烟度计测量原理

1-光源；2-烟气测量管；3-光电元件

通常，不透光法测得的不透光度 N 用百分比表示，即：

$$N = \left(1 - \frac{\phi}{\phi_0}\right) \times 100\% \tag{5-6}$$

式中：ϕ——有烟时的光通量；

ϕ_0——无烟时的光通量。

光吸收系数 k 与不透光度 N 之间的关系为：

$$k = \left(-\frac{1}{L}\right)\ln(1 - N) \tag{5-7}$$

式中：L——烟气测量管长度，m。

可以认为,k 值与炭烟的质量浓度成正比。

不透光式烟度计可分为分流式和全流式两类,如图 5-29 所示。

分流式不透光烟度计是将排气中一部分烟气引入测量烟气取样管,送入烟度计进行连续分析。分流式不透光烟度计有排气动压式和泵吸式两种,如图 5-29a)所示。排气动压式烟度计没有抽气泵,利用排气本身具有的动压和流速直接取样进行测量;泵吸式则是利用抽气泵,从排气管中连续抽取尾气,再送入分析装置中进行分析测量。GB 3847—2018 规定,在柴油汽车注册登记和在用车排气污染物检验时,应使用分流式。

全流式不透光烟度计测量全部排气的透光衰减率,有在线式和排气管尾端式两种,如图 5-29b)所示。在线式烟度计的测量装置安装于排气管中部;排气管尾端式则是将烟度计安置在排气管尾端。

对于全流式烟度计,测量原理如图 5-30 所示。在排气管口端不远处的排气烟束两侧分别布置有光源和光电池,光电池接收到的光线与排气烟度成反比。为了不受排气热影响,光源和光电器件置于离排气通路有一定距离的地方。

a)分流式

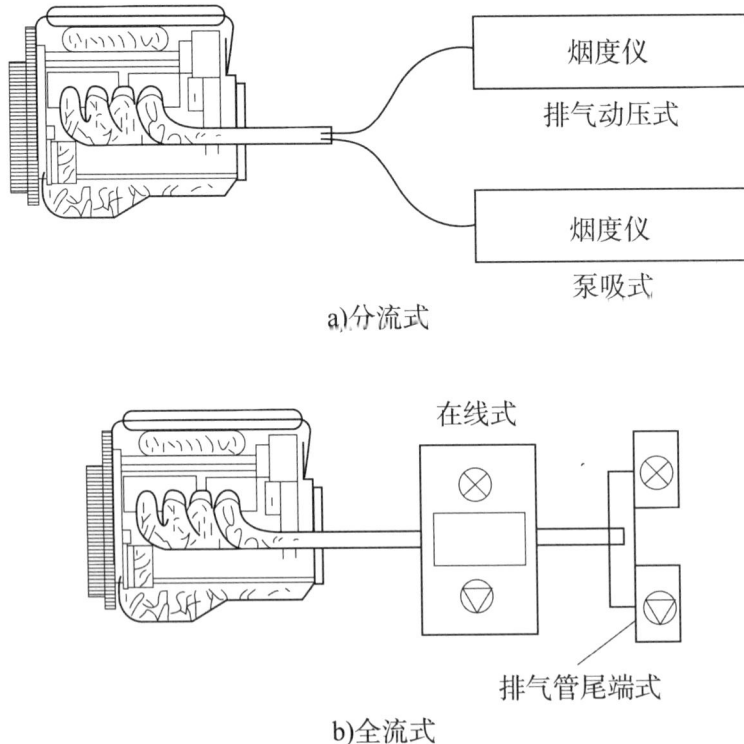

b)全流式

图 5-29　不透气式烟度计的分类

此外,还有一种便携的分流式烟度计,可直接插在排气管尾部或中部接口,安装及使用都较方便,适用于现场检验。

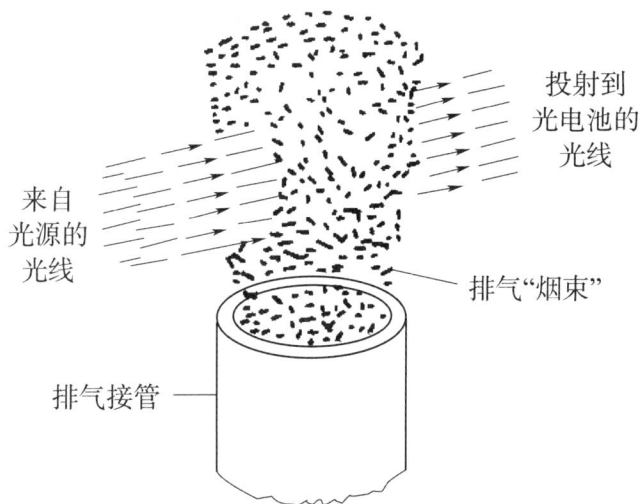

图 5-30 全流式不透光烟度计工作原理

对于不透光式烟度计,由于排烟是连续不断通过测试管的,所以,不论稳态、非稳态和过渡状态,烟度的测定都很方便。但是,由于光学系统的污染,这种烟度计测定中容易产生误差,因此必须注意清洗。另外,排气中所含的水滴和油滴也可能作为烟度显示出来。当需检测的排烟温度超过 500℃时,必须采用其他热交换器来冷却排烟。

4.检验方法

注册登记和在用车检验采用相同的检测方法。GB 3847—2018 对柴油车排气污染物检验有如下规定:有手动选择行驶模式功能的混合动力汽车应切换到最大燃料消耗模式进行测试,如无最大燃料消耗模式,则应切换到混合动力模式进行测试,若测试过程中发动机自动熄火自动切换到纯电动模式,无须终止测试,可进行至测试结束。

1)试验条件

(1)试验应针对整车进行。

(2)试验前车辆发动机不应停机或长时间怠速运转。

(3)不透光烟度计及其安装应符合 GB 3847—2018 附录的规定。

(4)试验应采用符合国家标准的车用燃料。可以直接使用车辆油箱中的燃料进行测试。

2)仪器准备

按照仪器说明书的规定进行仪器的预热、检查和校准。

3)车辆准备

(1)车辆在不进行预处理的情况下也可以进行自由加速烟度试验。但出于安全考虑,试验前应确保发动机处于热状态,并且机械状态良好。

(2)发动机应充分预热,在发动机机油标尺位置测得的机油温度至少为80℃。如果由于车辆结构限制无法进行温度测量时,可以通过其他方法判断发动机温度是否处于正常运转温度范围内。

(3)在正式进行排放测量前,应采用3次自由加速过程或其他等效方法吹拂排气系统,以清扫排气系统中的残留污染物。

4)检验步骤

(1)通过目测进行车辆排气系统相关部件泄漏检查。

(2)车辆在发动机怠速下,按要求插入不透光度计取样探头。

(3)做自由加速操作至少3次,记录不透光度仪的最大读数值。

(4)计算3次测量结果的算术平均值。

5.检验结果分析

1)检验标准

采用自由加速法检测的排气烟度应符合 GB 3847—2018 的要求;采用加载减速法检测的排气可见污染物应符合各行政区域的限值要求。在 GB 3847—2018 标准中,给出了加载减速法推荐限值和林格曼烟气黑度的推荐限值。

GB 3847—2018 规定的在用柴油车和注册登记排放检验限值见表5-11。

在用和注册登记柴油车排放检验限值　　　　　　表 5-11

类别	自由加速法	加载减速法		林格曼黑度法
	光吸收系统(m^{-1})[或不透光度(%)]	光吸收系统(m^{-1})[或不透光度(%)]①	氮氧化物($\times 10^{-6}$②)	林格曼黑度(级)
限值 a	1.2(40)	1.2(40)	1500	1
限值 b	0.7(26)	0.7(26)	900	

注:①海拔高度高于1500m 的地区加载减速法可以按照每增加 1000m 增加 0.25m^{-1} 幅度调整总调整不得超过 0.75m^{-1};

　　②2020 年7 月1 日前限值 b 过渡限值为 1200 $\times 10^{-6}$。

2)结果判定

(1)如果污染物检测结果中有任何一项不满足限值要求,则判定排放检验不合格。

（2）禁止使用降低排放控制装置功效的失效策略，所有针对污染控制装置的篡改都属于排放检验不合格。

3）检验结果分析

装配压燃式发动机的在用柴油车的排气烟度检测结果超标，主要原因是柴油机供油系统调整不当所致。此外，柴油机汽缸活塞组和曲柄连杆机构的技术状况及柴油的质量等对排放烟度也有影响。柴油机供油系统调整不当和相关系统技术状况的变化，主要表现在柴油机出现冒黑烟、蓝烟及白烟故障，其黑烟对排放烟度检测结果的影响最大。柴油机工作时黑烟浓重，其故障多由于喷油量过大，雾化不良，各缸喷油量不均匀，喷油时刻过早，调速器失调和空气滤清器堵塞等因素引起。

此外，柴油机冒黑烟还与柴油质量有关，为使燃烧性能良好，一般柴油机选用十六烷值为 40～45 的柴油为宜。若十六烷值超过 65，则柴油蒸发性变差，致使燃烧不彻底，工作时也可能发生冒黑烟现象。

参考文献

[1] 杨柳青. 汽车性能与检测技术[M]. 北京:人民交通出版社股份有限公司,2020.

[2] 陈焕江. 汽车检测与诊断技术[M]. 3 版. 北京:人民交通出版社股份有限公司,2022.

[3] 徐计,李成. 汽车检测技术[M]. 北京:机械工业出版社,2020.

[4] 邓璘,张俊峰. 汽车综合故障诊断[M]. 北京:机械工业出版社,2021.

[5] 刘云云,张俊峰. 汽车电控系统诊断与调试[M]. 北京:机械工业出版社,2020.

[6] 郭阳印. 汽车检测与故障诊断技术[M]. 北京:电子工业出版社,2020.

[7] 王囤. 汽车电控发动机构造与维修[M]. 4 版. 北京:人民交通出版社股份有限公司,2021.